全国高校安全工程专业本科规划教材

工业防毒技术

（第二版）

教育部高等学校安全工程学科教学指导委员会组织编写

中国劳动社会保障出版社

图书在版编目（CIP）数据

工业防毒技术/教育部高等学校安全工程学科教学指导委员会组织编写. -- 2 版. -- 北京：中国劳动社会保障出版社，2023
全国高校安全工程专业本科规划教材
ISBN 978-7-5167-5751-2

Ⅰ.①工⋯ Ⅱ.①教⋯ Ⅲ.①工业-防毒-高等学校-教材 Ⅳ.①X965

中国国家版本馆 CIP 数据核字（2023）第 034462 号

中国劳动社会保障出版社出版发行

（北京市惠新东街 1 号　邮政编码：100029）

*

三河市华骏印务包装有限公司印刷装订　新华书店经销

787 毫米×1092 毫米　16 开本　16 印张　279 千字
2023 年 5 月第 2 版　2023 年 5 月第 1 次印刷

定价：40.00 元

营销中心电话：400 - 606 - 6496
出版社网址：http://www.class.com.cn

版权专有　　侵权必究

如有印装差错，请与本社联系调换：（010）81211666
我社将与版权执法机关配合，大力打击盗印、销售和使用盗版图书活动，敬请广大读者协助举报，经查实将给予举报者奖励。
举报电话：（010）64954652

作者名单
（按姓名拼音排序）

主　编：孙宝林
副主编：刘　艳
主　审：李宗圣　明　辉

陈远航　中国环境监测总站
丁洁瑾　北京市科学技术研究院城市安全与环境科学研究所
郝凯瑞　北京市科学技术研究院城市安全与环境科学研究所
李宗圣　首都经济贸易大学
刘　璐　中科行发投资控股集团有限公司
刘　艳　北京市科学技术研究院城市安全与环境科学研究所
明　辉　南澳大学（澳大利亚）
孙宝林　首都经济贸易大学
赵　岩　北京市科学技术研究院城市安全与环境科学研究所

内 容 提 要

《工业防毒技术》一书由首都经济贸易大学首编于 1975 年，经过三次修订并于 2008 年成为全国高校安全工程专业本科规划教材之一。

本书全面系统地介绍了工业毒理学、综合防毒措施和生产作业现场空气中有毒物质的净化回收的相关知识。主要内容包括：工业毒物及其危害、综合防毒措施、有害气体的燃烧净化、有害气体的吸收净化、有害气体的吸附净化及工业防毒技术的现状与发展。

本书可作为安全工程专业本科教材，也可作为安全卫生设计单位技术人员、厂矿企业职业安全健康管理人员及注册安全工程师继续教育的参考书。

前　　言

　　预防职业中毒是职业病防治工作的重要组成部分，关系广大劳动者的身体健康和生命安全，关系"健康中国"的顺利实现，是重大的社会问题和民生问题。党中央、国务院历来高度重视职业病防治工作，在预防、救治和保障方面采取了一系列措施，取得了积极的进展。工业防毒技术作为职业病危害防控技术的一个分支，也逐步确立、发展和完善，并形成了一个完整的理论体系。

　　随着我国职业安全工作的发展和需要，全国高校的职业安全教育工作也不断推进。1975年我国首次开办了工业卫生技术专业，自此，"工业防毒技术"就成为我国高校的一门专业课程，与之配套的同名教材也随之产生并广泛应用。工业防毒技术的知识架构主要包括以下三个部分：一是工业毒理学，研究各种工业毒物的毒性、特点及对人的健康危害，并制定职业卫生相关标准，这是防毒的目的、任务和采取措施的依据；二是综合防毒措施，目前我国在工业防毒方面积累了丰富的经验，并已形成一套行之有效的防毒体系，这包括技术、管理和个体防护措施等；三是工作场所空气中有毒物质的净化回收，这是20世纪70年代以来为适应我国职业安全健康和环境保护工作的要求，形成的对工业生产过程中有毒气体净化回收的技术方法，目前该技术已较为完善和成熟。

　　虽然我国在工业防毒上取得了一些经验和成绩，但目前我国工业防毒工作的任务仍然繁重。工业有毒物质的种类、用量和使用范围不断增加，随着新材料和新技术的应用，新的有毒物质也在持续产生，这都给职业中毒的防治工作带来新的挑战。因此，为适应我国经济社会发展的要求，对工业毒物源头治理、综合施策、预防职业中毒发生，从而增进广大劳动者的健康福祉，还有大量实务和研究工作要开展。

《工业防毒技术》首编于1975年，并用于首都经济贸易大学工业卫生技术专业本科教学，此后于1980年、1991年和2007年三次修订再版。

2006年，由教育部高等学校安全工程专业教学指导委员会组织编写的"全国高校安全工程专业本科规划教材"将《工业防毒技术》列为规划教材之一，这次经过修订后再次出版，使之更加适应我国高等学校安全工程学科教学的需要。

本书由国内安全工程学科有关的专家和教师共同编写而成，其中第一章由李宗圣、陈远航编写；第二章由刘艳、赵岩编写；第三章由陈远航、孙宝林编写；第四章由丁洁瑾、孙宝林编写；第五章由刘璐、孙宝林编写；第六章由丁洁瑾、刘璐编写。全书由李宗圣、明辉主审，孙宝林对全书的编写工作进行了指导。

目 录

第一章 工业毒物及其危害 …………………………………………………… (1)

  第一节 工业毒物的分类及毒性 ……………………………………………… (1)

    一、工业毒物的分类 ……………………………………………………… (1)

    二、工业毒物的毒性 ……………………………………………………… (3)

  第二节 工作场所有害物质职业接触限值 …………………………………… (8)

    一、工作场所有害物质职业接触限值的种类 ………………………… (9)

    二、工作场所有害物质职业接触限值的应用 ………………………… (9)

    三、工业毒物危害程度分级 …………………………………………… (11)

  第三节 毒物在人体内的生理过程及危害 ………………………………… (12)

    一、毒物在人体内的生理过程 ………………………………………… (12)

    二、职业中毒 …………………………………………………………… (14)

  第四节 工业毒物各论 ……………………………………………………… (20)

    一、金属与类金属 ……………………………………………………… (20)

    二、刺激性气体与窒息性气体中毒 …………………………………… (21)

    三、有机溶剂及其他化合物 …………………………………………… (23)

  本章小结 ……………………………………………………………………… (28)

  复习思考题 …………………………………………………………………… (28)

第二章 综合防毒措施 …………………………………………………………… (29)

  第一节 概述 ………………………………………………………………… (29)

  第二节 防毒技术措施 ……………………………………………………… (30)

    一、预防措施 …………………………………………………………… (30)

二、工程防护措施……………………………………………………（33）

第三节　防毒管理措施………………………………………………（35）

　　一、基础管理…………………………………………………………（35）

　　二、劳动者职业健康管理……………………………………………（38）

　　三、应急救援…………………………………………………………（39）

第四节　个体防护措施………………………………………………（40）

　　一、呼吸防护…………………………………………………………（40）

　　二、皮肤防护…………………………………………………………（44）

本章小结…………………………………………………………………（44）

复习思考题………………………………………………………………（44）

第三章　有害气体的燃烧净化………………………………………（45）

第一节　概述…………………………………………………………（45）

　　一、直接燃烧法………………………………………………………（45）

　　二、热力燃烧法………………………………………………………（46）

　　三、催化燃烧法………………………………………………………（46）

第二节　热力燃烧原理………………………………………………（47）

　　一、有关燃烧的几个概念……………………………………………（47）

　　二、热力燃烧机理……………………………………………………（52）

　　三、热力燃烧法的燃料消耗…………………………………………（57）

第三节　热力燃烧炉…………………………………………………（62）

　　一、配焰燃烧器系统…………………………………………………（62）

　　二、离焰燃烧器系统…………………………………………………（66）

　　三、有关工程设计问题………………………………………………（71）

　　四、热量回收利用……………………………………………………（74）

　　五、利用锅炉燃烧室进行热力燃烧…………………………………（75）

####　第四节　催化燃烧原理 …………………………………………………（77）
　　一、概述 ……………………………………………………………………（77）
　　二、催化燃烧原理 …………………………………………………………（83）
　　三、催化燃烧的影响因素 …………………………………………………（91）
####　第五节　催化燃烧装置 …………………………………………………（96）
　　一、催化剂床层 ……………………………………………………………（96）
　　二、炉体结构 ………………………………………………………………（98）
　　三、有关床层的工艺计算 ………………………………………………（100）
####　第六节　安全措施 ………………………………………………………（107）
　　一、控制废气中可燃组分的浓度 ………………………………………（107）
　　二、安设阻火器 …………………………………………………………（108）
　　三、可能爆炸处设置防爆膜泄压 ………………………………………（110）
　　四、安全操作规程 ………………………………………………………（111）
####　本章小结 …………………………………………………………………（111）
####　复习思考题 ………………………………………………………………（111）

第四章　有害气体的吸收净化 ……………………………………………（113）
####　第一节　概述 ……………………………………………………………（113）
####　第二节　吸收的基本理论 ………………………………………………（114）
　　一、气液相组成的表示方法 ……………………………………………（114）
　　二、吸收过程的相平衡关系 ……………………………………………（116）
　　三、吸收过程的机理——双膜理论 ……………………………………（124）
　　四、传质过程的机理——物质扩散 ……………………………………（125）
####　第三节　吸收速率方程式 ………………………………………………（128）
　　一、吸收速率方程式 ……………………………………………………（128）
　　二、吸收总系数和分系数的关系 ………………………………………（129）
　　三、影响吸收的因素 ……………………………………………………（131）

四、气膜控制与液膜控制 …………………………………………… (132)
第四节　吸收流程与操作 …………………………………………… (133)
　　一、吸收与解吸 ……………………………………………………… (133)
　　二、吸收操作与操作线方程 ………………………………………… (134)
　　三、吸收剂的用量 …………………………………………………… (136)
第五节　化学吸收和非等温吸收 …………………………………… (139)
　　一、化学吸收 ………………………………………………………… (139)
　　二、非等温吸收 ……………………………………………………… (141)
第六节　吸收设备主要尺寸的计算 ………………………………… (141)
　　一、塔形选择 ………………………………………………………… (141)
　　二、填料 ……………………………………………………………… (144)
　　三、填料塔的液泛速度和直径 ……………………………………… (149)
　　四、填料层压降的计算 ……………………………………………… (153)
　　五、填料层高度的计算 ……………………………………………… (153)
本章小结 ……………………………………………………………… (164)
复习思考题 …………………………………………………………… (164)

第五章　有害气体的吸附净化 ……………………………………… (166)
　第一节　吸附的基本概念 …………………………………………… (166)
　　一、吸附应用的发展 ………………………………………………… (167)
　　二、固体的表面与孔 ………………………………………………… (167)
　　三、毛细管凝聚现象 ………………………………………………… (171)
　　四、物理吸附与化学吸附 …………………………………………… (172)
　　五、吸附剂的活性 …………………………………………………… (172)
　　六、吸附剂的种类 …………………………………………………… (173)
　第二节　吸附理论 …………………………………………………… (176)
　　一、吸附等温线 ……………………………………………………… (176)

二、吸附势理论……………………………………………………（183）
　　三、活性炭的结构形式与分类……………………………………（188）
　　四、混合蒸气的吸附………………………………………………（188）
　　五、吸附传质速率…………………………………………………（189）
　第三节　吸附过程的计算……………………………………………（191）
　　一、吸附的流程及特点……………………………………………（191）
　　二、有机溶剂的蒸发量计算………………………………………（196）
　　三、间歇操作的吸附器的工艺计算………………………………（198）
　　四、活性炭的吸附热………………………………………………（206）
　第四节　化学吸附……………………………………………………（207）
　　一、化学吸附的三个特点…………………………………………（207）
　　二、化学吸附在气体净化方面的应用……………………………（208）
　第五节　吸附剂再生…………………………………………………（211）
　　一、蒸气、烟道气或惰性气吹脱法再生…………………………（212）
　　二、热力再生法……………………………………………………（213）
　　三、其他再生方法…………………………………………………（214）
　本章小结……………………………………………………………（214）
　复习思考题…………………………………………………………（214）

第六章　工业防毒技术的现状与发展……………………………………（216）

　第一节　有害蒸气的冷凝回收………………………………………（216）
　　一、冷凝原理………………………………………………………（217）
　　二、冷凝装置………………………………………………………（220）
　第二节　有害废气的生物净化………………………………………（223）
　　一、工业废气微生物处理原理……………………………………（224）
　　二、常规工艺类型…………………………………………………（225）
　　三、新型处理工艺简述……………………………………………（230）

第三节　工业毒物控制技术的发展 …………………………………………（230）
　　　一、绿色化学 …………………………………………………………………（230）
　　　二、成果简介 …………………………………………………………………（234）
　　　三、共用反应器技术 …………………………………………………………（238）
　　　四、ADC发泡剂清洁生产工艺及氯碱工厂循环经济链 …………………（238）
　本章小结 ……………………………………………………………………………（240）
　复习思考题 …………………………………………………………………………（241）

参考文献 ……………………………………………………………………………（242）

第一章　工业毒物及其危害

本章学习目标

1. 掌握工业毒物与职业中毒的概念以及影响毒性的因素；
2. 了解工作场所有害物质职业接触限值的种类；
3. 了解毒物在人体内的生理过程及常见毒物对人体的危害。

第一节　工业毒物的分类及毒性

人类在生产和生活过程中，会接触到各种各样的化学物质，这些化学物质在给人类生活带来方便的同时，也会给人类带来直接或潜在的危害。工业生产中的有毒化学物质包括原辅材料、中间品、产品、助剂、杂质和废弃物，在其生产、搬运、储存、运输、使用以及废弃物处置的各个环节均能造成对劳动者的危害。

一、工业毒物的分类

1. 工业毒物与职业中毒的概念

一般来说，凡作用于人体并产生有害作用的物质都叫毒物。在生产过程中所使用或产生的毒物为工业毒物。中毒是生物体受到毒物作用而引起功能性或器质性改变后出现的疾病状态，根据病变发生的快慢，中毒可分为急性中毒和慢性中毒。职业中毒是指在生产劳动过程中由工业毒物引起的中毒。

毒物和非毒物之间没有绝对的界限，使二者发生互变的重要条件是剂量。著名的毒理学家 Paracelsus（1493—1541）提出的"剂量决定毒物"是关于毒物的经典论述："所有物质都是毒物，没有不是毒物的物质，唯有剂量使之区分为毒物还是药物。一方面，物质本身并非毒物，而剂量使其成为毒物。"例如，药物在其治疗范围内发挥正常疗效，但是药物与毒物的作用及机制只有相对的区别，一旦超出这个范围达到中毒剂量时，则成为毒物。另一方面，人体内经常有一些重金属存在，如铅、汞、镉等，它们大多存在于环境中并通过多种途径进入人体，但在正常值内并不意味着发生了中毒。人类是大自然的产物，人体内含有 40 多种化学元素，缺乏某种元素人就会得病，但当某种元素过量时也会得病。还需要明确的是，毒物与生物体相互作用的过程是在分子水平上进行的，物质一般只有处于一种溶解而分散的分子状态时才能被吸收，吸收后的物质才会对生物体产生毒效应。按照毒物的用途和分布范围，可以将其分为工业化学品、食品添加剂、日用化学品、农用化学品、医用化学品、环境污染物、生物毒素、军事毒物、放射性毒物等。

职业中毒的发生，与毒物本身的性质、毒物侵入人体的途径和数量、接触时间和身体状况、防护条件等多种因素有关。

2. 工业毒物的分类

由于毒物的化学性质及物理性质各不相同，因此分类的方法很多。按毒害作用性质分，可分为窒息性毒物、刺激性毒物、麻醉性毒物等；按人体的致毒部位，可分为神经系统毒物、血液系统毒物、消化系统毒物、肾脏毒物、呼吸系统毒物等。目前的分类方法是按照毒物存在的形态、作用特点和化学结构等多种因素进行综合分类的。

（1）按照物理形态分类。按照物理形态可分为以下几类。

1）气体。气体是指常温、常压下呈气态的化学物质。例如，在聚氯乙烯树脂生产过程中放出的氯气、氯化氢和氯乙烯单体等；在二氯乙烷生产过程中放出的氯气、乙烯等。再如常见的氯气、氨气、一氧化碳、二氧化硫等。

2）蒸气。蒸气是指由液体蒸发、沸腾或固体升华而形成的气体。前者如苯、汽油等；后者如熔磷时的磷蒸气等。

3）烟。烟又称烟尘或烟气，是悬浮在空气中的固体颗粒，其直径往往小于 $0.1\ \mu m$。有机物在加热或燃烧时可产生烟，如塑料、橡胶热加工时产生的烟；金属熔炼，如熔铜、熔铅时产生的蒸气在空气中迅速冷凝及氧化后也能形成烟。

4）雾。雾是悬浮于空气中的液体微粒，多系蒸气冷凝或液体喷散所形成，如电镀铬时产生的铬酸雾，喷漆作业时产生的漆雾，农药喷洒时产生的农药雾等。

5）粉尘。粉尘为飘浮于空气中的固体微粒，直径大多数在 $0.1 \sim 10\ \mu m$ 之间，多为固体物料经机械粉碎、研磨时形成，如制造铅丹颜料时的铅尘，水泥、耐火材料加工中的粉尘等。

在上面的分类中，气体和蒸气又称为气态污染物；烟、雾、尘三类物质又统称为气溶胶或颗粒污染物。

（2）按化学性质分类。毒物按其化学成分并结合其形态可分为无机毒物（金属与金属盐、酸、碱、气体及其他无机化合物）、有机毒物（脂肪族碳氢化合物、芳香族碳氢化合物及其他有机物）两大类。由于化学合成工业的迅速发展，有机化合物的种类日益增多，有机毒物也随之增加。

（3）按毒作用性质分类。毒物按其对有机体产生的毒作用并结合其临床特点大致可分为以下四类。

1）刺激性毒物。酸的蒸气、氯、氨、二氧化硫等均属此类毒物。所有刺激性气体和蒸气尽管在物理、化学性质上有所不同，但它们直接作用到机体组织上时均能引起组织发炎。

2）窒息性毒物。常见的有一氧化碳、硫化氢、氰化氢等。

3）麻醉性毒物。芳香族化合物、醇类、脂肪族硫化物、苯胺、硝基苯等均属此类毒物，这类毒物主要对神经系统有麻痹作用。

4）全身性毒物。其中以金属为多，如铅、汞等。

二、工业毒物的毒性

化学毒物与机体接触或进入机体的易感部位后，能造成机体损害的相对能力称为毒性。一种化学毒物对机体的损害能力越大，其毒性越高。毒性与进入机体化学毒物的剂量有密切的关系。毒性大的化学毒物即使是较小剂量也会引起机体的损害，毒性小的化学毒物则需较大的剂量才能造成机体损害。

化学毒物本身或其代谢产物在作用部位达到一定浓度，并与组织大分子成分相互作用产生的结果称为毒性作用。毒性作用又称毒效应，是化学毒物对机体所致不良或有害的生物学改变，故又称不良效应或有害效应。毒性作用的特点是，当机体接触化学毒物后，常表现为各种功能障碍、应激能力下降、维持机体稳定状态的能力降低，以及对环境中某些其他有害因素的敏感性增高等。化学毒物的毒性作用范围很广，包括微小的生理或生化改变、明显的临床中毒表现，甚至死亡。

反映毒性作用的指标可分为两类。一类是特异性指标，例如，一氧化碳可与血红蛋白形成碳氧血红蛋白，使得组织器官缺氧，出现中枢神经系统、心血管系统以及其他脏器的一系列损害。这类指标的出现与特定化学毒物之间有着明确的因果关系，常有助于对中毒症状进行诊断和处理。另一类是死亡指标，虽然不能反映毒性作用的本质，但该指标客观，易于评价。特别是在急性毒性评价中，死亡指标是最常使用的指标。

在一定条件下,某种化学毒物对人体的毒性作用具有一定的选择性,只对一个或几个组织器官产生毒性作用,而对其他组织器官无明显的毒性作用,这种化学毒物对机体的毒性作用称为选择毒性,受到损伤的组织器官称为靶器官。许多金属毒物,如铅、汞、镉等主要经肾脏由尿排出,肾脏为其靶器官。注意靶器官中毒物的浓度不一定是机体内最高的,例如甲基汞具有脂溶性,易通过血脑屏障进入脑组织产生神经毒性。它的靶器官是中枢神经系统,但它在脑中的浓度却低于其在肝脏和肾脏中的浓度。

1. 毒性及其评价指标

毒性的计算单位一般以化学物质引起实验动物某种毒性反应所需的剂量表示。例如,吸入中毒,则用空气中该物质的浓度表示。目前通常用实验动物的死亡数来反映物质的毒性,常用的评价指标有以下几种。

（1）致死剂量。致死剂量包括绝对致死剂量、半数致死剂量、最小致死剂量和最大非致死量。

1）绝对致死剂量。绝对致死剂量（LD_{100}）是指化学毒物引起受试对象全部死亡所需要的最低剂量。如再降低剂量,即有存活者。

由于个体差异的存在,受试群体中总是有少数高耐受性或高敏感性的个体,故LD_{100}常有很大波动性。一般不把绝对致死剂量作为评价化学毒物毒性大小或对不同化学毒物的毒性进行比较的指标。

2）半数致死剂量。半数致死剂量（LD_{50}）是指化学毒物引起一半受试对象出现死亡所需要的剂量。LD_{50}是评价化学毒物毒性大小最重要的参数,也是对不同化学毒物的急性毒性分级的标准。化学毒物的急性毒性与LD_{50}成反比,即急性毒性越大,LD_{50}的数值越小。代表性化学物的LD_{50}见表1–1。

表1–1　　　　　代表性化学物的LD_{50}　　　　　单位：mg/kg

化学物	LD_{50}	化学物	LD_{50}
多氯联苯	15 000	乙酰氨基酚	142
乙醇	10 000	士的宁（马钱子碱）	2
氯化钠	4 000	尼古丁	1
硫酸铁	1 500	箭毒	0.5
马拉硫磷	1 375	二噁英	0.001
吗啡	900	肉毒素	0.000 01

3）最小致死剂量。最小致死剂量（LD_{01}）是指化学毒物引起受试对象中的个别成员出现死亡的剂量。从理论上讲，低于此剂量即不能引起死亡。

4）最大非致死剂量。最大非致死剂量（LD_0）是指化学毒物不引起受试对象出现死亡的最高剂量。若高于该剂量即可出现死亡。与LD_{100}的情况相似，此值也存在很大波动性。

（2）阈剂量。阈剂量是指化学毒物引起受试对象中的少数个体出现某种最轻微的异常改变所需要的最低剂量，即低于此剂量时不产生损害作用，又称最小作用剂量。

阈剂量又分为急性和慢性两种。急性阈剂量为与化学毒物一次接触所得出的剂量；慢性阈剂量为长期反复多次接触所得出的剂量。通常，一种化学毒物的急性阈剂量比慢性阈剂量高，受试对象表现出的中毒症状也较为明显。

2. 影响毒性的因素

在工业毒物的作用下是否发生中毒，影响因素是多方面的，主要与毒物的化学结构、理化特性、环境和劳动强度等有关。

（1）化学结构与毒性的关系。毒物的化学结构是决定其毒性的主要物质基础。例如，在脂肪族类物质中，随着碳原子数增加，其毒性也增强，丁醇、戊醇的毒性较乙醇、丙醇大，而当碳原子数增加到一定数量（一般是7个以上）时，其毒性又会随着碳原子数的增加而减弱；在卤代烃中，随着卤代原子数的增加，结构中增加的卤素使得分子的极化程度增加，最终增大了对肝脏的毒性，其毒性作用的大小分别为：四氯化碳（CCl_4）>氯仿（$CHCl_3$）>二氯乙烷（$CH_2CH_2Cl_2$）>氯甲烷（CH_3Cl）>甲烷（CH_4）。

化学结构除可影响其毒性大小以外，还可以影响其毒性作用的性质。例如，苯有抑制造血功能的作用，当苯环中的氢原子被氨基或硝基取代时，就具有形成高铁血红蛋白的作用。

（2）物理化学性质与毒性的关系。毒物的理化特性是多方面的，但其影响人体健康最主要的有三个方面。

1）溶解度。毒物在水中的溶解度越大，其毒性越大。例如，同样是砷的化合物，三氧化二砷比三硫化二砷的溶解度大3×10^4倍，前者的毒性大，后者的毒性小。同时还要注意毒物在其他液体中（包括酸、碱、盐类及类脂的血液、胃液、淋巴液等）的溶解度。例如，硫化铅虽不溶于水，但在胃液中却能溶解2.5%；又如氯气易溶于上呼吸道的黏液中，因而氯气可引起上呼吸道损害；黄丹虽微溶于水，但易溶于血清等。总之，毒物在体液中的溶解度越大，其毒性也越大，特别是易溶于脂肪的物质（如四乙基铅、苯的氨基、硝基化合物）尤其如此。

2）分散度。毒物的颗粒越小，分散度越大，不仅其化学活性增大，同时易随呼吸过程进入人体，因而毒性作用越大。另外，分散度越大，其表面活性增大，溶解速度也会加快。例如，锌和一些金属本身并无毒，但加热形成烟状氧化物时，可与体内蛋白质作用，产生异性蛋白而引起发烧，称为铸造热。

3）挥发性。毒物的挥发性越大，释放在空气中毒物的浓度越高，进入人体的可能性越大。例如，苯、乙醚、三氯甲烷、四氯化碳等都是挥发性大的物质，它们对人体的危害也严重。乙二醇的毒性虽高但挥发性小，只为乙醚的1/2 625，故严重中毒的事故很少发生。

一般来说，毒物在空气中的浓度及危害程度与毒物沸点成反比。在金属熔炼及液态毒物加热过程中，沸点低的易变成蒸气，如铅的熔点为327.4 ℃，沸点为1 620 ℃，加热到400 ℃以上时就会有大量铅烟溢出，因而铅蒸气对工人的威害较大。

（3）毒物的联合作用。在生产环境中，操作者所接触到的毒物往往不是单一的，而是多种毒物，所以我们必须注意到多种毒物对人体的联合作用。毒物联合作用的综合毒性有下述几种情况。

1）相加作用。当两种以上毒物同时存在于作业环境中时，它们的毒性可能表现为其作用的总和。通常，结构类似的化学毒物或同系物，或毒性作用的靶器官相同、作用机制类似的化学毒物同时存在时，易发生相加作用。例如，四氯化碳、氯仿等均属氯代烃，属肝脏毒物，会对肝脏毒性产生相加作用；碳氢化合物在麻醉方面的联合作用也属此例，如煤油、汽油同时存在时，会对中枢神经系统的麻醉作用产生相加作用。

2）协同作用。多种化学毒物进入人体后，其所产生的毒性作用远远超过各单独化学毒物作用强度的总和，此种作用称为协同作用。协同作用的靶器官可以不一致，但最终的生物学效应是一致的。例如，在钢铁生产过程中常使用天然气和煤炭，它们在燃烧过程中可产生一氧化碳、硫化物和氮氧化物等有害物质。其中，一氧化碳能使血红蛋白的携氧能力降低，硫化物和氮氧化物则对呼吸道具有刺激作用，会引起呼吸道功能障碍，最终加重因缺氧所引起的多种损伤。当一氧化碳与硫化氢同时存在时，硫化氢也可协同一氧化碳引起缺氧，因为硫化氢可使细胞利用氧的能力发生障碍。

3）增强作用。有些化学毒物本身对人体的某个器官或系统无毒性，另一些化学毒物对人体产生一定毒性作用。当二者同时进入机体时，前者可使后者的毒性大大增强，此种作用称为增强作用或增效作用。例如，铅作业人员体内的铅负荷较高,但不一定会引起铅中毒。大量的铅可以储存在骨骼里,当饮酒过量,铅就会从骨骼进入血液中,引起急性铅中毒。

4)拮抗作用。拮抗作用是指进入体内的几种毒物其毒性作用的总和低于各化合物单独毒效应的总和,如氨和氯的联合作用。

5)独立作用。独立作用是指由于不同性质的毒物有不同的作用部位、不同的靶子,而这些部位与靶子之间在功能关系上不密切,因而出现各自不同的毒效应。

此外,生产性毒物与生活性毒物的联合作用也很常见。例如,嗜酒的人易引起中毒,因酒精可增强铅、汞、砷、四氯化碳、甲苯、二甲苯、氨基和硝基苯、硝化甘油、氮氧化物以及硝基氯苯等毒物的吸收能力,所以接触这类物质的作业工人不宜饮酒。

(4)生产环境和劳动强度的影响。不同的生产方法影响毒物产生的数量和存在状态,不同的操作方法影响人与毒物的接触机会。因此,生产环境中的化学因素和物理因素以及劳动强度均可影响毒物的毒性。

1)化学因素。生产环境中往往存在多种毒物,与单一毒物在体内产生的毒性不完全相同,也就是上文介绍的联合作用。

2)物理因素。物理因素包括气温、气湿和气压等。在高温和高湿条件下,皮肤毛细血管扩张,呼吸加速,血液循环加快,促进了一些易挥发的有机溶剂(如汽油、煤油和甲醛等)经皮肤和呼吸道的吸收。在强烈日光照射下,高温还可以使氮氧化物和一些醛类物质转变成毒性更强的光化学烟雾等,增强其对皮肤和呼吸道的刺激作用。还有些毒物在高温条件下可发生形态改变,如一部分二氧化硫可转变为硫酸和三氧化硫,使其毒性增强。

3)劳动强度。劳动强度对毒物的吸收、分布、排泄有明显的影响。劳动强度大,呼吸量也大,能促进皮肤充血,汗量增多,代谢及吸收毒物速度加快,耗氧量增加,使工人对某些毒物所致的缺氧更敏感。

(5)人体对毒物的耐受性。在同样条件下接触同样的毒物,往往有些人长期不中毒,而有些人却发生中毒,并且病情轻重也各异。这是由于人体对毒物耐受性不同所致。有时还可见到有的人长期接触毒物,耐受能力反而增强,这种现象我们把它称为"适应性"。人体对毒物的耐受性不同,源自个体间以下因素的差异。

1)遗传性差异。有研究显示,一些遗传缺陷或遗传疾病与毒作用敏感性有关。当接触某种有害物质时,正常人不出现任何反应,而有遗传缺陷或遗传疾病的人就会出现不同程度的损害,如着色性干皮病等。

2)性别。有研究显示,当毒物与人体相互作用产生毒性反应时,女性对各种有机溶剂，如二硫化碳、汽油、氯仿、甲醛和乙醚等特别敏感，可引起肝脏或肾脏等多个器官损伤，甚至对其新生儿具有致畸作用。分析原因可能是这类化合物均具有脂溶性，易进入人体和储存在体内，且女性体内的脂肪含量高于男性。此外，女性在妊娠过程中由于体内孕酮和孕烷二醇的增加，也使机体对毒物的解毒能力下降。

3）生理状态。年龄对于敏感性是一种重要的影响因素，各个系统和器官的功能在不同年龄有明显的差异。研究发现，儿童对铅的吸收较成年人多 4~5 倍，且儿童的血脑屏障发育不全，使得被吸收的铅很容易进入大脑造成神经毒性；儿童肾脏的排泄功能较差，在体内排泄较慢的药物，如青霉素和四环素等，也可引起肾脏损伤。通常，老年人对各种毒物的毒性反应比较敏感，这可能与老年人肝脏的生物转化能力下降，肾脏排出功能障碍以及年老后毒物在体内负荷增加等因素有关。

4）营养条件。机体的营养状况与毒物的代谢、储存和毒性有密切的关系。

5）生活方式。酗酒、吸烟等生活习惯本身会对机体产生有害影响。而具有这些生活习惯的人在接触其他毒物时，通常认为会增加某些毒物作用的敏感性。

6）健康状况。急性和慢性肝炎患者的肝脏功能受到损伤，可导致毒物在肝脏内代谢功能障碍，进一步加重肝脏功能的损伤。急性和慢性呼吸道疾病患者，对各种刺激性气体和烟尘等反应强烈，也会加重其对呼吸道的刺激作用。

当某一脏器已有缺陷时，接触可能损坏该器官的毒物后，更易发生中毒。肝脏是毒物在体内被转化的主要器官，而肾脏是多种毒物排泄的途径。故肝肾功能不良者接触毒物时，这两个器官更容易受损害。未成年人由于各器官尚处在发育阶段，抵抗力低，也易发生中毒，故不应参加有毒作业。妇女在经期、孕期、哺乳期内生理功能发生变化，对某些毒物的敏感性增大，如在经期对苯、苯胺的敏感性就会增大，而在孕期、哺乳期参加汞、铅作业，对胎儿及婴儿的健康将会产生不利的影响，因此应暂时调离本岗位。

总之，接触毒物后能否中毒是受多种因素影响的，了解这些因素间相互制约、相互联系的规律，有助于控制不利因素，发展有利因素，防止劳动者中毒事故的发生。特别是了解毒物的化学结构及其作用力和作用性质之间的关系，可以正确估计生产中所用新物质可能具有的毒性，保护劳动者的安全和健康。

第二节　工作场所有害物质职业接触限值

预防生产场所空气中有毒物质危害人体的重要措施之一，是确定该场所在工人工作时毒物的最高容许浓度。在这种极限浓度以下工作，无论短时间或长时间接触毒物，对人体均无特别危害。就预防职业中毒而言，主要是制定车间空气中有害物质的容许浓度或称接触限值。工作场所有害物质职业接触限值，是为保护作业人员健康而规定的车间空气中有害物质含量的限定值。

一、工作场所有害物质职业接触限值的种类

有害物质的职业接触限值在不同国家或机构、团体所用名称不完全相同。在我国特指车间空气中有害物质的最高容许浓度，常称为国家职业卫生标准。

1. 最高容许浓度

根据《工作场所有害因素职业接触限值 第1部分：化学有害因素》（GBZ 2.1—2019），最高容许浓度是指在一个工作日内、任何时间、工作地点的化学有害因素均不应超过的浓度。工作地点是指作业人员为管理生产过程而经常或定时停留的地点。

2. 时间加权平均容许浓度

时间加权平均容许浓度是指以时间为权数规定的 8 h 工作日、40 h 工作周的平均容许接触浓度。

3. 阈限值

阈限值（TLV）是指美国政府工业卫生学家会议（ACGIH）所推荐的接触限值，又分为以下三种：

（1）时间加权平均阈限值。时间加权平均阈限值是指正常 8 h 工作日或 40 h 工作周的时间加权平均浓度不超过的接触限值。在此浓度下几乎全部工人每天反复接触而不致产生有害效应。

（2）短时间接触阈限值。短时间接触阈限值是指在一个工作日的任何时间均不得超过的 15 min 时间加权平均接触限值。每天接触不得超过 4 次，且前后两次接触至少要间隔 60 min。同时，不能超过当日的时间加权平均阈限值。

（3）上限值。上限值是指瞬时不能超过的最高浓度。

二、工作场所有害物质职业接触限值的应用

制定、颁布、实施国家职业卫生标准，是改善作业环境，促进劳动者健康的重要保证。《中华人民共和国标准化管理条例》中规定："标准一经批准发布，就是技术法规，各级生产建设、科研、设计管理部门和企业事业单位，都必须严格贯彻执行，任何单位不得擅自更改或降低标准。对因违反标准造成不良后果以至重大事故者，要根据情节轻重，分别予以批评、处分、经济制裁，直至追究法律责任。"

工作场所有害物质职业接触限值是衡量职业卫生状况的技术尺度，是实施卫生监督的依据，是改善劳动条件的奋斗目标。但它不是安全与有害的绝对界限，只是判断职业病危害因素在一定浓度下，其安全性的基本依据，某职业病危害因素是否损害了健康，必须以医学检查结果为基础，结合实际接触情况来判定。因此，即使符合卫生标准，还有必要对接触人员进行职业健康检查。此外，它只是一种衡量标准，应当尽量降低空气中工作场所职业病危害因素的浓度或强度，而不应以达到卫生标准为满足。它又有别于立即危及生命或健康的浓度，认为空气中有毒物质超过接触限值就应发出报警，采取紧急措施，疏散工作人员也是不现实的。当然，长期在超过接触限值的条件下作业对健康会造成损害。职业接触是否超过接触限值也不能作为职业病诊断的依据，对于可以经皮肤吸收进入人体的有毒物质，即使工作场所空气中有毒物质的浓度低于职业接触限值，也难以保障劳动者健康，还需注意皮肤防护。当工作场所空气中同时存在数种有毒物质时，要依据它们之间联合作用的特点，采取不同的评价方法。

与某些发达国家比较，我国目前已颁布的接触限值数量还很有限，不能满足实际工作的需要。借用国外职业接触限值作为参考标准，对于实施职业卫生监督、检测、评价工作都大有好处。但要注意，借用之前要分清是哪个国家或学术团体的标准、其接触限值所用的名称和含义，还要格外注意对其制定依据的检索，了解其科学基础、保护水平等，还应注意不同组织或机构提出的接触限值的法律效力。

1. 我国应用情况

目前，我国工作场所有害物质职业接触限值是按照《工作场所有害因素职业接触限值　第1部分：化学有害因素》（GBZ 2.1—2019）规定执行的。有害物质职业接触限值分为时间加权平均容许浓度、最高容许浓度、短时间接触容许浓度。最高容许浓度和时间加权平均容许浓度的含义如前所述。短时间接触容许浓度的含义与ACGIH的短时间接触阈限值有所不同，是指在实际测得的8 h工作日、40 h工作周平均接触浓度遵守时间加权平均容许浓度的前提下，容许劳动者短时间（15 min）接触的加权平均浓度，取消了ACGIH中规定的短时间接触容许浓度每天接触不得超过4次，且前后两次接触时间至少要间隔60 min的规定。

在评价8 h工作日的时间加权平均浓度时，即使当日的8 h时间加权平均容许浓度符合要求时，仍不应超过短时间接触容许浓度。

2. 应用最高容许浓度时的注意事项

在使用最高容许浓度标准估计生产环境受毒物污染程度及其危害时，应注意以下问题：

（1）最高容许浓度是预防工人在车间内慢性吸入中毒的标准，不能用作急性中毒的衡量尺度。车间空气中有害物质的最高容许浓度也不适用于户外操作环境。

（2）车间空气中毒物的浓度，必须按一定方法反复多次测定，才能正确评价，不能轻易下结论。

（3）对有些易经皮肤进入人体的毒物，除应尽力控制空气中毒物含量使其低于最高容许浓度外，还需加强皮肤防护，减少毒物与皮肤接触的机会。

（4）两种以上毒物共同存在时，应考虑其联合作用。当几种毒物具有相加作用，在厂房设计阶段应用各种毒物的最高容许浓度时，应按毒物的种数降低相应的倍数。例如，有两种以上毒物同时存在时，则最高容许浓度值应除以2；同时存在三种毒物则应除以3，以此类推。

在经常性卫生监督时，对生产场所多种毒物的浓度进行评价，可用式（1-1）进行计算：

$$\frac{C_1}{PC-TWA_1}+\frac{C_2}{PC-TWA_2}+\cdots+\frac{C_n}{PC-TWA_n}\leqslant 1 \quad (1-1)$$

式中　　　　　　C_1，$C_2\cdots C_n$——所测得的各化学因素的浓度；

$PC-TWA_1$，$PC-TWA_2$，$\cdots PC-TWA_n$——各化学因素相应的容许浓度限值。

据此计算出的接触限值比值≤1时，表示该物质的接触水平未超过接触限值，符合卫生要求；反之，当接触限值比值>1时，表示该物质的接触水平已超过接触限值，不符合卫生要求。

三、工业毒物危害程度分级

在防毒管理工作中，还有一个重要的国家标准是经常用到的，这就是《职业性接触毒物危害程度分级》（GBZ 230—2010）。为了针对不同的工业毒物对人体的危害进行研究和采取防护措施，在评价毒物毒性大小时，人们常常利用毒物对人体的危害程度分级来判断有毒物质对人体的影响。《职业性接触毒物危害程度分级》（GBZ 230—2010）根据毒物急性毒性、急性中毒发病情况、慢性中毒患病情况、慢性中毒后果、致癌性、最高容许浓度这六项指标为基础的定级标准，将职业性接触毒物危害程度分为四级：Ⅰ级（极度危害）、Ⅱ级（高度危害）、Ⅲ级（中度危害）、Ⅳ级（轻度危害）。这种分级不同于有毒物质的急性毒性分级，而是考虑了劳动生产过程中多种因素的影响，因此更加接近于有毒物质对人体影响的实际状况，从而具有更大的价值。

第三节　毒物在人体内的生理过程及危害

一、毒物在人体内的生理过程

机体对外源性化学物质的处理可简单地分成相互有关的吸收、分布、代谢及排泄四个过程（ADME 过程）。外源性化学物质的吸收、分布和排泄过程称为生物转运。外源性化学物质的代谢过程称为生物转化。

1. 吸收

吸收是指外界环境（空气、水和食物等）中的化学毒物进入人体内的过程。在生产条件下，工业毒物主要经呼吸道进入体内。其次经皮肤吸收，也可以经消化道进入体内，但较为少见。

（1）呼吸道。呼吸是毒物进入人体最主要、最危险、最常见的途径，因为凡呈气态、蒸气态的毒物随时都可伴随呼吸过程进入人体，而且人的呼吸系统从气管到肺泡都具有相当大的吸收能力，尤其肺泡的吸收能力最强。肺泡壁极薄且总面积大约有 $55\sim120\ m^2$，其上有丰富的微血管，由肺泡吸收的毒物会随血液循环迅速分布全身。所以在全部职业中毒者中，约 95% 是经呼吸道吸入毒物引起的。从鼻腔到肺泡，整个呼吸道各部分由于结构不同，对化学毒物的吸收情况也不同，越到深部，面积越大，停留时间越长，吸收量越大。因此，毒物经呼吸道吸收，以肺泡为主。例如，气体物质（CO、NO、SO_2 等）、挥发性液体（苯、汽油等）蒸气经肺吸收的速度仅次于静脉注射。

（2）皮肤。工业毒物主要通过两条途径经皮肤吸收。一条是通过表皮到达真皮，最后进入血液循环；另一条是通过汗腺、毛囊和皮脂腺到达真皮。其中，后一条途径的实际意义不大。在生产条件下，主要经完整皮肤吸收的毒物有：有机磷农药、苯胺、三硝基甲苯与有机金属等。经皮肤吸收的影响因素除化学毒物本身的化学性质（如相对分子质量、脂水分配系数等）外，还有皮肤的完整性、皮肤的部位与接触面积、毒物浓度和黏稠度、外界的气温与气湿等。

2. 分布

分布是指被吸收的化学毒物或其代谢产物在体内循环与分配的过程。被吸收到血液中的化学毒物大部分与血浆蛋白结合，并随血流被运送到人体的器官和组织。

分布的开始阶段，主要取决于机体不同部位的血流量。例如，肝脏是具有丰富血液的器官，化学毒物可以在肝脏达到很高的起始浓度。随着时间的延长，受化学毒物与器官、组织亲和力的影响而形成化学毒物的再分布过程。又如，铅早期主要分布在血流比较丰富的肝脏和肾脏等部位，随后进入骨骼，并储存在骨骼内，且对骨骼无毒性。

影响化学毒物在体内分布的因素很多，如毒物的浓度、接触时间和毒物的亲脂性等。此外，体内存在的血—脑屏障、血—胎盘屏障和血—睾丸屏障等也可以影响一些化学毒物进入人体的器官或组织。

3. 生物转化

进入机体的毒物有的可直接作用于靶器官产生毒效应，并以原形排出。多数毒物被吸收后在体内酶作用下，经过各种生化过程，其化学结构发生一定的改变，称为毒物的生物转化，又称代谢转化。1959 年 Williams 提出，化学毒物在体内发生生物转化过程分为 I 相反应及 II 相反应。I 相反应包括氧化、还原和水解反应；II 相反应，也称结合反应。大多数化学毒物均需经过这两相反应。

一般来说，化学毒物经生物转化后其极性和水溶性增加，易于排出，或改变结构使其毒性降低乃至消失。因此，过去常将生物转化过程称为生物解毒或生物失活的过程。而有些化学毒物经生物转化后反而使其毒性增加，或溶解度降低，如对硫磷、乐果等。有些甚至产生致癌、致突变和致畸效应，如苯并［a］芘、芳香胺等通过生物转化后具有致癌性。这种现象称代谢活化或生物活化。

由此可见，化学毒物进入机体后，通过生物转化可形成不同的代谢产物，有的形成稳定性代谢产物排出体外，有的形成活性代谢产物，再经解毒而排出体外。一旦解毒作用失效，化学毒物便会引起机体的各种病变，表现为组织坏死、发生突变、发生畸变、患癌，以及发生免疫病理反应等。也就是说，化学毒物的毒性大小不仅与其本身的理化性质有关，而且与其在体内的生物转化密切相关。

4. 排泄

排泄是指化学毒物及其代谢产物向体外转运的过程，是生物转运的最后一个环节。

（1）经肾脏排泄。肾脏是化学毒物排出的重要器官，涉及肾小球的滤过、肾小管的重吸收和主动分泌。相对分子质量较低的化学毒物或其代谢产物主要经肾脏由尿排出。尿中化学毒物受血中毒物的浓度、尿的 pH 值、肾脏疾病等因素影响。

（2）经呼吸道排泄。在常温状态下呈气态的化学毒物及其代谢产物，或挥发性液态毒物，如 CO、醇类等可通过简单扩散经肺呼出。经肺排泄的速度与其吸收速度成反比。气/血分配系数低的物质，如乙烯通过肺排出的速度快；反之，则排出的速度慢，如氯仿等。

（3）经消化道排泄。肝脏是排泄外源性物质的主要器官。分子量较大的化学毒物或其代谢产物，随粪便排出。因此，消化道排泄可看作是经肾脏排出的补充途径。有研究显示，消化道是很多结合产物，如谷胱甘肽结合物、硫酸和葡糖醛酸结合物的主要排泄途径。

有些化学毒物及其代谢产物由胆汁进入肠道，一部分随粪便排出，一部分由肠液或细菌的催化，增加其脂溶性而被肠道重吸收，返回肝脏，形成肝肠循环。

（4）其他。乳汁虽然不是排泄毒物的主要途径，但具有特殊的意义。有些化学毒物可经乳汁由母体转运给婴儿，也可由牛乳转运给人，如铅。此外，有些化学毒物还可通过唾液、汗液、指甲和毛发等途径排泄，其中毛发中的重金属含量可作为生物监测指标。

了解化学毒物的排泄途径及浓度对进行生物监测具有十分重要的意义。通过排泄物中毒物及其代谢产物的浓度能评价作业人员的接触浓度。改变尿的pH值可以加快尿中毒物的排泄，也是治疗某些职业中毒的方法。

5. 蓄积

化学毒物或其代谢产物在接触间隔期内，如不能完全排出，则可在体内逐渐积累，这种现象称为毒物的蓄积。化学毒物对器官、组织等蓄积部位产生的作用各不相同。有的化学毒物可直接发挥作用，引起这些器官、组织的病变，如甲基汞蓄积在脑组织，可引起中枢神经系统损害。如果蓄积部位不是该化学毒物毒作用部位时，此部位又称该毒物的储存库，如铅蓄积在骨骼内。

化学毒物在体内的蓄积具有两重意义：一方面可减少到达毒作用部位的毒物量，对急性中毒有保护作用；另一方面具有潜在危害，可能成为一种在体内提供毒物的来源。例如，铅在骨骼内蓄积，可防止铅对软组织的毒性作用。但在缺钙和甲状旁腺激素的溶骨作用等条件下，可导致骨内铅重新释放至血液而引起中毒。

二、职业中毒

在劳动生产环境中，由工业毒物引起的作业人员中毒称为职业中毒。职业中毒的局部作用表现为引起皮肤黏膜的刺激和腐蚀作用；职业中毒的全身作用表现为接触部位以外的器官损害，如缺氧和麻醉等全身损伤，以及肝、肾、血液等损害。

职业中毒是工业毒物与机体相互作用的结果。决定职业中毒的三个要素分别是工业毒物、机体与环境，其中工业毒物是重要因素。工业毒物接触是导致职业中毒的先决条件。工业毒物的毒性大小取决于它的化学结构、浓度和作用的持续时间等。当工业毒物因素固定时，是否发生职业中毒则取决于职业因素。通常，除工业毒物以外的环境因素起次要作用。因此,接触评价是职业卫生工作的重要组成部分,特别是对职业中毒诊断、职业流行病学调查和危险度评价具有特殊重要的意义。

职业中毒可按工业毒物的化学名来命名,如铅中毒、汞中毒、苯中毒等;也可按工业毒物的类别来命名,如金属中毒、苯的氨基、硝基化合物中毒等;也可按工业毒物的毒性作用来命名,如刺激性气体中毒、窒息性气体中毒等;还可按工业毒物的用途来命名,如有机溶剂中毒、农药中毒等。

1. 职业中毒分型

职业中毒可分为急性、慢性和亚急性三种临床类型。

(1) 急性中毒。急性中毒是指毒物一次或在短时间(几分钟至数小时)内大量进入人体而引起的中毒。急性中毒是由于在短时间内有大量毒物侵入人体后突然发生的病变,这种病变具有发病急、变化快和病情重的特点。急性中毒可能在当班或下班几个小时甚至 1~2 天内发生,多数是因为生产事故或工人违反安全操作规程所引起的。

(2) 慢性中毒。慢性中毒是指毒物少量、长期进入人体而引起的中毒,如慢性铅中毒。长时间由低浓度毒物不断进入人体,逐渐引起的病变,称为慢性中毒。慢性中毒绝大部分是蓄积性毒物所引起的,往往从事该毒物作业数月、数年或更长时间才出现症状,如慢性铅、汞、锰等中毒或尘肺等。

(3) 亚急性中毒。发病情况介于急性和慢性之间,接触浓度较高,一般在一个月内发病者,称为亚急性中毒或亚慢性中毒,如亚急性铅中毒。

各种工业毒物的毒性作用特点不同。有些毒物在作业环境中,难以达到引起急性中毒的浓度,一般只有慢性中毒,如铅、锰、镉等金属毒物;有些毒物的毒性大,且易散发到车间空气中或污染作业人员的皮肤,往往引起急性中毒,如氯气、二氧化硫、二氧化氮、苯等;有些毒物在生产过程中易引起急性中毒,通常它们在体内的蓄积作用不明显,如氰化氢、硫化氢、一氧化碳、二氧化碳等。

2. 职业中毒的临床表现

工业毒物的种类很多,可引起人体不同系统的损伤,甚至多系统损害,出现各种临床表现。同一毒物,不同中毒类型对人体的损害有时可累及不同的靶器官。以苯为例,急性苯中毒主要影响中枢神经系统;慢性苯中毒则主要引起造血系统损害。职业中毒按主要受损系统而具有不同表现。

(1) 神经系统。工业毒物进入人体后,可造成中枢神经系统缺氧,也可直接造成神经系统损伤,临床上可出现不同的症状和体征。例如,慢性铅中毒的早期表现为头晕、失眠、记忆力减退、情绪不稳定、乏力等症状，这些症状多属于功能性改变，脱离铅接触后可逐渐恢复；急性汽油中毒的临床表现则是哭笑异常、易怒、妄想等；一氧化碳中毒后遗症的表现为痴呆、严重记忆力减退等。

（2）呼吸系统。在作业环境中，工业毒物进入机体的主要途径为呼吸系统。因此，工业毒物可引起呼吸系统多种损害。例如，刺激性气体氯气、氮氧化物、二氧化硫等可引起咽炎、喉炎、气管炎、支气管炎等呼吸道病变，严重时可产生化学性肺炎、化学性肺水肿；汽油可引起胸闷、剧咳、咳痰、咯血等；氮氧化物、有机磷农药中毒可引起明显的呼吸困难、发绀、剧咳；长期吸入砷和铬等可引起肺癌。

（3）血液系统。工业毒物对血液系统的影响通常表现为贫血、出血、溶血、白血病等。例如，铅可引起低色素性贫血；苯、三硝基甲苯可抑制骨髓造血功能，引起白细胞、血小板减少，甚至再生障碍性贫血；苯的氨基和硝基化合物、亚硝酸盐可引起高铁血红蛋白血症。

（4）消化系统。消化系统是工业毒物吸收、生物转化、排出和肝肠循环再吸收的场所。例如，经口进入人体的汞盐、三氧化二砷所致的急性中毒，可引起恶心、呕吐等症状；铅、汞中毒时，可见牙釉质脱落；慢性铅中毒时，经常出现脐周或全腹剧烈的持续性或阵发性绞痛等症状；工业毒物中许多亲肝毒物，如黄磷、砷、四氯化碳、氯仿、氯乙烯和三硝基甲苯及其他苯的氨基、硝基化合物等，均可引起急性或慢性肝损伤，其症状和体征与病毒性肝炎相似。

（5）泌尿系统。职业性泌尿系统损害大致有四种临床类型，它们分别是急性中毒性肾病、慢性中毒性肾病、中毒性泌尿道损害及泌尿道肿瘤，前两种类型较多见。例如，铅、汞、镉、砷及砷化物、四氯化碳、乙二醇、苯酚等均可引起肾损伤，但其机制各不相同；β-萘胺和联苯胺可诱发膀胱癌。

（6）循环系统。许多金属毒物和有机溶剂可直接损害心肌。例如，窒息性气体和刺激性气体中毒可导致心肌缺氧；有机溶剂、有机磷农药中毒可引起心律不齐；慢性二硫化碳中毒可诱发冠心病。

（7）生殖系统。毒物对生殖系统的毒性作用涉及对接触者本人及其对子代发育过程的不良影响，即所谓"生殖毒性与发育毒性"。生殖毒性表现为对接触者本人生殖器官、有关的内分泌系统、性周期和性行为、生育能力、妊娠结局、分娩过程等方面的影响。发育毒性包括可引起胎儿畸形、发育迟缓、功能缺陷，甚至死亡等。

有研究显示，对睾丸有损伤的工业毒物有二硫化碳、二溴氯丙烷、铅、三硝基甲苯等；对女性生殖产生危害的工业毒物有铅、汞、镉、农药、氯乙烯等。

（8）皮肤。职业性皮肤病约占职业病总数的40%~50%。其致病涉及因素很多，其中化学因素占90%以上。

1）化学灼伤：常由酸、碱等引起，出现剧烈疼痛等症状。

2）接触性皮炎：常由酸、碱、有机溶剂等引起，出现红斑、水肿、丘疹等症状。

3）光感性皮炎：常见于沥青作业人员，受日光照射后皮肤出现发红、刺痛、水疱、痒感等症状。

4）职业性痤疮：常见于接触各种矿物油、卤代芳烃化合物。

5）皮肤黑变病：常见于接触焦油、沥青等所致的皮肤变色。

6）职业性皮肤溃疡：常见于接触铬、铍等。

7）职业性疣赘：常见于接触焦油、沥青、砷等，少数人可转变为鳞状上皮癌。

8）职业性角化过度和皲裂：常见于接触有机溶剂、碱性物质等，可使皮肤脱脂、粗糙、干裂等。

9）职业性毛发改变：氯丁二烯可引起暂时性脱发。

10）皮肤肿瘤：常见于接触砷、煤焦油等。

（9）眼部改变。工业毒物可引起多种眼部病变。酸、碱可引起急性结膜炎、角膜炎，主要表现为畏光、流泪、灼痛；腐蚀性强酸、强碱进入眼部可引起化学烧伤，常引起结膜、角膜的坏死、糜烂；镍、铍等可引起过敏反应，表现为眼睑及结膜充血、水肿等；三硝基甲苯、二硝基酚可引起白内障；甲醇可引起视神经炎、视网膜水肿、视神经萎缩，甚至失明等。

（10）发热。五氯酚、二硝基酚等中毒可引起发热。吸入锌、铜等金属烟后，可引起发热，称"金属烟尘热"。吸入聚四氟乙烯的热解物可产生"聚合物烟尘热"。

3. 职业中毒的诊断

职业中毒的诊断是根据临床检查，结合现场职业卫生学调查，综合分析，排除其他疾病后做出的诊断。职业中毒的诊断应及时而准确。职业中毒的诊断与一般疾病不同，是一项政策性和科学性很强的工作，关系到职工的健康和劳动保护政策的贯彻。职业中毒与生产环境有密切的关系，而临床表现又常缺乏明显的特异性，因而确定诊断，特别是慢性中毒的诊断存在一定的困难。

（1）病史。让患者按顺序叙述症状的发生，起病时间和方式，症状的性质和持续时间、频率，伴随症状，病情发展情况，诱发或缓解因素等。询问发病与工作的关系以及同一接触条件下的其他人员有无相似的症状。此外，还应询问既往患过何种疾病,如是否患过结核、病毒性肝炎,有何遗传性疾病,吸烟和饮酒史。

(2) 职业史。详细了解职业接触情况,对职业中毒的诊断十分重要。应按顺序询问,即从开始到目前的职业史;急性中毒与现在的工作经历有关;慢性中毒与以往的工作经历有关;从事生产过程的工艺流程、操作方法;接触工业毒物的种类,如原料、产品、中间产品等;接触形式与进入途径;每月或每日连续或间接的接触时间;车间空气中工业毒物浓度、卫生措施以及个人卫生防护用品的使用情况。如果为急性中毒,应了解当时的生产情况,有无事故发生、违反操作规程或防护设备失效等。

(3) 现场调查。向厂方有关领导或工作人员、作业人员了解劳动卫生条件,包括生产过程中所用的原料、助剂、中间品和成品;防护设备和个人防护用品;历年作业环境空气中工业毒物浓度的测定结果,并分析采样条件、测定方法的可靠性等。

(4) 体格检查。判断临床表现是否与所接触毒物的毒性作用相符。在询问和检查中,尤其应该注意各种症状发生的时间和顺序及其与接触职业性有害因素的关系。一般来说,急性职业中毒因果关系较容易确立,慢性职业中毒的因果关系有时不太容易确立。

由于近年劳动卫生条件的改善,明显的体征已比较少见。可根据接触有害工业毒物的种类,对一些工业毒物的毒性特点进行检查。例如,汞中毒的震颤,锰中毒的肌张力增强和震颤,苯的氨基和硝基化合物中毒的发绀,三硝基甲苯中毒的肝大,甲醇中毒的视神经萎缩,刺激性气体中毒的肺水肿,铬中毒的鼻中隔穿孔,铅、砷中毒的周围神经病变等。

(5) 实验室检查。检查内容主要有两个方面的指标,即接触指标和效应指标。接触指标包括测定生物材料中的毒物或其代谢物,如尿铅、血铅、尿酚等。效应指标涉及测定的内容很广。

1) 反映毒性作用的指标,如铅中毒时可测定血和尿中 δ-氨基-γ 酮戊酸(δ-ALA)水平,这是因为铅对卟啉代谢有影响,可导致 δ-ALA 等指标改变。

2) 反映毒物所致组织器官病损的指标,如检查血、尿、肝、肾功能以及其他相关指标等。常见于毒物进入人体的量大、作用时间长所产生的组织器官损伤。

上述各项诊断依据,要经过全面、综合的分析,才能作出切合实际的诊断。有时会因分析不当、资料不全而引起误诊。因此,对有些暂时尚不能明确诊断的患者,应先作对症处理、动态观察、逐步深化认识,再作出正确的判断。

4. 职业中毒治疗

职业中毒的治疗分为病因治疗、对症治疗和支持治疗三类。病因治疗的目的是尽可能消除或减少有害物质进入机体，并针对毒物致病机制进行处理。对症治疗的目的是保护体内重要器官的功能，解除病痛，促使中毒者早日康复，甚至挽救中毒者的生命。支持治疗的目的是提高中毒者抗病能力，促使其早日恢复健康。

(1) 急性职业中毒。急性职业中毒往往是生产事故引起的，其结果是造成作业人员的严重中毒甚至死亡。因此，对于急性中毒人员的救治越及时越好。

1) 现场急救。立即将患者脱离中毒环境，尽快将其移至空气新鲜的地方，保持其呼吸道通畅。为防止毒物经皮肤吸收，需脱去中毒者已被毒物污染的衣服，用水彻底冲洗污染处皮肤（冬天宜用温水），如果是遇水能发生化学反应的毒物，应先用干布抹去污染物后，再用水冲洗。若是脂溶性毒物、杀虫剂和腐蚀性毒物则应用肥皂水冲洗。在现场急救过程中，应注意保护好中毒者的心、肺、脑、眼等器官。对严重中毒者，应密切注意其意识状态、瞳孔、呼吸、脉率、血压等的变化。若出现呼吸、循环障碍时，应及时进行复苏急救，具体措施与内科急救原则相同。

2) 防止毒物继续吸收。中毒者到达医院后，应重点详细检查。若在现场急救时，中毒者被污染的皮肤清洗不够彻底，此时应重复冲洗；若中毒者是气体或蒸气吸入中毒时，可给予吸氧，以缓解缺氧情况，加速毒物经呼吸道排出；若中毒者是经口中毒，须尽早采取催吐、洗胃及导泻等措施。

3) 解毒、排毒。对于急性中毒者，若病因比较明确，应尽早使用解毒或排毒药物。一旦毒物已造成对机体的严重损伤时，其疗效有时会明显降低。常用的特效络合剂和解毒剂有金属络合剂，如依地酸钙钠、二乙三胺五乙酸三钠钙、二巯基丙醇、二巯基丁二酸钠等，用于治疗急、慢性砷、汞等中毒；高铁血红蛋白还原剂，如亚甲蓝主要用于治疗急性苯胺、硝基苯类中毒；氰化物中毒解毒剂，如亚硝酸钠-硫代硫酸钠，主要用于救治氰化物、丙烯腈等急性中毒；有机磷农药中毒解毒剂，如阿托品、氯磷定等。必要时，可用透析疗法和换血疗法清除体内的毒物。

4) 对症治疗。职业中毒治疗时，针对病因的特效疗法种类有限。虽然有些化学中毒有特效解毒药，但为数不多，因此，对症治疗是职业中毒的重要疗法。

(2) 慢性职业中毒。慢性职业中毒的早期通常是功能性、可逆性病变。继续接触化学毒物，则可能形成较严重的器质性改变。故应立足于慢性职业中毒的早期诊断、早期治疗，以防止病情发展。对于大多数慢性职业中毒患者，有必要及时调离毒物接触作业环境。

目前只有少数慢性职业中毒有特效药，如依地酸钙钠驱铅，二巯基丙磺酸钠驱汞，二巯基丁二酸钠驱铅、汞及砷等，也就是说对症治疗不可忽视。慢性职业中毒的常见症状有神经衰弱综合征、精神症状、帕金森综合征、周围神经病变、慢性中毒性肝损伤、慢性肾功能衰竭、再生障碍性贫血、接触性皮炎等。针对这些症状给予对症处理、适当营养与休息对于慢性中毒患者健康的恢复是必需的。慢性职业中毒经治疗后，应对患者进行劳动能力鉴定，并合理安排工作。

第四节　工业毒物个论

一、金属与类金属

生产环境中较为常见的是金属化合物，如金属氧化物、金属硫化物、金属盐类和金属有机化合物等。有些金属与一氧化碳结合生成羰基金属，如羰基镍[$Ni(CO)_4$]等。这些羰基金属的特性是易挥发，毒性较大。金属的有机化合物与其无机化合物在理化性质、毒性及临床表现方面有很大差别，如铅和四乙基铅、汞和甲基汞、锡和有机锡等。常用的金属与类金属包括：铅、汞、镉、砷、锰、铬、镍、锌、铊、锡、磷、硒、硼等。

金属和类金属在工业上的应用很广泛，特别在建筑材料、汽车、航空航天、电子、油漆、涂料和催化剂等的生产上。同时，这些物质也会经常污染工作场所，给作业人员健康造成潜在危害。以铅为例，铅的接触机会有铅矿（硫化铅矿、白铅矿）开采、冶炼和熔铅作业（如制造铅丝、铅皮、铅管）等；铅化合物的接触，如制造蓄电池、玻璃、搪瓷、景泰蓝、油漆、颜料等。

金属中毒的临床表现有以下几方面。

1. 皮肤

皮肤是暴露部位。有些具有刺激性或致敏性的金属及其化合物可引起一系列皮肤损伤。例如，镍及其盐类具有很强的致敏作用，可引起过敏者发生湿疹，出现强烈的瘙痒症状；铬对皮肤不仅有刺激性，还有致敏性，可引起湿疹；硒化合物对皮肤有强烈的刺激作用，能引起接触性皮炎，严重者可引起烧伤；铬酸盐和重铬酸盐对皮肤黏膜有腐蚀作用，可形成鸟眼状溃疡；氧化铍进入皮肤可产生肉芽肿。

2. 呼吸系统

在生产环境中，金属及其化合物主要通过呼吸道进入机体，可引起一系列呼吸系统损伤。例如，长期接触铬酸雾或氧化砷粉尘，可引起鼻炎，甚至鼻中隔穿孔；铬酸酐、三氧化二砷、氧化硒等都是酸酐，可引起气管炎和支气管炎，过量吸入时，可引起化学性肺炎；吸入氧化镉、羰基镍可引起肺水肿；长期吸入铝、铁、锡等金属粉尘，可引起尘肺；金属铍和氧化铍可引起肺肉芽肿。

3. 神经系统

铅、汞、锰等金属慢性中毒的早期症状常表现为头痛、头晕、失眠、多梦、记忆力下降等。铅、汞、锰和砷等金属还可以引起特殊的神经系统症状。例如，帕金森综合征是慢性锰中毒的特征，表现为肌张力增强、震颤等症状。

4. 消化系统

有些金属具有消化系统毒性。例如，汞可引起口腔炎，铅、镉、砷等可引起胃肠炎，铅中毒的典型症状是腹绞痛，铅、汞吸收后可见齿龈缘出现蓝线，砷、铅、铍、锰等甚至还可引起中毒性肝炎。

5. 泌尿系统

肾脏是金属的排泄和蓄积器官。因此，具有一定肾脏毒性的金属可引起急性肾功能衰竭、肾病综合征等改变。常见于汞、镉、铅、铬中毒等。

6. 致癌性

有些金属，如砷、铬、镉、铍等具有致癌性。

7. 金属烟尘热

吸入锌、铜、镉、铝等金属的氧化物微粒，可引起金属烟尘热。

8. 其他

铅和镉可引起高血压。铅可影响血红蛋白合成。

二、刺激性气体与窒息性气体中毒

1. 刺激性气体

刺激性气体是指对眼、呼吸道黏膜和皮肤具有刺激作用的有害气体，多具有腐蚀性。刺激性气体大多数是化学工业的重要原料和副产品。生产过程中常因设备、管道被腐蚀而发生刺激性气体的跑、冒、滴、漏现象，或因管道、容器内压力增高而大量外溢造成中毒事故，其危害不仅限于工厂车间，还可污染周围环境。在失火、爆炸和大量泄漏等情况下，甚至可造成人群的急性中毒。

（1）刺激性气体种类。刺激性气体种类繁多，可按其化学结构分为以下几个方面。

1）酸。包括无机酸，如硫酸、氢氟酸、铬酸等；有机酸，如甲酸、乙酸、丙酸、乙二酸、丙二酸等。

2）酸氧化物。如二氧化硫、二氧化氮、铬酐等。

3）酸氢化物。如氯化氢、氟化氢、溴化氢等。

4）卤族元素。如氯、氟、溴、碘等。

5）无机氯化物。如光气、三氯化磷、三氯化砷等。

6）卤烃类。如溴甲烷、氯化苦等。

7）酯类。如硫酸二甲酯、二异氰酸甲苯酯等。

8）醛类。如甲醛、乙醛、丙烯醛、糠醛等。

9）强氧化剂。如臭氧等。

10）金属化合物。如氧化镉、硒化氢、五氧化二钒等。

刺激性气体的种类虽然很多，但常见的有氯、氨、光气、氮氧化物、氟化氢、二氧化硫、三氧化硫等。

（2）刺激性气体的毒性作用。刺激性气体的毒性作用形式各有不同。例如，卤素、氮和硫的氧化物遇水可形成酸；氧、臭氧、二氧化氮不仅可以直接氧化很多细胞成分，而且还可以通过自由基损伤细胞等。刺激性气体对机体毒性作用的共同点是对眼结膜、呼吸道黏膜及皮肤产生不同程度的刺激作用。通常，刺激性气体以局部损伤为主，严重刺激作用条件下可产生全身反应，例如头晕、头痛、乏力。

病变程度主要取决于毒物的浓度和溶解度、作用时间和病变的部位等。水溶性大的刺激性气体，如氨、氯、氯化氢、二氧化硫、三氧化氯等极易溶于水，接触到较湿润的眼结膜和上呼吸道黏膜时，会立即引起局部刺激作用，表现为流泪、流涕、咽痒和呛咳等症状。这种刺激作用较为明显，易使人察觉，较少造成严重中毒。若在意外事故中吸入较高浓度的刺激性气体时，可引起化学性肺炎或肺水肿；吸入极高浓度的刺激性气体时，可出现昏迷或休克。水溶性小的刺激性气体，如氮氧化物、光气等的刺激作用较小，但可引起严重肺水肿。因此，当吸入水溶性小的刺激性气体后，尽管开始没有明显的上呼吸道刺激症状，还是应该密切观察，积极治疗，以防肺水肿的发生。

（3）毒作用表现。毒作用表现分为急性刺激、化学性肺水肿和慢性作用。

1）急性刺激。刺激性气体对眼结膜及上呼吸道黏膜的刺激作用，常表现为结膜充血、流泪、畏光、咽痛、咽充血、呛咳和胸闷等。吸入高浓度刺激性气体可引起喉痉挛或水肿、窒息，甚至猝死，其中喉水肿发生较缓慢，持续时间也较长。发生化学性气管、支气管炎及肺炎则可出现剧烈咳嗽、胸痛、气促等症状。

2）化学性肺水肿。化学性肺水肿是指吸入高浓度刺激性气体后所引起的以肺间质及肺泡腔液体过多聚集为特征的疾病，最终可导致急性呼吸功能衰竭，是刺激性气体所致最严重的危害和职业病常见的急症之一。

刺激性气体中毒引起肺水肿的临床表现、严重程度及预后等，会随着气体种类、吸入剂量、个体差异、潜伏期处理等的不同而差异很大。吸入较少剂量的刺激性气体,且处理及时,就不会发生或仅发生轻度肺水肿,通常经过 2~3 天的积极治疗,可基本治愈。反之,可能会发生严重肺水肿,导致成人型呼吸窘迫综合征,很容易引起死亡。

3) 慢性作用。长期接触低浓度刺激性气体,可引起慢性结膜炎、鼻炎、咽炎、支气管炎等。长期接触低浓度氯气可引发哮喘。

2. 窒息性气体

化学毒物以气体形式侵入机体直接影响氧的供给、摄取、运输和利用,造成机体缺氧的气体毒物,称为窒息性气体。

(1) 窒息性气体种类。按其作用机制可分为以下几种。

1) 单纯窒息性气体。这类气体本身毒性很低或属惰性气体,常见的有氮气、二氧化碳、甲烷、乙烷、乙烯等。通常,因它们在空气中的大量存在,使得空气中氧的含量明显降低,导致机体缺氧窒息。例如,当气压在 101 kPa 时,空气中氧的含量约为 20.96%(体积分数)。当氧的含量低于 16%(体积分数)时,机体会出现缺氧表现;当氧的含量低于 10%(体积分数)时,可引起昏迷甚至死亡。

2) 血液窒息性气体。血液窒息性气体可阻碍血红蛋白与氧气的化学结合力或阻碍它们向组织细胞释放携带的氧气,从而导致组织供氧障碍,此类气体也称化学窒息性气体,如一氧化碳等。

3) 细胞窒息性气体。这类气体主要影响细胞对氧的利用,使生物氧化过程不能进行,造成机体发生细胞内的"窒息",如氰化氢和硫化氢等。

(2) 毒性机制。上述三类窒息性气体主要引起机体缺氧,脑是机体耗氧量最大的组织,尽管它只占身体质量的 2%~3%,但耗氧量却占全身总耗氧量的 20%~25%。因此,大脑对缺氧最为敏感。通常,大部分神经细胞在缺氧时只发生功能性改变,经适当治疗后可恢复其正常功能。若供氧继续受到抑制,则很难恢复神经细胞的正常功能,甚至造成这些细胞死亡。

(3) 临床表现。轻度缺氧主要表现为注意力不集中、智力减退、定向力障碍等;随着缺氧的不断加重,表现为烦躁不安、头痛、头晕、乏力、呕吐、嗜睡等症状,甚至昏迷;当机体严重缺氧时常表现为惊厥或抽搐。

三、有机溶剂及其他化合物

1. 有机溶剂

有机溶剂是指能够溶解油脂、蜡、树脂、橡胶和染料等有机化合物的液体,其本身也为有机化合物。有机溶剂的种类很多,用途广泛。可以作为化学工业的基本原料或重要的中间产物。除用作溶剂外，还可作为燃料、萃取剂、麻醉剂、稀释剂、清洁剂及灭火剂等。

几乎各种类型的工业都可接触到有机溶剂，使用最多的行业有涂料工业、化学工业、橡胶工业、机械制造、汽车制造、印刷业、制鞋业、皮革业、塑料工业、医药卫生以及生活服务方面的洗染业等。目前已在工业及科学研究领域获得广泛应用的有机溶剂有500多种，按其化学结构可大致分为烃类、卤代烃类、醇、酮、醚等。

（1）有机溶剂种类。

1）烃类。芳香烃类，如苯、甲苯、二甲苯、苯乙烯等；脂肪烃类，如正己烷等；环烷烃类，如环己烷等；混合烃类，如汽油等。

2）卤代烃类。如氯仿、四氯化碳、二氯乙烷等。

3）醇类。如甲醇、乙醇、异丙醇、正丁醇等。

4）醚类。如乙醚、异丙醚、正丁醚等。

5）酮类。如丙酮、丁酮、环己酮等。

6）脂类。如甲酸酯、乙酸酯等。

7）其他。如二硫化碳、二甲基甲酰胺等。

（2）理化特性与毒作用。

1）结构与毒性。在脂肪族烃类化合物中，随着碳原子数的增加，其毒性在增强，丁醇、戊醇的毒性较甲醇、乙醇大；卤代烃对肝脏的毒性也随着卤代原子数的增加而增加。化学结构除可影响其毒性外，还可影响其毒性作用的性质，例如，苯可抑制造血功能，当苯环中的氢原子被氨基或硝基取代时，就具有形成高铁血红蛋白作用。

2）挥发性。通常，熔点、沸点越低，越易挥发。常用有机溶剂的熔点在20 ℃以下，沸点在165 ℃以下。因此有机溶剂多具有挥发性，有机溶剂的挥发性决定其在生产环境空气中的浓度。挥发性越大，其中毒的危险度越大。许多有机溶剂，例如苯、甲苯、四氯化碳和汽油等都具有挥发性。

3）油/水分配系数。油/水分配系数是指有机溶剂在脂相和水相的溶解分配率。一种物质的油/水分配系数较大，表明它易溶于脂类，反之则易溶于水。凡是溶于脂类的化学物质，在机体内就呈现亲脂性，而易溶于水就呈疏脂性。若一种化学物质的油/水分配系数大，即具有亲脂性，就容易穿透生物膜，但经体液转运相对较慢。相反，油/水分配系数小，即呈疏脂性，虽然其在体液中易于转运，但不易通过生物膜，易经肾脏排出。例如，乙醇不仅具有良好的脂溶性，而且还具有良好的水溶性。因此，乙醇进入机体，能很快分布到全身多个脏器，对人体危害很大。

(3) 接触途径及危害。有机溶剂的接触途径多以吸入为主，主要经呼吸道进入人体。空气中的溶剂由肺部吸入向血流及组织中扩散，其动力首先决定吸入空气中的溶剂浓度。有机溶剂进入机体的另一途径是经皮肤。首先，有机溶剂具有刺激作用，其蒸气对眼结膜和上呼吸道黏膜具有刺激作用，表现为流泪、流涕、呛咳等症状（卤代烃类、酮类和脂类等还可引起化学性肺炎、肺水肿）；其液体直接接触皮肤，可导致皮肤干燥、皲裂、角化和易感染（卤代烃类、酚类和脂类等尚可引起灼伤或接触性皮炎）。其次，有机溶剂具有麻醉作用，急性吸入可产生先兴奋后抑制的麻醉作用，严重者可致昏迷和死亡；长期低浓度吸入可引起神经衰弱综合征。

除上述共同毒性外，有些有机溶剂还有其特殊毒性。

1）神经毒性。长期接触低浓度二硫化碳、三氯乙烯和甲苯等可引起中枢神经系统的损伤，可导致神经行为改变，具有神经精神症状，无损伤体征。二硫化碳、汽油和苯等有机溶剂可致中毒性脑病。轻度中毒性脑病具有明显的神经精神症状，明确的神经损伤；重度中毒性脑病所引起的神经损伤往往是不可逆的，神经精神症状更严重，神经损伤加重。有机溶剂如二硫化碳、正己烷等可引起中毒性周围神经病，主要表现为感觉异常直到麻痹等改变，可见肌电图异常。

2）对肝、肾、肺及造血系统的损害。任何有机溶剂，在接触剂量大和时间长的情况下，均可致肝损伤。四氯化碳急性中毒可引起肝脏广泛的局灶性坏死、肾小管上皮细胞坏死、肺炎和肺水肿；长期接触低浓度四氯化碳，可致慢性肝损伤（包括肝硬化等）。芳香烃如苯及其同系物，对肝脏毒性较弱；甲苯可引起肺炎、肺水肿和肺出血；苯可引起血液及造血系统损害，出现白细胞和全血细胞减少症，甚至发生再生障碍性贫血和白血病。丙酮本身无肝脏毒性，但能加重乙醇的肝脏毒性。据报道，接触四氯化碳、三氯乙烯、四氯乙烯和石油燃料的作业人员可发生增生性肾小管肾炎；接触氯仿、丙酮、氯乙烯、异丙醇等也可引起肾脏病变。

3）对心脏的损害。短时间接触较高浓度有机溶剂，可以使心肌对内源性肾上腺素敏感性增强，发生心律不齐，甚至猝死。

4）致癌。在常用的有机溶剂中，国际癌症研究机构（IARC，1987年）将苯列为1类，即人体确定致癌物，可引起急性或慢性白血病。

5）对生殖系统的危害。大多数有机溶剂易通过胎盘屏障，还可进入睾丸。有些有机溶剂对女性生殖功能和胎儿的神经系统发育均有影响。据报道，苯、二甲苯、二硫化碳、汽油、卤代烃类化合物等均对女性有影响，主要表现为月经紊乱、经血过多，以及流产或早产的发生率高于正常女性。这可能是由于女性体内脂肪含量与身体质量的比例高于男性。还有些有机溶剂可通过胎盘屏障引起子代的畸形，或通过乳汁影响子代的健康。

2. 苯的氨基和硝基化合物

苯的氨基和硝基化合物属芳香族氨基和硝基化合物，是苯及其同系物（甲苯、二甲苯、酚）在苯环不同位置上代入不同数量的氨基（$-NH_2$）或硝基（$-NO_2$）以及卤素或烷基而生成的多种衍生物。常见的有苯二胺、联苯胺、二硝基苯、三硝基甲苯和硝基苯等。苯胺和硝基苯是这类化合物的代表。

这类化合物在常温下是挥发性低的固体或液体，大多数沸点高，如苯胺沸点为184.4 ℃，硝基苯为210.9 ℃，联苯胺为401.3 ℃。难溶或不溶于水，易溶于脂肪、醇、醚、氯仿及其他有机溶剂。广泛用于染料制造、药物、橡胶、炸药、涂料、鞋油、油墨、香料、农药、塑料等化学工业。

在生产条件下，该类化合物主要以粉末或蒸气的形态存在于空气中，可经呼吸道和完整皮肤吸收。常因生产过程中热料喷洒到身上，或因搬运及装卸过程中，外溢的液体经浸湿的衣服、鞋袜沾染皮肤而吸收中毒。其吸收率随气温、相对湿度的增加而增加。

该类化合物吸入体内后，如苯胺经氧化、硝基苯经还原，最后两者均转化为对氨基酚，经肾脏随尿排出。但苯胺的转化快，而硝基苯的转化慢。转化过程中所产生的中间代谢物的毒性常比原物质大，如苯基羟胺的高铁血红蛋白形成能力比苯胺大10倍。

苯的氨基、硝基化合物的毒作用有许多共同之处，大多数可引起高铁血红蛋白血症、溶血。由于苯环上的氨基或硝基的结合位置及数目不同，毒物的毒性作用有所不同：如苯胺以形成高铁血红蛋白（MetHb）为主要毒作用；硝基苯对神经系统毒性明显；三硝基甲苯则对肝、眼晶体损伤最为明显；邻甲苯胺可引起血尿；联苯胺和β-萘胺可诱发膀胱癌。一般来说，氨基或硝基取代的数目越多，毒性也越大。烷基、羧基、磺基取代或乙酰化可使毒性大大减弱。在苯胺和硝基苯分子中含有氯时，对血液的毒性更大。

3. 高分子化合物生产中的毒物

高分子化合物范围极广，包括塑料、合成纤维、合成橡胶，以及黏合剂、离子交换树脂等。由于高分子化合物具有许多优点和特殊性能，如高强度、耐腐蚀、绝缘性能好、成品无毒或毒性很小等，因而人工合成的高分子化合物在工农业生产、国防建设以及日常生活中获得广泛应用。高分子化合物又名聚合物或共聚物，其相对分子质量高达几千至几百万，但其化学组成比较简单，都是由一种或几种单体经聚合或缩聚而成。聚合是指由许多单体连接形成高分子化合物的过程，此过程不析出任何副产品，如由许多乙烯单体聚合成聚乙烯；许多氯乙烯单体聚合成聚氯乙烯。缩聚是指单体间先缩合析出一分子水、氨、氯化氢或醇以后，再聚合成高分子化合物的过程，如苯酚与甲醛缩聚成酚醛树脂，首先苯酚与甲醛缩合为酚醛，析出一分子水，酚醛再聚合为酚醛树脂。

生产高分子化合物的原料很多。20世纪50年代以后，石油化工的迅猛发展为高分子化合物提供了大量化工原料。由石油裂解制成的化合物有很多，其中最基本的原料为乙烯、丙烯和丁烯，以及苯、甲苯和二甲苯等。高分子化合物的生产过程，一般可分为四部分：基本化工原料、合成单体、单体的聚合（或缩聚）以及聚合物树脂加工制成各种成品。例如，聚氯乙烯塑料的生产过程，首先石油裂解气乙烯，经氯化作用生成二氯乙烷，经裂解后生成氯乙烯单体，然后经聚合成聚氯乙烯树脂，再由树脂加工制成各种成品，如薄膜、管道等。高分子化合物生产中的毒物主要来自三个方面：生产基本化工原料、单体过程中产生的毒物，生产中的助剂，树脂、塑料在加工、受热时产生的毒物。

高分子化合物的职业中毒多数发生在单体制造部门。毒性主要决定于所含游离单体的量及助剂的品种，如尿醛树脂对皮肤的刺激作用较酚醛树脂强，因为前者所含游离单体——甲醛较后者为多。高分子化合物的各种添加剂，如增塑剂、稳定剂和颜料等，大多数与聚合物分子机械结合，因此这类化合物和残留的游离单体很容易从聚合物内部逐步移至表面与人体接触，或污染水源、食品和空气等，对人体健康产生一定的危害。

高分子化合物生产过程中的有害物质对作业人员健康的危害问题比较突出。例如，在棉纶生产中先制造己内酰胺单体，经聚合成聚己内酰胺再加工成各种纺织用品。其中在前两个过程中作业人员接触毒物的机会较多。此外，聚合物在塑制和加工过程中会产生具有毒性更大的热裂解产物，如聚四氟乙烯热裂解产生的八氟异丁烯，其毒性比四氟乙烯大几千倍。

高分子化合物本身对人无毒或毒性很小，但高分子化合物的粉尘吸入后可致肺轻度纤维化。例如，聚丙烯腈、聚己内酰胺和聚对苯二甲酸乙二酯的粉尘，对作业人员的上呼吸道具有明显的刺激作用，甚至会引起慢性支气管炎、咽炎和肺炎等疾病；它还对皮肤具有刺激作用，使皮炎和湿疹的患病率升高。

高分子化合物生产中某些化学物质的远期作用值得重视。自从20世纪70年代以来，从动物实验及临床资料证实氯乙烯可致接触作业者发生肝血管肉瘤。丙烯腈对动物有致癌作用。氯乙烯、丙烯腈、苯乙烯、氯丁二烯都是致突变物质，对人类遗传物质DNA具有损伤作用。

本 章 小 结

本章讲授工业毒物的分类、危害以及影响毒物毒性的因素,介绍了工作场所有害物质职业接触限值的种类以及应用,并对职业中毒以及引起职业中毒的常见工业毒物进行了介绍。该章内容属于工业毒理学的范畴,对于了解工业毒物的危害和职业中毒是非常重要的,也指明了工业防毒技术的工作任务和重要性。

复习思考题

1. 如何理解化学物质与人类的关系?
2. 什么是工业毒物?什么是职业中毒?
3. 如何理解毒物与非毒物的相对性?
4. 简述毒性的影响因素。
5. 简述工作场所有害物质职业接触限值的应用。
6. 简述职业中毒的治疗。
7. 分析预防职业中毒应该采取的措施。

第二章 综合防毒措施

本章学习目标

1. 了解综合防毒措施的主要内容；
2. 了解主要的防毒技术措施和防毒管理措施；
3. 了解主要的个体防护措施及常见的防毒呼吸防护用品。

第一节 概 述

职业病防治涉及广大劳动者健康，牵连亿万家庭福祉，事关改革发展稳定大局，是全民健康的必然要求和重要内容。职业中毒防治是职业病防治的重要组成部分。应坚持预防为主、防治结合。实践表明，只有落实好各项防毒措施，才能使劳动者免遭毒物危害，有效保护劳动者在职业活动中的健康和安全。然而，在劳动生产过程中，由于对接触的有毒物质危害认知不足，或采取的防毒措施不到位，职业中毒事故仍有发生。

2021年3月28日17时，某再生纸厂在进行沉淀池清洗作业时发生一起硫化氢急性中毒事故，造成4人死亡。发生原因是该纸厂第三生产线承包人违反环保部门停产要求，擅自安排人员进行清理作业，1名员工在清理作业时未按照"先检测、后作业"的要求，进入沉淀池作业中毒，3名施救人员未穿戴好防护用品进行施救，造成事故扩大。

2008年8月至2009年7月，某手机部件供应商安排员工使用正己烷代替酒精擦拭手机显示屏，共造成137名员工疑似正己烷中毒，后101人确诊为正己烷中毒。主要原因是未对员工进行正己烷危害告知，未采取有效的防护措施，作业场所正己烷浓度超过职业接触限值等。

由于工业毒物种类繁多，对人体的危害非常复杂，加之用人单位生产条件和技术条件差异较大，所以要防治职业中毒，预防职业中毒事故发生，应采取综合防毒措施。综合防毒措施应从技术、管理和个体防护等多方面入手，通过采取切实可行的措施，降低工业毒物对人的危害，从而达到保护劳动者职业健康和安全的目的。

第二节　防毒技术措施

防毒技术措施主要包括预防措施和工程防护措施两部分。预防措施是指尽量减少人与工业毒物直接接触的措施。工程防护措施是指由于受生产条件的限制，在仍存在有毒物质散逸的情况下，采用通风排毒的方法将有毒物质收集起来，再用各种净化法消除其危害的措施。

一、预防措施

1. 以无毒（低毒）代替有毒（高毒）

在工业生产中使用原料及各种辅助材料时，应尽量以无毒代替有毒，低毒代替高毒。其中以无毒代替有毒，是从源头上消除工业毒物对人造成危害的最佳方式。目前已有不少较为成熟的替代技术。

（1）电泳涂漆。由于油漆溶剂中的苯及其同系物对人体危害大，为消除苯及其同系物的危害，采用以水作为溶剂的水溶性漆，配合电泳涂漆工艺。其原理是：在电泳槽的直流电场中（电压为 36～50 V 或 150～170 V），带负电的树脂粒子连同附着的颜料粒子，向作为正极的工件方向泳去，并沉积在工件表面形成一层薄膜。电泳涂漆安全、无毒且经济，目前品种有改性油、酚醛树脂、醇酸树脂、氨基树脂、环氧树脂和丙烯酸树脂等。

（2）无苯稀料。油漆稀释剂（稀料）中含大量苯及其同系物。根据低毒代替高毒的原则，目前抽余油作为替代品被推广使用。抽余油是炼油厂抽去芳香烃后余下的油，去除属于橡胶溶剂油的 60～90 ℃馏分，只用 95～145 ℃末段馏分，其毒性大大低于苯类溶剂。部分无苯稀料漆种配方见表 2-1。

（3）无汞仪表。含汞仪表广泛使用，制造和使用含汞仪表的劳动者必然要接触汞。将含汞仪表改为无汞仪表是消除汞对人体危害的重要措施。以硅整流器或硒整流器代替汞整流器；以橡胶波纹管、平衡弹簧等元件代替压力计中的汞，制成无汞差压计,以代替水银差压计;用热电偶、双金属片制成的螺旋弹簧状感温元件等代替温度计中的汞,即用热电偶温度计、工业双金属温度计等代替水银温度计。

表2-1　　　　　　　　　　部分无苯稀料漆种配方

稀料组分	硝基漆	过氯乙烯漆	醇酸树脂漆	氨基树脂漆
醋酸乙酯	17	10	—	—
醋酸戊酯	13	8	—	—
乙醇	20	—	—	—
丙酮	—	27	—	—
丁醇	—	—	—	20
抽余油	50	55	50	40
轻油	—	—	50	40

以上类似的替代还有很多,例如以无铅合金或塑料代替印刷字模用的含铅合金,以玻璃纤维、泡沫聚乙烯代替石棉作为隔热材料,以无毒的熔盐炉代替铅浴炉、以沸水淬火代替铅淬火进行钢丝绳的热处理等。

以无毒(低毒)代替有毒(高毒)有着十分广泛的发展前景,即使是某些被人们利用其毒性的物质,也可以采用这种替代方法。例如,人们利用农药的毒性治理田地中的虫害,同样可以研制出杀虫效率高,对人、畜毒性低的高效低毒农药。

2. 改革工艺

改革工艺即在选择新工艺或改造旧工艺时,应尽量选用生产过程中不产生(或少产生)有毒物质或将有毒物质消除在此生产过程中的工艺。改革工艺主要是通过改变工艺、改变生产工序和改变作业方式等,以达到不用(少用)、不产生(少产生)有毒物质的目的。

(1)氢气催化还原制苯胺。苯胺作为重要的有机化工原料,国内过去一直采用铁粉作为还原剂,把硝基苯($C_6H_5NO_2$)还原成苯胺($C_6H_5NH_2$)。整个生产过程间歇操作,时间长、耗能大,而且产生大量的铁泥废渣和废水,并有对人体危害极大的硝基苯和氨基苯。现在许多企业已采用了新兴的流态化技术,改用硝基苯氢气催化还原法制苯胺的新工艺,从而使生产过程连续化、自动化,且大大减少了生产过程中毒物对人及环境的危害。

(2)连续氧化制黄丹。过去黄丹(PbO)的生产要经过制粉、预热氧化和氧化三个工序,在物料输送和捕集过程中会产生铅尘和铅烟,危害较为严重。改进工艺后,目前黄丹的生产多采用连续氧化法,即由制粉直接氧化,缩短了流程;同时将生产系统中的正压操作部分改为负压操作,控制了泄漏;还配合使用除尘器、尾气洗涤、洗涤水循环等措施,从而大大改善了作业条件,降低了职业中毒的可能性。

(3)湿式作业。为了控制有毒物质的产生,还可以把干式作业改为湿式作业,如洒水、喷雾、洒入吸湿性盐类溶液等,使粉尘固结;添加润湿剂,以改善有毒物难润湿的性质等。又如有毒粉末可改成浆状或湿块状,减少其散逸,降低作业场所空气中有毒物质的浓度。

在工业生产中,对于那些毒性大、采取防毒措施又较为困难的生产,应尽可能地采用无毒、低毒工艺。这种工艺的变革涉及有毒作业的各行各业,随着科技的发展,以及行业之间的宣传和交流,工艺改革会越来越多,防毒效果会越来越好。

3. 生产过程的密闭化、机械化和连续化

为防止物料跑、冒、滴、漏,设备和管道应采取有效的密闭措施。生产过程的密闭包括设备本身的密闭,设备上相应部件的密封和生产中投料、粉碎、包装、出料等过程有毒物质的不散逸。

设备本身密闭,就是将设备封严、封实。例如,橡胶加工中的塑炼和混炼,是在开炼机和密炼机中进行的,如果不密闭,则散发出大量有毒气体和烟尘。设备经密闭后,采用通风排毒措施解决操作中排出的有毒物质。例如,破碎机、筛分机、皮带运输机、电镀槽、清洗槽等,均可采用密闭的方式。若生产条件允许,应尽可能使密闭的设备内保持负压,以提高设备的密闭效果。

设备上相应部件的密封,是指取样口、测温口、观察视窗等部件的密封。若设备附有转动装置,为防止有毒物质逸散,保证设备正常运转,则必须将转动轴密封好。转动轴密封有多种形式,如密封圈、机械密封、无填料密封、磁封等。近年来,在改进设备的密封材料和密封方法上取得很大成效,如用有机硅橡胶、含氟橡胶、聚四氟乙烯塑料等作为密封材料。

生产过程的投料、运输、出料等环节,也是防止毒物外逸的关键。对于气、液物料,往往用风机、泵等作为运输动力,依靠高位槽、管道作为投料、运输、出料的设施。对于固体物料,若工艺允许,可将固体熔化成液体。若采用机械投料、出料,可将机械投料、出料装置密封起来。另外,还可采用密闭的沸腾混合新工艺代替原有的机械滚筒混合机;采用密闭的管道气力(风动)输送代替原有的斗式提升机和螺旋输送机。

生产过程中用机械化代替手工劳动,可减少劳动者与有毒物质的接触。例如,可采用机械输送替代人工搬运,机械搅拌代替人工搅拌等。采用连续化操作可以消除间歇操作的弊端,尤其是对于危险性较大和使用大量有毒物料的工艺。采用间歇操作,劳动者会频繁接触有毒物质;采用连续化操作,劳动者只需观察或调节设备运转情况。因此,生产过程应尽可能实现生产机械化和连续化,以降低工业毒物对劳动者的健康危害。

4. 隔离操作和自动化

隔离操作就是将劳动者的操作地点与生产设备隔离开,使劳动者免受逸散出来的毒物危害。隔离可以把生产设备置于隔离室内,采用排风装置使隔离室内保持负压状态,也可以把劳动者的操作地点置于隔离室内,通过向隔离室内输送新鲜空气的方法使室内处于正压状态。前者多用于防毒,而后者多用于防暑降温。当劳动者远离生产设备时,使用仪表控制生产,以达到隔离的目的。若生产过程是间歇的,也可将产生有毒物质的操作安排在劳动者人数最少时进行,如铸件开箱、落砂等可以安排在夜间,这被称为"时间隔离"。

生产过程的自动控制可以降低劳动者与有毒物质的接触频次,减少操作。例如,农药厂将全乳剂乐果、敌敌畏等农药采用集中管理、自动控制,用整瓶机、贴标机、灌装机、旋塞机、拧盖机等自动化方式替代整瓶、贴标、灌装、旋塞、拧盖等手工操作。

此外,为防止有毒物质逸散,生产过程中还应根据实际情况采取适当的方式进行控制。例如,使用易挥发的物料时,容器应加盖;堆放的粉料,应用苫布盖好或喷一层覆盖剂,水分蒸干后可在其表面形成一层硬壳;用特定的矿物粉(如石墨、碳酸钙等)覆盖在熔融金属液面,以减少其烟尘的挥发;在酸洗槽和电镀槽中使用酸雾抑制剂和液面覆盖剂,以减少槽液散发的酸雾等。

二、工程防护措施

工业生产中的防毒技术措施应优先考虑预防措施,但受生产条件限制,有时没有适合的预防措施,或采取预防措施后也不能完全消除有毒物质散逸。这时就必须采取工程防护措施,使有毒物质浓度符合国家职业卫生标准的要求。

1. 通风排毒

对于逸出的有毒气体、蒸气或气溶胶,要采用通风排毒的方法收集或稀释。将通风技术应用于防毒,以排风为主。在排风量不大时可以依靠门窗渗透来补偿,排风量较大时则需考虑车间进风的条件。

通风排毒可分为局部排风和全面通风换气两种。局部排风是把有毒物质从发生源直接抽出去,然后净化回收;全面通风换气则是用新鲜空气将工作场所中的有毒气体稀释到符合国家职业卫生标准。前者处理风量小,处理气体中有毒物质浓度高，较为经济有效，也便于净化回收；而后者所需风量大，且无法集中，也不能净化回收。因此，采用通风排毒措施时应尽可能地采用局部排风的方法。

局部排风系统一般由排风罩、通风管道、风机和净化装置组成。设计局部排风系统时，首要的问题是选择排风罩的形式、尺寸以及所需控制的风速，从而确定排风量。在产生有毒物质的地点设置局部排风罩，利用局部排风气流捕集有毒物质并排至工作场所以外，然后净化回收。

全面通风换气是对整个厂房进行通风换气，把清洁的新鲜空气不断送入车间，将工作场所空气中有毒物质的浓度稀释，并将污染的空气排到室外，使室内空气中有毒物质的浓度符合国家职业卫生标准。全面通风换气适用于低毒物质，有毒气体散发源过于分散且发散量不大的情况，或虽有局部排风装置但仍有散逸的情况。全面通风换气可作为局部排风的辅助措施。全面通风换气的效果取决于通风换气量和车间内的气流组织两个因素。应根据车间气流条件，尽可能使新鲜空气先流经工作地点，再经污染较重的区域排出。也就是送风口应接近工作地点，或有毒气体浓度较低的区域，而排风口应设置在有毒气体的发生源或其浓度较高的区域。当数种溶剂（苯及其同系物、醇类或醋酸酯类）蒸气或数种刺激性气体同时放散于空气中时，全面通风换气量应按各种气体分别稀释至规定的接触限值所需要的空气量的总和计算。除上述蒸气及有害气体外，其他有害物质同时放散于空气中时，通风量仅按需要空气量最大的有害物质计算。其计算公式如下：

$$L = \frac{M}{Y_s - Y_0} \quad (2-1)$$

式中　L——全面通风换气体积流量，m^3/h；

　　　M——有毒物质的散发量，mg/h；

　　　Y_s——卫生标准中规定的该种物质的职业接触限值，mg/m^3；

　　　Y_0——进风中该种有害物质的本底浓度，mg/m^3。

在生产中可能突然逸出大量有害物质或易造成急性中毒的室内工作场所，还应设置事故通风装置和与事故排风系统相联锁的泄漏报警装置。事故通风宜由经常使用的通风系统和事故排风系统共同保证，当发生事故时，必须保证能提供足够的通风量。事故通风的风量宜根据工艺设计要求通过计算确定，但换气次数不宜小于12次/h。

2. 净化回收

工作场所空气中有毒物质的净化回收，对于改善劳动条件和防止环境污染都有极为重要的意义。净化回收就是把有毒物质予以处理或回收，是"综合利用，化害为利"的一个重要方面。净化回收的方法因工作场所空气中有毒物质的存在状态不同而不同,一类是气溶胶状态,即雾、烟、尘等微小颗粒分散在空气中构成的非均相系统;另一类是气体、蒸气状态,它们与空气呈分子状态均匀混合,构成均相系统。具体的净化分离方法,将从第三章开始讲述。

第三节 防毒管理措施

用人单位应当建立、健全职业病防治责任制,加强对职业病防治的管理,提高职业病防治水平,对本单位产生的职业病危害承担责任。防毒管理是职业卫生管理的一部分,防毒管理措施包括基础管理、劳动者职业健康管理和应急救援等内容。下面将对每部分的主要内容进行介绍。

一、基础管理

1. 健全职业卫生组织机构与人员

用人单位应设置或者指定职业卫生管理机构或者组织,配备专职或者兼职的职业卫生管理人员,负责本单位的职业病防治工作。用人单位的主要负责人对本单位的职业病防治工作全面负责。职业卫生管理人员应协助主要负责人贯彻落实本单位的职业病防治工作。主要负责人和职业卫生管理人员应接受职业卫生培训,具备与本单位所从事的生产经营活动相适应的职业卫生知识和管理能力。

2. 建立、健全职业卫生管理制度和操作规程

职业卫生管理制度是做好职业卫生工作的有效保障。用人单位应当根据本单位职业病危害特点,制订职业病危害防治计划和实施方案,建立、健全职业卫生管理制度和操作规程。职业卫生管理制度主要包括职业病危害防治责任制度、职业病危害警示与告知制度、职业病危害申报制度、职业病防治宣传教育培训制度、职业病防护设施维护检修制度、职业病防护用品管理制度、职业病危害监测及评价管理制度、建设项目职业病防护设施"三同时"管理制度、劳动者职业健康监护及其档案管理制度、职业病危害事故处置与报告制度、职业病危害应急救援与管理制度等。防毒操作规程是岗位职业卫生操作规程的一部分,与预防职业中毒直接相关。例如,为防止急性中毒发生,劳动者进入污水井等有限空间作业的操作规程中应规定先通风、再检测、后作业的要求为控制有毒物质逸散;皮带输送机的操作规程中应规定皮带运输限量;涂装作业的操作规程中应规定作业前先开启通风排毒措施的相关要求等。

3. 落实建设项目职业病防护设施"三同时"

对于新建、改建、扩建和技术改造、技术引进建设项目（以下统称建设项目），为了预防、控制和消除建设项目可能产生的职业病危害，建设项目职业病防护设施必须与主体工程同时设计、同时施工、同时投入生产和使用，这就是通常所称的建设项目职业病防护设施"三同时"。职业病防护设施是指消除或者降低工作场所的职业病危害因素的浓度或者强度，预防和减少职业病危害因素对劳动者健康的损害或者影响，保护劳动者健康的设备、设施、装置、构（建）筑物等的总称。建设单位应当优先采用有利于保护劳动者健康的新技术、新工艺、新设备和新材料，并对可能产生职业病危害的建设项目，按照有关规定进行职业病危害预评价、职业病防护设施设计、职业病危害控制效果评价及相应的评审，并组织职业病防护设施验收。

4. 及时如实申报职业病危害

用人单位工作场所存在职业病危害因素分类目录所列职业病危害因素的，应当及时、如实向所在地卫生行政部门申报，并接受监督。职业病危害申报是用人单位必须履行的法定义务。开展职业病危害申报，有助于用人单位掌握本单位的职业病危害状况，自觉做好职业病防治工作，也有助于卫生行政部门掌握辖区内职业病危害的分布情况，有针对性地开展监督执法。

5. 开展职业病危害因素检测与评价

职业病危害因素检测与评价是职业病防治工作中的一项重要工作内容。同样，工作场所空气中有毒物质的检测是做好防毒工作的重要基础。有毒物质检测可以分为用人单位内部进行的日常监测和委托外部具有相应资质职业卫生技术服务机构开展的法定检测两种。通过检测可以了解工作场所有毒物质的种类、浓度、分布及动态变化，是评估工作场所有毒物质浓度是否符合国家职业卫生标准要求、采取的防毒措施是否有效的重要依据，同时也可为职业病诊断提供支撑。日常监测能够实时了解工作场所空气中有毒物质的浓度变化，除可按照国家有关标准采用实验室方法外，还可使用快速检测设备。常用的有毒气体快速检测设备主要有气体检测报警仪和气体检测管装置两种。

气体检测报警仪由检测器、指示器和报警器组成，可连续实时监测并显示被测气体浓度，当达到或超过设定报警值时可实时报警。实际使用时应根据工作场所可能存在的有毒气体种类选择相应的有毒气体检测报警仪，报警仪的可检测范围也应与工作场所中有毒气体的浓度相匹配。如果工作场所是易燃、易爆环境，还应选用防爆型。气体检测报警仪按使用方式不同，可分为便携式和固定式。便携式气体检测报警仪因体积小、质量小、便于携带，被广泛使用。图2-1所示是一个便携式气体检测报警仪的示例。

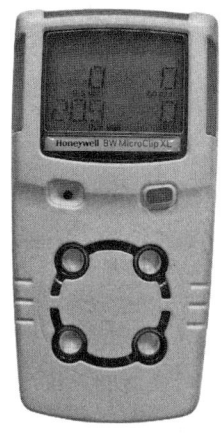

图2-1 便携式气体检测报警仪

气体检测管装置是包括检测管、采样器、预处理管及其他附件的一整套装置，主要依靠气体检测管中填装的指示粉变色情况进行检测。当被测空气通过填装有特定指示粉的检测管时，待测气体与指示粉迅速发生化学反应，使指示粉的颜色发生变化。待测气体的浓度水平决定指示粉颜色变化的情况。根据指示粉颜色变化，可对待测气体进行快速的定性和定量分析。气体检测管装置操作较为简便，检测响应时间短，所需采气量小，目前可检测的有毒气体种类较多，价格也较为低廉。但是，气体检测管装置不支持实时监测。图2-2所示是一种常用的气体检测管装置。

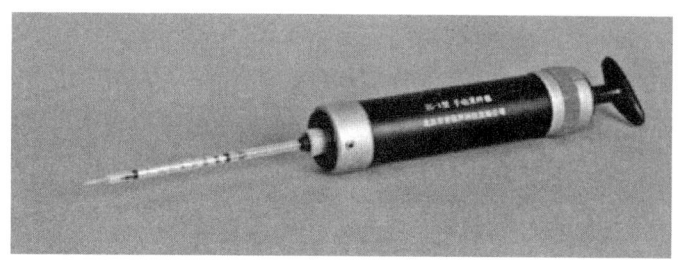

图2-2 气体检测管装置

6. 做好职业病危害告知和警示

用人单位应通过与劳动者签订劳动合同、公告和在工作场所设置职业病危害警示标识等方式,向劳动者履行如实告知的义务,使劳动者知晓工作场所产生或存在的职业病危害因素、防护措施和对健康的影响等内容。公告的主要方式和内容是在醒目位置设置公告栏,公布有关职业病防治的规章制度、操作规程、职业病危害事故应急救援措施和工作场所职业病危害因素检测结果。职业病危害警示标识应设置在产生或存在职业病危害因素的设备、作业岗位和工作场所等。

二、劳动者职业健康管理

1. 加强对劳动者的职业卫生培训

用人单位应当对劳动者进行上岗前的职业卫生培训和在岗期间的定期职业卫生培训,普及职业卫生知识。一方面,告知劳动者有毒物质的健康危害和防护措施,引导劳动者主动遵守防毒的相关制度和操作规程,正确使用防毒设备设施和个体防护用品,保障职业健康。另一方面,教育劳动者注重个人卫生,如按要求更换、存放和清洗工作服,不在工作场所饮食,饭前洗脸洗手,班后洗浴等,这对于防止有毒物质通过消化道进入人体有重要意义。

2. 做好对劳动者的职业健康监护

职业健康监护是根据劳动者的职业接触史,通过定期或不定期的医学健康检查和健康相关资料的收集,连续监测劳动者健康状况的一种职业健康管理行为。职业健康监护主要包括职业健康检查和职业健康监护档案管理等。

职业健康检查是对劳动者接触职业病危害因素可能产生的健康影响和健康损害进行针对性的临床医学检查。用人单位对从事有毒作业的劳动者,应组织上岗前、在岗期间和离岗时的职业健康检查。上岗前职业健康检查的目的在于掌握劳动者的健康状况,发现职业禁忌;在岗期间的职业健康检查的目的在于及时发现劳动者的健康损害;离岗时的职业健康检查的目的是了解劳动者离开工作岗位时的健康状况。用人单位不得安排未经上岗前职业健康检查的劳动者从事有毒作业;不得安排有职业禁忌的劳动者从事其所禁忌的作业;对在职业健康检查中发现有与所从事的职业相关的健康损害的劳动者,应当调离原工作岗位,并妥善安置;对未进行离岗前职业健康检查的劳动者不得解除或者终止与其订立的劳动合同。

为持续跟踪劳动者的职业健康状况,用人单位还应当为劳动者建立职业健康监护档案,并妥善保存。职业健康监护档案应包括劳动者的职业史、职业病危害接触史、职业健康检查结果和职业病诊疗等有关个人健康资料。劳动者离开用人单位时,有权索取本人职业健康监护档案复印件。

三、应急救援

1. 应急救援组织与人员

生产或使用有毒物质的、有可能发生急性职业病危害的工业企业，应设置应急救援组织机构和人员。应急救援组织机构可设在厂区内的医务所或卫生所内，设在厂区外的应考虑应急救援机构与工业企业的距离及最佳响应时间。应急救援组织机构急救人员的数量宜根据工作场所规模、职业性有害因素特点、劳动者人数，按照 0.1%~5% 的比例配备，并对急救人员进行相关知识和技能的培训。有条件的企业，每个工作班宜至少安排 1 名急救人员。

2. 应急设施和物资

生产或使用剧毒或高毒物质的高风险工业企业，应设置紧急救援站或有毒气体防护站。其中，紧急救援站或有毒气体防护站的使用面积可根据劳动者人数进行确定，有毒气体防护站的装备应根据职业病危害性质、企业规模和实际需要确定。

在可能发生急性职业损伤的有毒、有害工作场所，用人单位应当设置报警装置，配置现场急救用品、冲洗设备、应急撤离通道和必要的泄险区。现场急救用品、冲洗设备等应当设在可能发生急性职业损伤的工作场所或者邻近地点，并在醒目位置设置清晰的标识。

有可能发生化学性灼伤及经皮肤黏膜吸收引起急性中毒的工作地点，应根据可能产生或存在的职业性有害因素及其危害特点，在工作地点就近设置现场应急处理设施。急救设施应包括：不断水的冲淋、洗眼设施，气体防护柜，个体防护用品，急救包、急救箱以及急救药品，转运病人的担架和装置，急救处理的设施以及应急救援通信设备等。

在可能突然泄漏或者逸出大量有害物质的密闭或者半密闭工作场所，还应安装事故通风装置以及与事故排风系统相联锁的泄漏报警装置。

用人单位应对应急设施和物资进行经常性的维护、检修和保养，定期检测其性能和效果，确保其处于正常状态，不得擅自拆除或者停止使用。

3. 应急预案与演练

对于可能发生急性职业中毒或急性职业损伤的用人单位，应制定相应的职业病危害事故应急救援预案，并定期进行应急演练。演练结束后应对演练效果进行评估。

第四节　个体防护措施

个体防护是作业安全的重要组成部分，是预防职业中毒、保护劳动者职业健康的重要措施，是保障生命安全的最后一道防线。但个体防护只能是一种辅助性措施，要做好防毒工作，首要任务还是要落实好各项技术措施，只有这样才能从根本上降低工作场所有毒物质浓度，保障劳动者职业健康和安全。有毒物质主要由呼吸道、皮肤和消化道三条途径进入人体。对于呼吸道进入和皮肤接触，劳动者要使用相应的个体防护用品，做好呼吸防护和皮肤防护；对于消化道进入，要教育从事有毒作业的劳动者注重个人卫生，防止有毒物质从消化道进入人体。下面对呼吸防护和皮肤防护进行介绍。

一、呼吸防护

呼吸防护是防止有毒物质由呼吸道进入人体引发健康损害的重要手段。呼吸防护用品也称呼吸器，是防御缺氧环境和空气有害物质进入呼吸道的防护用品。

1. 呼吸防护方法

呼吸防护方法主要有净气法和供气法两种。净气法又称净化法，是使吸入的气体经过净化部件去除有害物质，获得较清洁的空气供佩戴者使用的方法。供气法是提供一个独立于作业环境的呼吸气源，通过空气导管、软管或佩戴者自身携带的供气（空气或氧气）装置向佩戴者输送呼吸的气体。

2. 呼吸防护用品分类

根据呼吸防护方法，呼吸防护用品可分为过滤式和隔绝式两大类，见表2-2。

表 2-2　　　　　　　　　呼吸防护用品分类

过滤式呼吸器			隔绝式呼吸器			
自吸过滤式		送风过滤式	供气式		携气式	
半面罩	全面罩		正压式	负压式	正压式	负压式

（1）过滤式呼吸器。过滤式呼吸器是把吸入的作业环境空气，通过净化部件的吸附、吸收、催化或过滤等作用，除去其中有害物质后作为气源的呼吸防护用品。

过滤式呼吸器主要由面罩和过滤元件组成，部分呼吸器存在面罩与过滤元件连接的呼吸管，其中过滤元件是过滤式呼吸器重要部分。过滤式呼吸器分为自吸过滤式呼吸器和送风过滤式呼吸器。自吸过滤式呼吸器主要是靠佩戴者呼吸克服部件阻力的过滤式呼吸器。送风过滤式呼吸器是靠动力（如电动风机或手动风机）克服部件阻力的过滤式呼吸器。

常用的自吸过滤式防毒面具，按结构不同可分为导管式和直接式两种。导管式过滤防毒面具由全面罩、吸气软管和滤毒罐组成，如图2-3所示。直接式过滤防毒面具由全面罩或半面罩直接与过滤件相连接，如图2-4所示。

 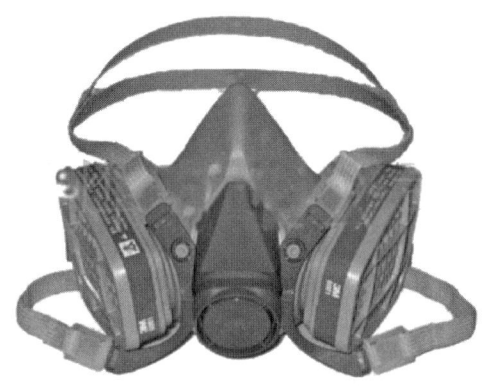

图2-3　导管式过滤防毒面具　　图2-4　直接式过滤防毒面罩

过滤元件是可滤除吸入空气中有害物质的过滤材料或过滤组件。常见的有滤毒罐、滤毒盒、滤料等。过滤式呼吸器对有害气体、蒸气的防护，主要依靠滤毒罐（滤毒盒）内部的装填物对有害物质的净化作用。防毒性能的优劣取决于装填的活性炭性能和质量。防毒过滤元件可分为普通过滤件、多功能过滤件、综合过滤件和特殊过滤件。

普通过滤件共有7种类型：A型，用于防护有机气体或蒸气；B型，用于防护无机气体或蒸气；E型，用于防护二氧化硫和其他酸性气体或蒸气；K型，用于防护氨及氨的有机衍生物；CO型，用于防护一氧化碳气体；Hg型，用于防护汞蒸气；H_2S型，用于防护硫化氢气体。过滤件按照防护时间不同分为四个等级，1级为一般能力的防护时间，2级为中等能力的防护时间，3级为高等能力的防护时间，4级为特等能力的防护时间。普通防毒过滤元件的防护对象及防护时间见表2-3。

多功能过滤件是可以防护2种或2种以上类型的有毒气体或蒸气的过滤件。综合过滤件是带有滤烟功能的普通过滤件或多功能过滤件，这类过滤件不仅能防护有毒气体或蒸气，还能防护有害气溶胶。特殊过滤件是用于防护未在标准中规定的、由制造商特别指明气体或蒸气的过滤件。

在选用防毒过滤式呼吸器时，应充分考虑其局限性，主要有：过滤式呼吸器不能在缺氧环境中使用；现有的过滤元件不能防护全部有毒有害物质；过滤元件容量有限，防护时间会随有毒物质浓度的升高而缩短，有毒物质浓度过高时甚至可能瞬时穿透过滤元件。因此，在选用时要充分考虑工作场所有毒气体种类和浓度范围，确保所选用的过滤式呼吸器与作业环境中有毒气体相匹配，防护效果能满足安全要求。

表 2-3　　　　普通防毒过滤元件的防护对象及防护时间

过滤件类型	标色	防护对象举例	测试介质	4级		3级		2级		1级		穿透浓度① (mL/m³)
				测试介质浓度 (mg/L)	防护时间 (min≥)	测试介质浓度 (mg/L)	防护时间 (min≥)	测试介质浓度 (mg/L)	防护时间 (min≥)	测试介质浓度 (mg/L)	防护时间 (min≥)	
A	褐	苯、苯胺类、四氯化碳、硝基苯、氯化苦	苯	32.5	135	16.2	115	9.7	70	5.0	45	10
B	灰	氯化氰、氢氯酸、氯气	氢氰酸（氯化氰）	11.2 (6)	90 (80)	5.6 (3)	63 (50)	3.4 (1.1)	27 (23)	1.1 (0.6)	25 (22)	10②
E	黄	二氧化硫	二氧化硫	26.6	30	13.3	30	8.0	23	2.7	25	5
K	绿	氨	氨	7.1	55	3.6	55	2.1	25	0.76	25	25
CO	白	一氧化碳	一氧化碳	5.8	180	5.8	100	5.8	27	5.8	20	50
Hg	红	汞	汞	—	—	0.01	4 800	0.01	3 000	0.01	2 000	0.1
H₂S	蓝	硫化氢	硫化氢	14.1	70	7.1	110	4.2	35	1.4	35	10

注：①穿透浓度，是指在防毒性能测试中，判定过滤器已经失去防护作用时排出气流中的毒气浓度值。
②C_2N_2 有可能存在于气流中，所以（C_2N_2 + HCN）总浓度不能超过 10 mL/m³。

（2）隔绝式呼吸器。隔绝式呼吸器是使佩戴者呼吸器官与作业环境隔绝，靠本身携带的气源或者导气管引入作业环境以外洁净气源的呼吸器。隔绝式呼吸器按类型可分为供气式呼吸器和携气式呼吸器两种。

供气式呼吸器是佩戴者靠呼吸或借助机械力通过导气管引入清洁空气的呼吸器。常见的有自吸式长管呼吸器、连续送风式长管呼吸器和高压送风式长管呼吸器。

对于自吸式长管呼吸器，佩戴者需依靠自身的肺动力将清洁的空气经长管吸入面罩内。如果从事重体力劳动，或长时间作业，佩戴者会感觉呼吸不畅。此外，自吸式长管呼吸器在使用时可能存在面罩内气压小于外界气压的情况，此时外部的有毒有害气体会进入面罩内，威胁佩戴者身体健康和生命安全。因此，自吸式长管呼吸器局限性较大，使用不多。连续送风式长管呼吸器是以风机或空压机供气，为佩戴者输送新鲜、清洁空气，其使用时间不受限制，供气量较大。高压送风式长管呼吸器以压缩空气或高压气瓶为佩戴者输送清洁空气，高压气源经压力调节装置把高压降为中压后，将气体通过长管供应给佩戴者。以上两种送风式长管呼吸器常用于有限空间作业，以防止作业人员中毒和窒息。

携气式呼吸器是佩戴者携带空气瓶、氧气瓶或生氧器等作为气源的隔绝式呼吸器。常见的携气式呼吸器有自给开路式压缩空气呼吸器（常称为正压式空气呼吸器）（见图2-5）和自给开路式压缩空气逃生呼吸器（常称为紧急逃生呼吸器）（见图2-6）。

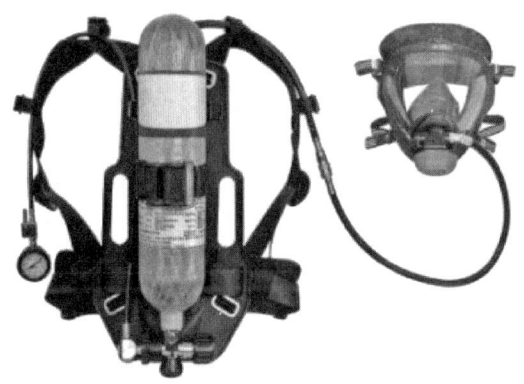

图2-5　正压式空气呼吸器

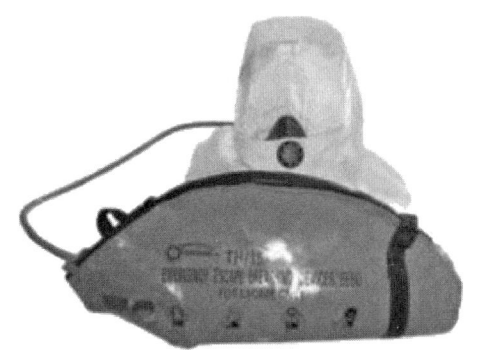

图2-6　紧急逃生呼吸器

携气式呼吸器供佩戴者呼吸的气源来自气瓶，不受佩戴者所在环境空气中有毒物质种类和浓度的影响，安全性高。因此正压式空气呼吸器被广泛用于应急救援，紧急逃生呼吸器主要用于自救逃生。但要注意的是，由于气瓶容量有限，携气式呼吸器的使用时间有限，使用前和使用过程中都要关注气瓶压力，确保能够正常使用。

二、皮肤防护

在生产过程中，很多有毒物质主要通过表皮细胞，或皮脂腺、毛囊、汗腺等进入真皮层而被血液吸收，从而对劳动者健康产生影响。长期经皮肤接触有毒物质，会造成职业性皮炎、职业性皮肤色素变化、职业性溃疡等职业性皮肤病。因此要采取有效的个体防护措施。

皮肤防护主要依靠工作服、工作鞋、手套、护目镜等个体防护用品，来避免有毒物质与人体皮肤的接触。实际选用时，防护用品的防护性能应与实际作业相匹配，如接触酸性和碱性（腐蚀性）有毒物质时，应使用防酸（碱）服、耐酸碱手套、耐酸碱鞋、防腐蚀液护目镜等。

对于裸露的皮肤，也可根据接触的有毒物质危害特点采用具有相应防护功能的护肤剂。例如，疏水性防护膏含油脂较多，能在皮肤表面形成疏水性膜，堵塞皮肤毛孔，防止水溶性物质的直接刺激。因此，疏水性防护膏能预防酸、碱、盐类溶液对皮肤所引起的皮炎。

皮肤被有毒物质污染后，应立即清洗，并针对不同的有毒物质采用不同的清洗剂。

本 章 小 结

综合防毒措施是我国几十年防毒工作的经验总结，对指导做好工业防毒工作，保护劳动者职业健康和安全具有重要的现实意义。

复习思考题

1. 简述综合防毒措施的主要内容。
2. 简述防毒技术措施的主要内容。
3. 简述防毒管理措施的主要内容。
4. 简述呼吸防护用品的分类以及常用的防毒呼吸防护用品。

第三章　有害气体的燃烧净化

本章学习目标

1. 掌握燃烧净化的方法、原理机理、分类和适用特点；
2. 掌握热力燃烧的工艺及计算方法；
3. 掌握催化技术的应用方向、催化燃烧的工艺计算；
4. 掌握燃烧净化的安全防护措施。

第一节　概　　述

用燃烧方法来销毁有毒有害气体、蒸气或烟尘，使之变成无毒无害物质的方法，叫作燃烧净化技术。燃烧净化的特点是：仅适用于可燃物质或在高温下能分解的物质，其分解的最终产物必须是无毒无害的物质，并且不能回收到原来的物质。其产物多为二氧化碳、水（气态）和其他简单无毒物质，在燃烧净化中可以回收燃烧氧化过程中的热量。

燃烧净化可以用于各种有机溶剂蒸气及碳氢化合物的净化处理，也经常用于消烟、除臭方面，但燃烧净化法不适用于卤化物及可能产生二氧化硫及多氮化合物的场所。

一、直接燃烧法

直接燃烧，也称为直接火焰燃烧，就是用可燃有害废气当作燃料来燃烧的方法。因此可燃废气的浓度要求较高，与空气混合后的浓度必须高于燃烧下限，其燃烧热应能维持燃烧区域的最低温度要求，方能实现直接燃烧。一般来说，一个设计很好的燃烧器可以使热值约为 3 350 kJ/m³ 的气体维持燃烧,如果废气的热值小于此值,往往无法使用直接燃烧法。直接燃烧,通常在 1 100 ℃ 以上进行,燃烧完全的产物应为二氧化碳、水和空气组分,而废气中的有机溶剂蒸气或碳氢化物则作为燃料,并在燃烧过程中提供主要热量。直接燃烧主要用于石油化工等排放高浓度可燃废气的生产过程,国内垃圾填埋场的填埋气也有用直接燃烧处理的实例。

直接燃烧的设备一般使用的是炉、窑和火炬,火炬多用于碳氢化合物的燃烧。碳氢化合物气体直接燃烧时,往往产生黑烟。碳氢化合物中 H/C 质量比越低,越容易产烟。H/C≥0.33 时,较为易燃而无烟。在 H/C 低而火炬燃烧产烟时,可以在燃烧高温区射入水蒸气,中止长链烃的形成及缩合,而 H/C 越低需要的水蒸气越多。

二、热力燃烧法

热力燃烧适用于可燃有机物质含量较低的废气净化处理。由于大多数废气往往只含有万分之几的有机物质,在氧化过程中所能提供的热值远远低于维持燃烧的最低热值,往往在 38~753 kJ/m³ 左右,不能依靠本身提供的热量燃烧。热力燃烧需要提供辅助燃料,以维持一般炉内 540~820 ℃ 以上的温度需求。此时废气中可燃物所能提供的热量所占比例很小,仅仅作为燃烧的对象,此类燃烧净化称为热力燃烧法。

三、催化燃烧法

催化燃烧是利用催化剂,使废气中可燃物质在较低温度下氧化分解的净化方法。由于催化剂改变了氧化分解的过程,大多数碳氢化合物在 300~450 ℃ 的温度时通过催化剂就可以氧化完全,因此催化燃烧法所需的辅助燃料较少,设备也比热力燃烧要小而轻。

所谓催化剂,是指能够改变某一化学反应的速度,而本身却无变化或消耗的物料。工业上应用的催化剂种类很多,而用于催化燃烧方面的催化剂多为贵金属(如铂、钯)和稀土。有研究指出,对于碳氢化合物,催化氧化活性的顺序为:

$Pd > Pt > Co_3O_4 > PdO > Cr_2O_3 > Mn_2O_3 > CuO > CeO_2 > Fe_2O_3 > V_2O_5 > NiO > Mo_2O_3 > TiO_2$

为了工程上的需要,微粒状或溶胶状的催化剂需要"嵌着"在催化剂载体上。金属载体有网状、膨体球状(金属丝折绕成的弹性球体)、片状等形式,陶瓷载体有蜂窝状、密孔陶瓷块等形式。催化剂的使用年限不等,如不发生催化剂中毒或过热事故，可达 3~8 年。催化剂在高温作用下会发生衰变性老化，催化活性会逐年降低。使用得法，催化烧燃法比热力燃烧净化法更为经济有效。

第二节　热力燃烧原理

一、有关燃烧的几个概念

1. 燃烧与热力燃烧

燃烧通常是指伴有光和热的强烈的氧化反应，或者说是伴有火焰的剧烈的氧化还原过程。燃烧是以有光（指火焰）、有热、有氧化还原反应同时并存为其特征，而有别于一般的氧化反应。除常见空气中物质的燃烧现象以外，不常见的如：镁粉在 O_2 中可生成 MgO，同时放出光和热；H_2 在 Cl_2 气中可点燃，生成 HCl；铝粉、镁粉和 K、Na 在水中可燃烧等。而火红的钢水，发光发热的电灯则不是燃烧。燃烧的必要条件是可燃物、助燃物（氧或氧化剂）、着火能源（明火、电火花、赤热物体等）三者缺一不可，同时也只有具备了燃烧的充分条件才能形成燃烧，燃烧的充分条件是：

（1）可燃物与助燃物达到一定的比例。

（2）助燃物达到一定的浓度（空气中氧气体积分数小于 14%，在常压下不起燃）。

（3）超过最小点火能或超过一定强度的升温明火源。

（4）满足了燃烧所需要的燃烧诱导期。

热力燃烧是依靠辅助燃料所提供的热量来提高废气的温度，使可燃的有害组分氧化而达到销毁的目的。当辅助燃料燃烧时，有光和热的出现，而热力燃烧的氧化作用是依靠温度使有害的有机物质转化，并无火焰的发生。

2. 混合气体的燃烧与爆炸

仅仅从气体的角度上看，燃烧与爆炸在化学变化上没有本质的区别。爆炸可分为物理性爆炸和化学性爆炸。物理性爆炸，主要指爆震反应；化学性爆炸，有的是氧化还原型，有的是分解反应型，如叠氮化铅的分解性爆炸等。爆炸与燃烧的区别只是在于产生的压力和传播速度的不同。对大多数可燃气体而言，在某一点着火后，会迅速传播开来，在有控制的条件下就形成火焰，维持着燃烧。在一个有限空间内，可燃气体迅速蔓延并无法控制的情况下，则形成气体爆炸。一般将燃烧的浓度范围视为爆炸的极限浓度。

3. 爆炸极限浓度范围

在空气中发生的燃烧、爆炸现象比较多见,由于空气的含氧量为21%(体积分数),所以只要规定混合气体中含有可燃组分的浓度即可。维持燃烧的最低可燃组分浓度称为爆炸下限浓度,形成燃烧的最高可燃组分浓度称为爆炸上限浓度;爆炸上限的出现,是由于氧气或氧化剂的不足而产生的上限制约;当混合气体中可燃物浓度处于上下限之间即是可燃可爆的了,常见有机物蒸气与空气混合物的爆炸极限范围见表3-1。

表3-1　　　　常见有机物蒸气与空气混合物的爆炸极限范围

物质名称	爆炸下限（体积分数,%）	爆炸上限（体积分数,%）	物质名称	爆炸下限（体积分数,%）	爆炸上限（体积分数,%）
石油气（干气）	~3	~13	一氧化碳	12.5	74.2
汽油	1.0	6.0	硫化氢	4.3	45.5
航空煤油	1.4	7.5	氯甲烷	8.0	20.0
灯用煤油	1.4	7.5	甲烷	5.0	15.0
氢气	4.1	74.2	乙烷	3.22	12.45
氨气	15.5	27.0	丙烷	2.37	9.5
丁烷	1.86	8.41	甲苯	1.27	6.75
戊烷	1.4	7.8	乙苯	0.99	6.7
己烷	1.25	6.9	邻二甲苯	1.1	6.4
庚烷	1.0	6.0	间二甲苯	1.1	6.4
辛烷	0.84	3.2	对二甲苯	1.1	6.6
壬烷	0.74	2.9	苯乙烯	1.1	6.1
癸烷	0.67	2.60	乙烯	3.05	28.6
异丁烷	1.8	8.44	丙烯	2.0	11.1
异戊烷	1.32	8.3	1-丁烯	1.6	9.3
新戊烷	1.32	8.3	顺-2-丁烯	1.75	9.7
异己烷	1.2	7.7	反-2-丁烯	1.75	9.7
新己烷	1.2	7.7	异丁烯	1.75	9.7
异庚烷	1.0	7.0	1-戊烯	1.4	8.7
三甲基丁烷	1.0	7.0	1,2-丁二烯	2	12.0
环丙烷	2.4	10.4	1,3-丁二烯	2	11.5

续表

物质名称	爆炸下限（体积分数,%）	爆炸上限（体积分数,%）	物质名称	爆炸下限（体积分数,%）	爆炸上限（体积分数,%）
环丁烷	1.8		1,2-戊二烯	1.5	
环戊烷	1.4		乙炔	2.5	80.0
甲基环戊烷	1.2	8.35	糠醛	2.1	
环己烷	1.3	7.8	丙酮	2.1	13
苯	1.41	6.75	甲乙酮	1.8	11.5
二硫化碳	1.0	50	环己酮	3.2	9.0
甲醇	5.5	36.5	乙醚	1.85	40
乙醇	3.1	20	甲酸甲酯	5.0	28.7
正丙醇	2.1	13.5	醋酸甲酯	1.0	
异丙醇	2.0	12.0	吡啶	1.8	12.4
正丁醇	1.4	11.3	丙烯腈	3.0	17.0
异丁醇	1.7		氯乙烯	4.0	22.0
正戊醇	1.2	7.6	1,2-二氯乙烷	6.2	15.9
甲醛	4.0	73	环氧乙烷（气）	3	100
乙醛	4.0	57	氢氰酸	6	40
二氯乙烯	9.7	12.8	环氧丙烷	2.5	38.5

爆炸极限范围不是一个固定的范围，它因系统的温度、压力及含湿量等条件而改变。

当系统温度升高时，爆炸极限范围扩大，即下限下降而上限上升，使得原来不可燃的混合物成为可燃、可爆的系统。产生这种现象的根本原因是由于系统温度升高而分子内能增加，从而加剧了反应能力使爆炸危险增大。

当系统压力升高时，爆炸极限范围扩大。这是因为受压力的影响，气体的分子间距更为接近，碰撞概率增大，使得燃烧的初始反应以及反应的进行更为容易，其结果是使爆炸的危险性增大。

在燃烧净化的工艺过程中，当可燃物、明火和氧都具备，并且在高温条件下运行时，要特别注意防止燃爆事故的发生。表3-1所列数据适用于通常的条件（20 ℃，101 kPa），遇有几种有机蒸气与空气混合时，其爆炸极限范围的近似值可按式（3-1）计算：

$$A_{混} = \frac{100}{\dfrac{a}{A_a} + \dfrac{b}{A_b} + \dfrac{c}{A_c} + \cdots} \tag{3-1}$$

式中 $A_{混}$——几种蒸气与空气混合物的爆炸极限；

A_a，A_b，A_c——每个组分的爆炸极限（体积分数），%；

a，b，c——各组分在几种蒸气混合物中的含量（体积分数），%。

4. 火焰传播理论

混合气体的燃烧或爆炸，是在某一点引燃后，经过火焰传播而形成的，关于火焰传播的理论可分为以下两类。

（1）热传播理论，或称热损失理论。火焰传播是因为燃烧放热的热量传播，使周围混合气体也达到燃烧温度而发生的。燃烧放热的热量不够，或者使周围混合气体达不到燃烧温度，都不能使火焰传播。以热损失理论来解释爆炸极限浓度范围的存在是比较直接的，因为燃烧放热的多少是直接与混合气体中含氧量和可燃物质的浓度相联系的。按实验得知，一般需超过燃气（燃烧产物）升温至燃烧温度所需热量，再加至少 41.86 kJ/mol 燃气，作为传热至未燃区域的推动力，才能继续维持燃烧。实际的火焰温度，最高的应当是按理论计算空气需要量进行燃烧的状态，因为没有过量的燃料气或空气来冲淡而吸去热量。大部分碳氢化合物，在绝热条件下以理论计算空气量燃烧，其火焰温度可达 2 200 ℃。而燃烧上限与燃烧下限的范围，在室温时大约是理论计算浓度以摩尔百分数表示的 3 倍与 1/2。

表 3-2 列出了几种有代表性碳氢化合物的爆炸下限浓度、热值及其燃烧时的升温。由表 3-2 可见，虽然化合物不同，但其在爆炸下限的热值与燃烧时的升温相差不多，这一点对废气的燃烧净化很有用。在燃烧净化中常把废气中含有机蒸气的浓度用爆炸下限浓度的百分数来表示，简写为% LEL（Lower Explosive Limit），这样可以把浓度与热值直接联系起来。大多数碳氢化合物每 1% LEL 所含热值放出来，大约可使废气本身升高温度 15.3 ℃。同时，还可把浓度与安全控制条件联系起来，一般将废气中可燃物质的浓度控制在 25% LEL 以下，以防止爆炸或回火。

表 3-2　　　　　　　　不同混合气体在爆炸下限时的热值

可燃物质	爆炸下限浓度 （室温 15 ℃）（体积分数,%）	所提供的热值 （kJ/m³）	燃烧时的升温 ΔT （℃）
甲烷	5.0	1 704	1 132
丙烷	2.37	1 817	1 218
己烷	1.25	1 972	1 322

续表

可燃物质	爆炸下限浓度 （室温15 ℃）（体积分数,%）	所提供的热值 （kJ/m³）	燃烧时的升温 ΔT （℃）
甲苯	1.27	1 909	1 283
甲乙酮	1.80	1 842	1 238

（2）自由基连锁反应理论。这种理论认为在火焰中之所以能进行快速的氧化作用，是因为在火焰中存在大量活性很大的自由基，如 $\dot{H}$，$\dot{OH}$，$\dot{CH_3}$ 等。自由基是在火焰中离解生成的具有不饱和价的自由原子或原子团。例如，$\dot{H}$ 自由基就是具有不饱和价的自由原子，整个 H 持有电荷中性，而外层只有一个电子，具有不饱和的化学价，因此极易与别的分子或自由基发生化学反应。这些自由基在火焰中发生连锁反应：

$$\dot{H} + O_2 \longrightarrow \dot{OH} + \dot{O}$$

$$\dot{O} + H_2O \longrightarrow \dot{OH} + \dot{OH}$$

$$\dot{O} + H_2 \longrightarrow \dot{OH} + \dot{H}$$

$$\dot{H} + H_2O \longrightarrow H_2 + \dot{OH}$$

因而，在火焰中自由基的浓度大大高于没有火焰条件下的浓度，自由基的大量存在成为火焰燃烧的一个特性从而表现出来。例如，在 1 650 ℃ 的火焰中自由基（以 $\dot{OH}$ 为代表）高峰摩尔分数可达 0.01~0.05，甚至可达 0.10；而同样温度在无焰条件下自由基摩尔分数仅有 0.001~0.002。温度越高其自由基越多，当温度下降到 760 ℃ 时，自由基摩尔分数仅为 1×10^{-7}。在热力燃烧中提出"火焰接触"的概念，就是企图利用火焰中的自由基来加速废气中可燃组分的氧化销毁。火焰中自由基与燃料分子碰撞发生反应时，开始可能是与 $\dot{OH}$ 作用，以甲烷为例：

$$CH_4 + \dot{OH} \longrightarrow H_2O + \dot{CH_3}$$

$$\dot{CH_3} + O_2 \longrightarrow CH_2O + \dot{OH}$$

$$\dot{CH_3} + \dot{O} \longrightarrow CH_2O + \dot{H}$$

$$CH_2O + \dot{OH} \longrightarrow H_2O + \dot{CHO}$$

$$\dot{CHO} + \dot{OH} \longrightarrow H_2O + CO$$

$$CO + \dot{OH} \longrightarrow CO_2 + \dot{H}$$

实验证明，干燥的 CO 与 O_2 在 700 ℃时几乎不发生反应，当加入微量水蒸气时，反应可大大加速以至着火。这说明了 $\dot{O}H$、$\dot{H}$ 自由基的存在与作用。CO + $\dot{O}H \to CO_2 + \dot{H}$ 反应的进行仅需要活化能 4.18 kJ/mol，若无 $\dot{O}H$ 自由基产生，只能通过慢得多的 $CO + O_2 \to CO_2 + \dot{O}$ 的反应，这个反应需要活化能约为 200 kJ/mol。另外链式连锁反应也可能会中止，主要是由于自由基彼此的碰撞可形成稳定态的分子；其次是自由基的存在寿命极短，往往为 1×10^{-5} s $\sim 1 \times 10^{-3}$ s；同时自由基活动的空间极小，往往离不开火焰区。

以上两类火焰传播理论，对于混合气体爆炸极限浓度范围的解释是一致的，因为自由基的浓度也是随火焰温度升高而增加的。所以在实用上，对火焰传播可看作是热量与自由基（连锁载体）同时向外传播。显然，对于含有少量水蒸气的 CO 火焰，自由基的作用要比温度（热量传播的推动力）重要得多。但有的实验（例如温度不变而改变混合比所测出的丙烷火焰传播速度）却与自由基连锁反应理论不符，而与热传播理论相符，很可能两种理论都反映真理的一部分，但都不全面。

二、热力燃烧机理

热力燃烧一般用来处理含可燃物质浓度较低的废气，多数以空气为本底的废气都含有足够的氧气（体积分数大于 16%），可以用一部分废气来作助燃辅助燃料（这部分废气叫作助燃废气），然后将高温燃气与其余部分废气（旁通废气）混合，以达到废气氧化分解温度。一般热力燃烧温度在 760 ℃左右，如果废气温度为常温，则助燃废气量可高达 50% 左右；随着废气本底温度的升高，旁通废气的比例就会相应的增加。对于废气的本底是惰性气体（如氮气等），由于废气缺氧，则需用外来空气助燃，全部废气都成为旁通废气，并需要使废气中至少含有 4% 的氧以保证废气中的可燃组分氧化完全。

1. 热力燃烧的机理

从热力燃烧过程来看，整个过程可以被概括为三个步骤：

（1）辅助燃料燃烧——提供热量。

（2）废气与高温燃气的混合——达到反应温度。

（3）废气中可燃有害组分的氧化分解——保持废气于反应温度所需的驻留时间。

这三个作用步骤可用图 3-1 表示。

上述步骤作为分离的现象提出，是考虑分析问题的方便。而在实际应用的燃烧炉中，很难分清燃烧、混合以及驻留是在哪里开始又在哪里结束的。

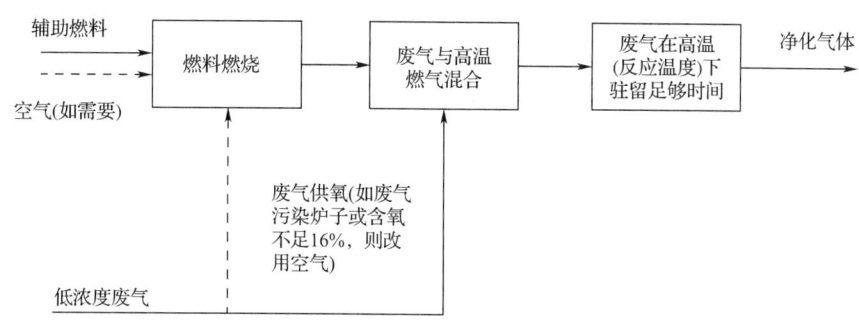

图 3-1 热力燃烧机理

2. 热力燃烧的条件

对于燃烧净化装置，很多文献提出三个基本条件，即时间（Time）、温度（Temperature）和湍流（Turbulence）。这三个参数被称为"三 T"条件，即燃烧过程的驻留时间、反应温度和湍流混合。三个条件之间具有一定的互换性，但在实际应用中通常规定，在一定的温度下使废气停留一定的时间，而从湍流条件上着手使反应更完全。下面讨论三个条件在热力燃烧工艺上的具体应用情况。

（1）热力燃烧的反应温度与驻留时间。在相同的燃烧净化效率时，反应温度和驻留时间两个因素具有一定的互换性。在实际应用时，由于氧化速率对温度有十分强烈的依赖性，互换性只能在很窄的温度范围内体现出来而不能无限制地外延（主要是指低温区）。图 3-2 表示了反应温度和驻留时间对氧化速率的互换作用。图中还显示了在一个很窄的温度范围内，氧化速率从零增加到以 0.001 s 来衡量的显著程度。

图 3-2 中的销毁温度是指一定条件下，有害组分氧化反应发生到某种显著程度的温度，这里的一定条件是指废气的组成，而某种显著程度是指氧化为二氧化碳和水的转化率。例如，在实际应用中，对碳氢化物和一氧化碳要求销毁率为 90%，对臭味往往要求销毁率为 99%。而在研究热力燃烧机理时，即使销毁率仅为 20% 的情况也要加以考虑。燃烧炉选用的实际反应温度通常要高出"销毁温度"40 ℃ 左右。

燃烧炉的总驻留时间可按式（3-2）估算：

$$\tau = \frac{V \times 3\,600}{Q\left(\dfrac{273+t}{293}\right)} \tag{3-2}$$

式中 τ——燃烧炉总驻留时间，s；

V——燃烧室体积,m^3;
Q——废气与高温燃气在 20 ℃、101 kPa 的体积流量,m^3/h;
t——燃烧室反应温度,即销毁温度,℃。

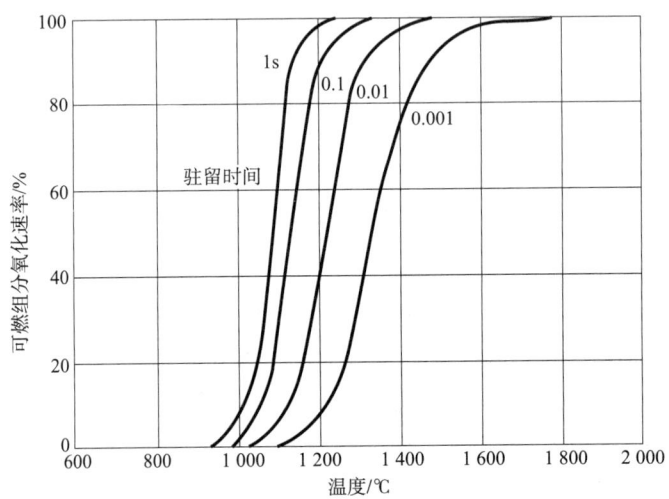

图 3-2 温度和时间对可燃组分氧化速率的影响

总驻留时间并不相当于废气升温至销毁温度后的驻留时间,其中有很大一部分驻留时间是用于冷废气升温的时间,也可以说是用于冷废气与高温燃气的均匀混合时间。总驻留时间可在 0.1~5 s 的范围内,而达到销毁温度后的驻留时间工程设计上一般取 0.5 s。

表 3-3 为一些废气燃烧净化所需的温度与时间条件。在大多数情况下,热力燃烧炉的工程设计中,取反应温度为 760 ℃,驻留时间为 0.5 s 还是合适的。但是,销毁不同的化学组分,其所要求的反应温度和驻留时间是有差异的,下面分别叙述一些特殊的情况。

表 3-3　废气燃烧净化所需的温度与时间条件

废气净化范围	燃烧炉驻留时间 (s)	反应温度 (℃)
碳氢化合物 (HC 销毁 90% 以上)	0.3~0.5	590~680[①]
碳氢化合物 + CO (HC + CO 销毁 90% 以上)	0.3~0.5	680~820

续表

废气净化范围	燃烧炉驻留时间（s）	反应温度（℃）
臭味		
（销毁 50%～90%）	0.3～0.5	540～650
（销毁 90%～99%）	0.3～0.5	590～700
（销毁 99% 以上）	0.3～0.5	650～820
烟和缕烟		
白烟（雾滴）		
（缕烟消除）	0.3～0.5	430～540②
（HC+CO 销毁 90% 以上）	0.3～0.5	680～820
黑烟（炭粒和可燃粒）	0.7～1.0	760～1100

注：①如甲烷、溶纤剂 [$C_2H_5O(CH_2)_2OH$] 及置换的甲苯、二甲苯等存在，则需 760～820 ℃。
②缕烟消除一般是不实用的，因为往往由于氧化不完全而产生臭味问题。

1）碳氢化合物的燃烧净化。大部分碳氢化合物在 590～650 ℃ 以上很快就被销毁，而甲烷、溶纤剂、甲苯和二甲苯的分子结构较稳定，需要 760 ℃ 和 0.3～0.5 s 才能销毁。低温废气和高温燃气混合是否均匀直接影响混合后驻留时间的长短、净化效率和辅助燃料消耗量的多少。废气浓度过低而热值小对氧化速率的提高不利。

2）一氧化碳的燃烧净化。在有害组分的销毁中，由于 CO 比较稳定，要求的氧化反应温度较高。燃烧炉实测资料表明，在 700 ℃，转化率为 90% 时，CO→CO_2 的驻留时间是 HC→CO_2 的驻留时间的 10 倍。CO 需要在 760～790 ℃ 的反应温度，及 0.2～0.4 s 的驻留时间才能销毁 90% 以上。废气中如含有微量水分，将有利于 CO 的销毁。

3）臭味的燃烧净化。燃烧炉常用来净化臭味物质含量低（约为 1×10^{-4}）的废气，臭气大多来自醛类、有机酸和含硫化合物。为了除臭，一般燃烧炉的反应温度在 540 ℃ 即可，但必须注意废气与燃气是否混合均匀，防止部分废气气流从燃烧炉中漏过。由于臭味物质的嗅觉阈很低，往往在 10^{-6} 或 10^{-9} 的数量级，其净化水平用出口浓度而不是净化效率来衡量，因为即使漏过 1%，其除臭的感官效果仍然不好。

4）液体烟雾的燃烧净化。烟气中组成烟雾的有机液体，其沸点常低于 320～370 ℃，因此只要加热至 430 ℃ 左右可将液体汽化。要将其燃烧净化，一般用 760 ℃ 的反应温度即可。实际的驻留时间，由于雾滴的汽化而需要适当增加，一般要将 100 μm 的雾滴在 760 ℃ 时净化，需要增加 0.2 s 的驻留时间。

5）炭粒、可燃物等黑烟的燃烧净化。对于颗粒物的燃烧净化需要更高的反应温度和更长的驻留时间，因此大于 50~100 μm 的炭粒应先用旋风除尘器等除去。一个大于 5 μm 的炭粒，要在 760~820 ℃ 温度下驻留 0.5 s 才能烧去，因混合、加热等过程的附加，总的平均驻留时间要在 0.7~1.0 s 左右，以及更高的反应温度。提供较长驻留时间的方法之一是使用切线进口的旋风燃烧炉，大颗粒可在炉底停留而被烧去。黑烟中小粒径炭粒的另一个问题是，小于 0.1 μm 的炭粒往往是几个或多个凝聚在一起的，其表面燃烧速度大大低于煤粉或焦炭的燃烧速度（低两个数量级还多），往往需要高于 1 100 ℃ 的温度和 1 s 以上的驻留时间。一些油烟或炭化的烟，则需要 930 ℃ 以上和大于 0.5 s 的时间。

在热力燃烧中对含有氯、硫、磷、氮或金属元素的废气，当 $SO_2 > 2 \times 10^{-4}$，$HCl > 5 \times 10^{-5}$，以及金属元素（通常称为灰分）较高时，则应先用洗涤、除尘等方法进行预处理。因为卤族元素的化合物妨碍氧化过程，灰分则会要求提高反应温度，氯、硫、磷、氮化物还会带来严重的腐蚀和大气污染问题。

（2）湍流混合与"火焰接触"。用热力燃烧法时，除一部分助燃废气用于供氧助燃外，另一部分旁通废气必须在燃烧器气流下侧或前方与高温燃气混合并处于湍流状态，使混合能很快地达到分子混合水平，以便有害组分的迅速升温和氧化。热力燃烧的这个条件称为湍流混合。

所谓"火焰接触"，就是希望旁通废气与火焰的高温氧化区接触混合，并且达到理想的湍流状态，同时充分利用火焰高温氧化区存在着大量活性极高的自由基，氧化速率正比于自由基的数量。而自由基的寿命在 0.01~0.03 s，其浓度在火焰表面的最高，运动距离很小，因此合理的火焰接触会使有害物迅速销毁。

火焰温度越高，所产生的自由基越多。因此将全部废气通过火焰燃烧器的做法会带来实际操作上的不稳定（空气过剩系数太大会造成火嘴熄灭）和火焰温度的降低，使自由基产生的数量减少，造成氧比速率的降低或氧化连锁反应停留在醛、有机酸和一氧化碳等中间产物阶段。我们把氧化过程的终止称为"熄火"，即火焰仍在燃烧，由于火焰温度低而局部熄火，却产生许多醛、有机酸等中间产物，燃烧效果变坏或加重了污染。可能发生"熄火"的情况是：

1）冷废气与火焰的还原区接触，使火焰本身温度降低或高温燃气遇到冷炉壁而被冷却。

2）湍流混合不充分或不合理。

3）燃烧室面积过大也可形成自由基重合的实体，因器壁效应降低了自由基的浓度和氧化速率。

三、热力燃烧法的燃料消耗

热力燃烧中所消耗的辅助燃料按照热量衡算,只要满足将全部废气升温到反应温度(760~820 ℃)即可。废气中可燃组分的热值可以减少上述衡算中的辅助燃料用量。如果废气中的可燃组分浓度高或者废气的初始温度高,那么辅助燃料的用量会减少。

为了计算燃料消耗,现将有关的空气、烟气的物理参数以及燃料燃烧的计算数据列于表3-4、表3-5、表3-6、表3-7中。附带说明,为计算方便,表中所用体积数据统指气体在20 ℃、101 kPa状态下的体积。

表3-4　　　　在大气压力 $p=101$ kPa 时干空气的物理参数

t (℃)	ρ (kg/m³)	C_p [kJ/(kg·K)]	$\lambda \times 10^2$ [W/(m·K)]	$a \times 10^2$ (m²/h)	$\mu \times 10^6$ (Pa·s)	$\nu \times 10^6$ (m²/s)	P_r
-50	1.584	1.013	2.03	4.57	1.46	9.23	0.728
-40	1.515	1.013	2.11	4.96	1.52	10.04	0.728
-30	1.453	1.013	2.19	5.37	1.57	10.80	0.723
-20	1.395	1.009	2.27	5.83	1.62	11.29	0.716
-10	1.312	1.009	2.35	6.28	1.67	12.43	0.712
0	1.293	1.005	2.41	6.77	1.72	13.28	0.707
10	1.247	1.005	2.51	7.22	1.77	14.16	0.705
20	1.205	1.005	2.59	7.71	1.81	15.06	0.703
30	1.165	1.005	2.67	8.23	1.86	16.00	0.701
40	1.128	1.005	2.75	8.75	1.91	16.96	0.699
50	1.093	1.005	2.88	9.26	1.96	17.95	0.698
60	1.060	1.005	2.89	9.79	2.01	18.97	0.696
70	1.029	1.009	2.96	10.28	2.06	20.02	0.694
80	1.000	1.009	3.04	10.87	2.11	21.09	0.692
90	0.972	1.009	3.12	11.48	2.15	22.10	0.690
100	0.946	1.009	3.20	12.11	2.19	23.13	0.688
120	0.898	1.009	3.33	13.26	2.29	25.45	0.686
140	0.854	1.013	3.48	14.52	2.37	27.80	0.684

续表

t（℃）	ρ（kg/m³）	C_p [kJ/(kg·K)]	$\lambda \times 10^2$ [W/(m·K)]	$a \times 10^2$ (m²/h)	$\mu \times 10^6$ (Pa·s)	$v \times 10^6$ (m²/s)	P_r
160	0.815	1.017	3.63	15.80	2.45	30.09	0.682
180	0.779	1.022	3.77	17.10	2.53	32.49	0.681
200	0.746	1.026	3.92	18.49	2.60	34.85	0.680
250	0.674	1.038	4.26	21.96	2.74	40.61	0.677
300	0.615	1.047	4.59	25.76	2.97	48.33	0.674
350	0.566	1.059	4.89	29.47	3.14	55.46	0.676
400	0.524	1.068	5.20	33.52	3.31	63.09	0.678
500	0.456	1.093	5.73	41.51	3.62	79.38	0.687
600	0.404	1.114	6.21	49.78	3.91	96.89	0.699
700	0.362	1.135	6.69	58.82	4.18	115.4	0.706
800	0.329	1.156	7.16	67.95	4.43	134.8	0.713
900	0.301	1.172	7.61	77.84	4.67	155.1	0.717
1 000	0.277	1.185	8.05	88.53	4.90	177.1	0.719
1 100	0.257	1.197	8.48	99.45	5.12	199.3	0.722
1 200	0.231	1.210	9.13	113.94	5.35	223.7	0.724

注：t—温度；ρ—密度；C_p—质量定压热容；λ—导热系数；$a = \dfrac{\lambda}{C_p \cdot \rho}$—导温系数；$\mu$—黏度；$v$—运动黏度；$P_r = \dfrac{v}{a}$—普朗特数。

表 3-5　在大气压力 $p = 101$ kPa 时平均成分烟气的物理参数

t（℃）	ρ（kg/m³）	C_p [kJ/(kg·K)]	$\lambda \times 10^2$ [W/(m·K)]	$a \times 10^2$ (m²/h)	$\mu \times 10^6$ (Pa·s)	$v \times 10^6$ (m²/s)	P_r
0	1.295	1.043	2.27	6.08	1.609	12.20	0.72
100	0.950	1.068	3.12	11.10	2.079	21.54	0.69
200	0.748	1.097	4.00	17.60	2.497	32.80	0.67
300	0.617	1.122	4.83	25.16	2.878	45.81	0.65
400	0.525	1.151	5.68	33.94	3.230	60.38	0.64
500	0.457	1.185	6.54	43.61	3.553	76.30	0.63
600	0.405	1.214	7.40	54.32	3.860	93.61	0.62
700	0.363	1.239	8.25	66.17	4.143	112.1	0.61

续表

t (℃)	ρ (kg/m^3)	C_p [kJ/(kg·K)]	$\lambda \times 10^2$ [W/(m·K)]	$a \times 10^2$ (m^2/h)	$\mu \times 10^6$ (Pa·s)	$\nu \times 10^6$ (m^2/s)	P_r
800	0.330	1.265	9.13	79.09	4.422	131.8	0.60
900	0.301	1.290	9.99	92.87	4.680	152.5	0.59
1 000	0.275	1.306	10.87	109.21	4.930	174.3	0.58
1 100	0.257	1.323	11.72	124.37	5.169	197.1	0.57
1 200	0.240	1.340	12.59	141.27	5.402	220.0	0.56

注：烟气组成气体的分压 $p_{CO_2}=0.13$，$p_{H_2O}=0.11$，$p_{N_2}=0.76$。

表3-6　　　　气体燃料的燃烧计算数据

序号	燃料名称	煤气发热量 Q(kJ/m^3)	当空气过剩系数 $n=1$ 时的燃料计算数据				
			需用空气量 L_0(m^3/m^3)	产生燃气量 V_0(m^3/m^3)	燃气密度 ρ(kg/m^3)	CO$_2$ (%)	H$_2$O (%)
1	炼铁煤气	3 726	0.72	1.57	1.42	25	3
2	发生炉煤气	4 773	0.95	1.76	1.34	18.5	11
		5 694	1.20	2.01	1.29	18	12
3	炼铁炼焦混合煤气	5 024	1.05	1.89	1.36	20	19
		5 862	1.26	2.08	1.34	19	11.5
		6 700	1.45	2.27	1.32	17.5	13
		7 537	1.68	2.48	1.30	16	14.5
		8 374	1.88	2.68	1.28	14.5	16
		9 211	2.09	2.88	1.27	14	17.5
4	炼焦煤气	17 083	4.06	4.76	1.20	7	24
5	天然气	35 309	9.52	10.50	1.24	9	18

注：空气过剩系数 n 为燃烧时所用空气量与理论计算空气量的比值，$n=1$ 时，即所用的是理论计算空气量，没有过剩的空气。

表3-7　　　　固、液燃料的燃烧计算数据

序号	燃料名称	燃料发热量（热值）$Q_{低}$(kJ/kg)	当空气过剩系数 $n=1$ 时的燃料计算数据				
			需用空气量 L_0(m^3/kg)	产生燃气量 V_0(m^3/kg)	燃气密度 ρ(kg/m^3)	CO$_2$ (%)	H$_2$O (%)
1	扎赉诺尔褐煤	19 850	5.12	5.78	1.32	16	14
2	鹤岗烟煤	25 370	6.67	7.02	1.37	17	7.5

续表

序号	燃料名称	燃料发热量（热值）$Q_{低}$ (kJ/kg)	当空气过剩系数 $n=1$ 时的燃料计算数据				
			需用空气量 L_0 (m³/kg)	产生燃气量 V_0 (m³/kg)	燃气密度 ρ (kg/m³)	CO_2 (%)	H_2O (%)
3	淮南烟煤	24 970	6.66	7.06	1.36	17	8
4	抚顺烟煤	27 810	7.21	7.55	1.36	17.5	7.2
5	大同烟煤	29 690	7.98	8.32	1.37	17	7
6	阳泉烟煤	27 790	7.32	7.66	1.39	18	6
7	重油	39 650	10.44	11.05	1.31	11	15

注：燃料发热量 Q 是指燃料质量按供用成分（包括燃料中 C、H、O、N、S、灰分、水的所有质量）计算；$Q_{低}$ 是指发热量按燃烧产物的温度冷却到参加燃烧物质的初始温度，其中水冷却到 20 ℃ 水蒸气时（101 kPa）所放出的热量。

[例3-1] 设有废气以热力燃烧法净化，需从 20 ℃ 升温至 760 ℃，用天然气为辅助燃料，以废气助燃。使用 80% 过量的助燃废气（$n=1.8$），废气所含可燃组分的热值忽略不计，含氧量与空气一样，有关的物理参数按表 3-4 空气的计算。天然气燃烧所得燃气的物理参数按表 3-5 烟气的计算。试估算每净化 1 000 m³（20 ℃、101 kPa）废气需用天然气多少立方米？助燃废气与旁通废气各占百分比多少？

解：

（1）1 000 m³ 废气从 20 ℃ 升温至 760 ℃ 所需热量：

查表 3-4，20 ℃ 时 $C_p = 1.005$ [kJ/(kg·K)]，760 ℃ 时 $C_p = 1.147$ [kJ/(kg·K)]

取平均 $C_p = \dfrac{1.005 + 1.147}{2} = 1.076$ [kJ/(kg·K)]

20 ℃ 时空气密度为 1.205 kg/m³

升温所需热量为：

$$1\,000 \times 1.205 \times (760 - 20) \times 1.076 = 959\,469 \text{ (kJ)}$$

（2）天然气用废气助燃至 760 ℃ 的净有效热：

查表 3-6，天然气发热量 35 300 kJ/m³，计算空气量为 9.52 m³/m³ 天然气，产生燃气（烟气）10.5 m³/m³ 天然气，燃气密度 1.24 kg/m³。据此，天然气用废气助燃至 760 ℃ 的净有效热，应该是从发热量中扣除将燃气升温到 760 ℃ 所耗热量，而补回已使用助燃废气（理论计算空气量部分）升温所提供的热量。

查表 3-5，燃气平均 $C_p = 1.151$ [kJ/(kg·K)]

天然气净有效热为：

35 300−10.5×1.24×(760−20)×1.151+9.52×1.205×(760−20)×1.076
　　= 35 300−11 090+9 134
　　= 33 344（kJ/m³）

（3）每净化 1 000 m³ 废弃所需天然气：

$$\frac{959\ 469}{33\ 344}=28.77\ (m^3)$$

（4）助燃废气量：

$$28.77\times9.52\times1.8=493\ (m^3)$$

占废气总量 49.3%。

（5）旁通废气量：

$$1\ 000-493=507\ (m^3)$$

占废气总量 50.7%。

[**例 3-2**] 例 3-1 中设废气所含的可燃组分为酒精蒸气 10 g/m³，而酒精热值为 29 730 kJ/kg，试估算每净化 1 000 m³ 废气所需的天然气，以及助燃废气与旁通废气所占的百分比。

解：

（1）1 000 m³ 废气中酒精所含热量：

$$29\ 730\times\frac{10}{1\ 000}\times1\ 000=297\ 300\ (kJ)$$

（2）每净化 1 000 m³ 废气所需天然气：

$$\frac{959\ 469-297\ 300}{33\ 344}=19.86\ (m^3)$$

（3）助燃废气量：

$$19.86\times9.52\times1.8=340\ (m^3)$$

占废气总量 34%。

（4）旁通废气量：

$$1\ 000-340=660\ (m^3)$$

占废气总量 66%。

通过上面例题可以看出，热力燃烧的工艺条件不同，净有效热和燃料消耗量也不相同。

第三节 热力燃烧炉

为了使废气完全燃烧，就必须使废气在足够高的温度下以湍流状态保持足够长的时间，所需的温度一般在 375～825 ℃ 范围内。温度越高，就越有利于充分燃烧，合适的驻留时间约为 0.2～0.5 s。当废气的流速达到 4.5～7.5 m/s 时，通常就会达到适当的湍流度。另外，如果空气和燃料沿切线方向喷入燃烧室，也同样会有利于湍流，使废气被均匀地加热升温而得到销毁。

热力燃烧炉的主体结构分成两部分：一是燃烧器，辅助燃料在其中燃烧，产生高温燃气；二是燃烧室，高温燃气与冷废气（旁通废气）在燃烧室中湍流混合，达到反应温度并保持所需的驻留时间。被净化的废气中含有的大量热量，通过热回收设施（如热交换器）后，经烟囱排出。热力燃烧炉的结构按使用的燃烧器不同，可以分为配焰燃烧器系统和离焰燃烧器系统两大类，下面分别予以介绍。

一、配焰燃烧器系统

配焰燃烧器是将燃烧配布成许多小火焰，布点成线，使废气从许多小火焰的周围流过，以此来达到完全的湍流混合，这有利于"火焰接触"。如图 3-3 所示，冷废气与高温燃气的混合，是同辅助燃料的燃烧火焰从开始就分开的，这是在短距离内达到气体均匀混合的好方法。火焰间距一般为 30 cm，燃烧室直径为 60～300 cm，使用配焰燃烧器，气体混合所需时间也会缩短，因此可以留出较多的时间用于燃烧反应，故燃烧净化的效率也会较高。但这种配焰燃烧器不适用于下列情况：

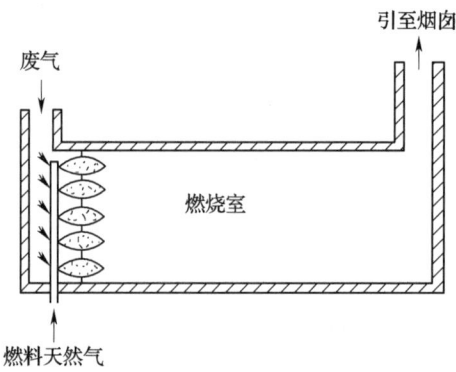

图 3-3 配焰燃烧器系统

第一，废气缺氧，需用外来空气助燃时，即废气含氧量低于16%。

第二，废气中含有焦油、颗粒物质等易沉积于燃烧器。

第三，只适用于烧燃料气，而不适用于烧燃料油。

第四，有增加"熄火"趋势，要注意解决。

1. 结构类型

配焰燃烧器分为火焰成线的，多烧嘴的，格栅的三种结构类型。

（1）火焰成线的燃烧器。火焰成线的燃烧器（带侧挡板）如图3-4所示，燃料气从下面的管子引进，靠两边呈V字形板上许多小孔引进的含氧废气来助燃，许多小火焰就在V形槽中列成线。V形槽两边有侧挡板，是用来隔开相邻的燃烧器，并使靠边的燃烧器与燃烧室的墙隔开的。侧挡板与燃烧器之间的缝隙控制着通过燃烧器的压力降，并迫使一部分废气通过V形槽的小孔，起助燃火焰的作用。其余部分则作为旁通废气，在侧挡板的下风侧与高温燃气混合。燃烧器的压力降调到约392 Pa时，可以使燃料气在V形槽中与废气很好混合，并形成短而稳定的火焰。

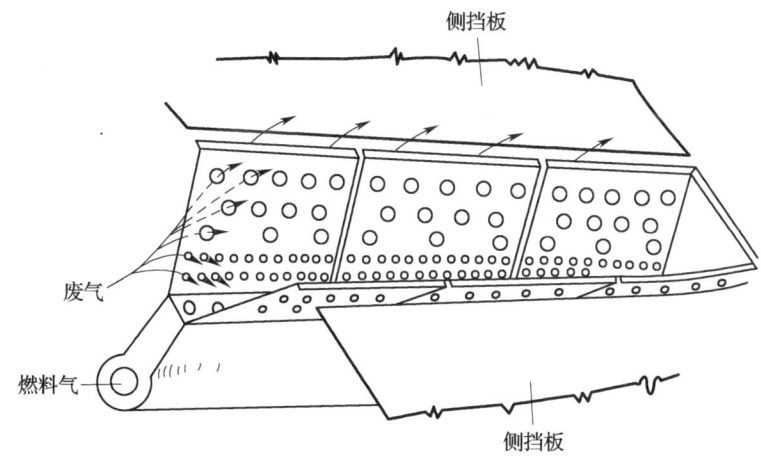

图3-4　火焰成线的燃烧器（带侧挡板）

（2）多烧嘴的燃烧器。图3-5a是多烧嘴燃烧器的结构，图3-5b是燃烧器在燃烧炉中安装的情况。一部分废气从燃烧器的后面与烧嘴的燃料气混合助燃，其余废气作为旁通废气与燃料燃烧的高温燃气在下气流处混合。

图3-5b中所示的可调间隙是用以调节进入燃烧器的废气量的，这个可调间隙可以安装成从炉子外面操作，这种燃烧器可使旁通废气与整个高温燃气混合，因而湍流度较低，在燃烧室中所需的混合距离较长。但由于混合前废气助燃较好，因而可免除

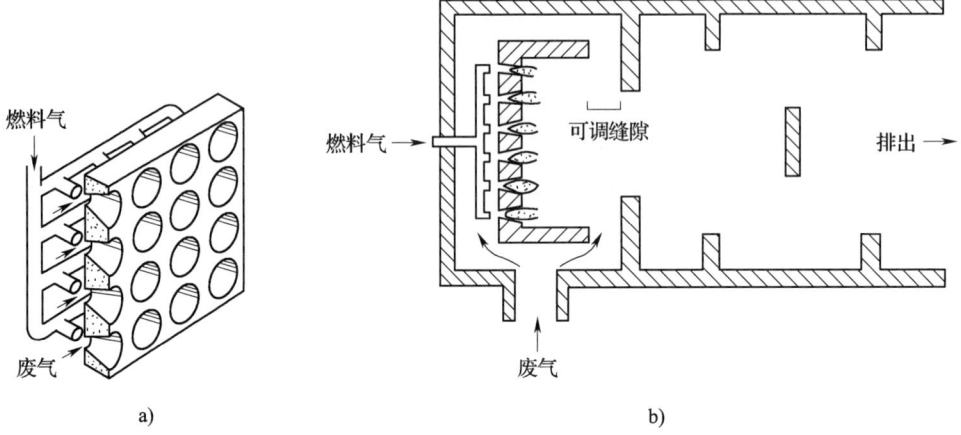

图 3-5 多烧嘴的燃烧器系统
a) 多烧嘴的燃烧器 b) 使用多烧嘴的燃烧器的燃烧炉

"熄火"问题。

(3) 格栅的燃烧器。格栅的燃烧器如图 3-6 所示,燃料气通过排管的小孔放出,与通过排管上格栅的废气混合。这种燃烧器使得废气与高温燃气混合极快,混合距离也很短。缺点是废气与燃料气的混合较难控制,如果废气的压力降太大,就会发生"熄火"现象。另外火焰的稳定性主要靠格栅后形成的旋涡,如果废气压力降太小,又会使旋涡太弱而使火焰不稳定。对于废气压力降的调节,可在格栅板上再放一块活动的格栅板,通过调节格栅板长孔的大小来解决,这种燃烧器主要适用于废气流量稳定的情况。

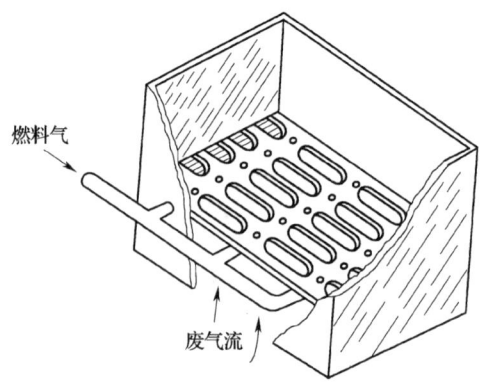

图 3-6 格栅的燃烧器

2. 设计问题

为了适应配焰燃烧器的结构原理,解决旁通废气混合的问题,需要考虑燃烧器的安装方位、燃烧室截面积和挡板等问题。

(1) 燃烧器安装方位。配焰燃烧器是直接放在废气流中并在燃烧室始端处点火燃烧的,通过燃烧器横断面上废气的流速分布应尽可能均匀,以便在短距离内达到温度分布均匀,燃烧反应完全。为此最好保持燃烧器的压力降为 245~736 Pa,这时流速分布曲线平滑,变动适中。同时,废气进风道要保持直线,进风口距离弯管处至少需有 3~4 倍风道直径。风道弯处特别是急弯处及其下流侧都有涡流区域,如果燃烧器放在有涡流区的地段,断面的气流分布情况就会很差。

(2) 燃烧室截面积。燃烧室截面积应当保证气流是较强的湍流状态,使混合能很快达到分子混合水平,以便有害组分的分子能得到升温和氧化。为使气流处于湍流状态,需符合下列条件:

$$\frac{Q \cdot D}{A} > 10.8 \qquad (3-3)$$

或圆截面积时,

$$\frac{Q}{D} > 8.5 \qquad (3-4)$$

式中 Q——折算到 20 ℃ 和 101 kPa 的状态的总体积流量(如果不用外来空气助燃,则取废气流量),m^3/min;

D——直径或当量直径,m;

A——内截面积,m^2。

上述条件相当于在 60 cm 直径燃烧室中,几倍于最小的流速 1.1 m/s (760 ℃),例如 3~5 m/s 的流速,对于保证较强的湍流状态以加强分子混合是必要的。为了得到充分的驻留时间,最好是使用截面积小而长度大的燃烧室,即 L/D 比值大,这样可使混合情况好,有害组分燃烧完全。在直风道中的横向混合是较慢的,混合段的长度需要相当于 40 个风道直径(相当于 $L/D=40$)。所以,需要采取另外的措施来加强横向混合,以便在大小较合适的炉子中使废气均匀地升温销毁,用配焰燃烧器使火焰与废气细分成小股混合就是措施之一。配焰燃烧器把火焰与废气充分细分后,混合距离可以缩短到气流宽度的 10~20 倍,即小火焰间距 30 cm 时,混合距离可缩短至 3~6 m。还有其他措施,如轴向烧嘴、挡板等。

(3) 燃烧室内设置挡板的问题。流体沿着风道壁的一层,其流速总是较低的,而且很少与气体主体部分混合。这样,就有一定数量的废气流经燃烧器的外侧而到达燃烧室，并沿着燃烧室的墙壁通过而没有得到足够的升温和燃烧。这些沿墙流过未经燃烧的废气量的大小，依赖于流速、燃烧器结构和燃烧室结构等。但通常是较小的，只要稍许提高一些燃烧室的温度，总的燃烧净化效率仍可达到标准要求。控制这种墙流使之与主体流混合的方法，是沿墙设置环状挡板或湍流器。

有些火焰成线的燃烧器，也用格栅状的花砖挡板。这种花砖挡板对于 30 cm 范围内的混合很有效，但上流气速不匀的范围大于 30 cm，则几乎没有促进混合的作用。花砖挡板的自由面积大于 50% 较好。所有挡板都要设在火焰冲击范围以外，否则会导致严重的热应力，并发生局部"熄火"现象。

如图 3-5b 所示，多烧嘴的燃烧器一般都采用挡板来改进湍流混合情况。因为这种燃烧器没有将旁通废气有效地分散开来，所以它的湍流混合问题与以后介绍的离焰燃烧器相类似。图中废气从横向进入高温燃气流，然后在第一块挡板后膨胀，接着遇到靶形或蝶形的挡板，又改变流向，这样在较大的径向距离内得到混合。这些挡板必须挡住较大的截面积（约 1/2），并会增加 245~490 Pa 的压力降。表 3-8 即为有无挡板效果的比较例子。

表 3-8　　　　　　　　　　　　　挡板的效果

	无挡板	有挡板
进口废气含HC	$9 \times 10^{-4} \sim 1.2 \times 10^{-3}$	$1.3 \times 10^{-3} \sim 1.4 \times 10^{-4}$
CO	10^{-5}	3×10^{-5}
出口净化气含HC	$2.5 \times 10^{-4} \sim 7 \times 10^{-4}$	$1 \times 10^{-4} \sim 1.1 \times 10^{-4}$
CO	$2 \times 10^{-5} \sim 1 \times 10^{-4}$	$\sim 1 \times 10^{-5}$
燃烧室断面上最高、最低的温度差	$49 \sim 60$ ℃	~ 1 ℃

注：多烧嘴燃烧器，760 ℃ 燃烧室温度，0.3 s 驻留时间。

二、离焰燃烧器系统

离焰燃烧器系统，如图 3-7 所示。这种燃烧器是由分离的燃烧火焰产生高温燃气，然后与废气混合。在大的燃烧炉中，通常有 4 个以上这样的燃烧器。燃烧器有时可利用部分废气来供氧助燃，甚至也可放在废气流中。离焰燃烧器与配焰燃烧器的主要区别就在于，离焰燃烧器火焰的产生及其控制是分离的。正因为没有像配焰炉那样把火焰与废气一起分成许多小股，所以在燃烧炉内以 $L/D = 2 \sim 6$ 的距离进行喷射混合和横向湍流混合，是不会很有效的。因此，燃烧室挡板和较高的阻力（>980 Pa）就十分必要，而且还要保证驻留时间在 0.5 s 左右。

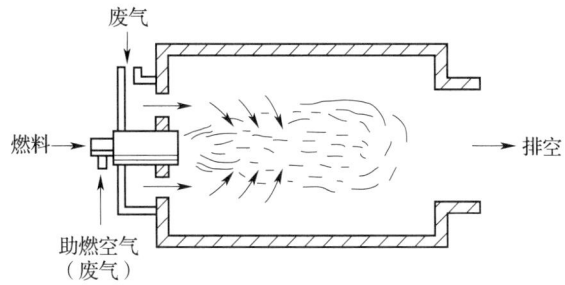

图 3-7 离焰燃烧器系统

离焰燃烧器可以烧燃料气也可以烧燃料油,可以用废气助燃也可以用外来空气助燃,火焰可大可小,容易调节,而且制作比较简便。离焰燃烧器的结构各异,因为火焰控制是与混合过程是分离的,燃烧器只当作供热来源,因而结构设计的变动范围较大。

1. 结构类型

(1) 烧燃料气的燃烧器。这种燃烧器可以是简单的烧嘴,也可以是环状的,有时就把一个燃气环安装在废气流里,特别是为了在烟囱中消除可见缕烟。此时要求火焰稳定,并有控制地与废气混合,否则往往会使废气流中的 CO 和未燃的燃料增多。例如,燃烧炉维持温度 760 ℃,则 CO 与醛类可随废气一同烧去,"熄火"问题也不大。图 3-8 所示是一种用燃料气的燃烧器。

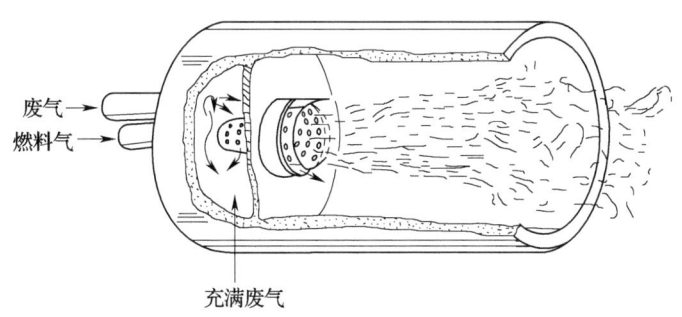

图 3-8 一种用燃料气的燃烧器

(2) 烧燃料油的燃烧器及油气两用燃烧器。离焰燃烧炉的设计大多可以烧燃料油,特点是火焰亮度较大,以辐射传热为主。因此,燃烧室的墙及火焰照射范围内的固体吸热较多,其温度可以超过燃烧室平均温度(与结构材料的耐火性有关),而废气除了包含的颗粒物质以外,是不吸收辐射热能的。另一个与烧燃料气不同的是,烧燃料油的火焰长度要比烧气的长 50%,这是因为燃料油先要气化然后燃烧。图 3-9 所示的是一个油气两用的燃烧器。

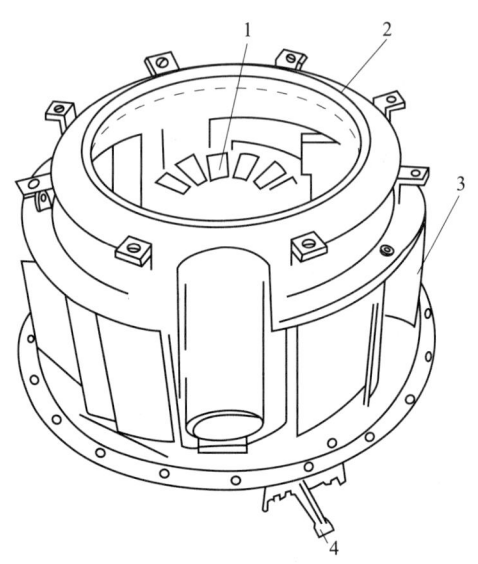

图 3-9 油气两用的燃烧器
1—喷油枪口四周的斜板 2—燃气环 3—活页窗 4—喷油枪油管

2. 设计问题

(1) 燃烧器中的旋涡或旋风。利用旋涡或旋风可以促使辅助燃料加快与空气混合燃烧,相应延长了燃烧室的驻留时间,因此在燃烧室前面加一个"预燃烧室",使用旋风等办法并适当地控制助燃气,是可以保证在进入燃烧室以前辅助燃料燃烧完全的。如图 3-10 所示,是一个旋风燃烧器。助燃空气或废气的压力为 3 924~4 905 Pa,而大部分压力降耗用于涡流翼板,于是助燃空气或废气就围绕燃料喷嘴高速旋转并膨胀进入"预燃烧室"。这样,辅助燃料就与助燃气很快混合燃烧,并且在作为燃烧器一部分的"预燃烧室"后面只形成一个很短的火焰。这样的旋风燃烧器,只要控制燃料与空气的比例,在燃烧浓度极限范围内,就没有发生"熄火"现象的危险。燃料与空气的比例最好控制在接近理论计算量,那样就可得到 899 ℃ 的高温燃气。

(2) 旁通废气的混合问题。旁通废气的混合问题在离焰燃烧器系统更为突出。配焰炉在无挡板的燃烧室长度 3~6 m 内可以达到断面温度接近均匀,而对于离焰

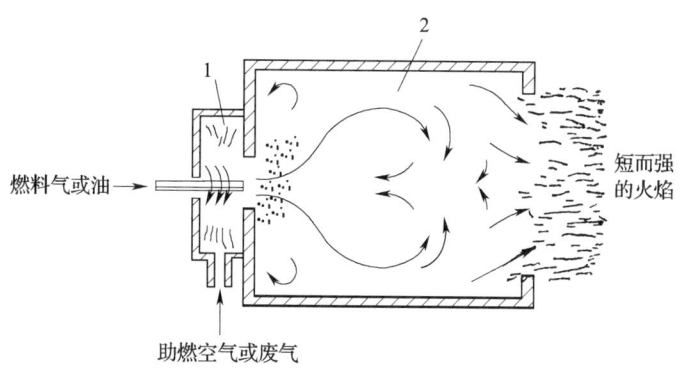

图 3-10 旋风燃烧器
1—使空气强旋转的涡流翼板　2—预燃烧室

炉则是在有实用意义的长度范围内根本做不到的。根据 Maxon 实验比较，用一个轴向燃烧的燃烧炉，无挡板燃烧室直径 1.2 m，而长度 2~3 倍于直径，废气在热回收交换器中预热。结果表明，当使用配焰燃烧器温度为 680 ℃时，出口碳氢化合物体积分数被降至 1×10^{-5}；而使用离焰燃烧器时，碳氢化合物体积分数 $>200\times10^{-6}$，如果要达到类似的碳氢化合物销毁程度，则燃烧室温度须升至 840 ℃。这个实验说明，离焰炉燃烧室中废气的横向混合情况较差。前面在叙述配焰炉中提到燃烧室截面积应当保证气流有较强的湍流状态，使混合达到分子混合水平，但这只是在小范围混合中显得重要，对于整个烟道的横向混合则需另外采取措施。在离焰燃烧器系统中，燃烧器安装方位、挡板和燃烧室结构都要用来设法改进旁通废气与高温燃气的混合情况。下面叙述几种改进旁通废气混合情况的措施。

1）轴向火焰的喷射混合。如图 3-11 所示的轴向燃烧器，高温燃气与废气是平行气流，如果废气远超过燃烧需要，则一部分废气（约 50%）仍从火焰周围通过而在下流侧混合。周围的废气可以缓慢地进入高温燃气，因而熄火危险较小，但是在 L/D 小于 10~15 的无挡板燃烧室的出口处，温度分布不均匀的幅度却很大。典型设计的燃烧炉 L/D 只有 2~6，很多废气可在高温燃气周围逸出而未升温到销毁温度，因此必须有促进混合的装置。该方法是轴向火焰的喷射混合，把轴向火焰产生高温燃气后的燃烧室直径缩小成一喉管，火焰喷射产生轴向引力将废气吸入，然后在喉管充分混合。这样安装只有被吸入的废气能够完全混合，如果把废气压送入内，则多余的冷废气仍在高温燃气周围通过喉管而得不到完全混合。

2）废气或火焰的径向进入。如果要混合的气流不是平行进入，而是成直角

（或至少是成一个角度）进入，则气流间横向混合就会快得多。利用这一点，通常是使燃烧器从旁边进入，特别是烟囱里的燃烧炉。但是，这样常会导致火焰冲刷而缩短耐火砖的寿命。在 760 ℃ 的高温燃烧炉中，如果下流侧混合均匀，即使有熄火现象问题也不大，因为中间产物及未燃物质都可在 760 ℃ 下氧化销毁。但在 540 ℃ 低温的缕烟或臭气消除器中，这些中间产物则会进一步增加污染。在这样的低温炉中，辅助燃料应当在分离的燃烧室中燃烧，例如图 3-10 的"预燃烧室"，然后以高温燃气与旁通废气混合。

3）废气或火焰的切线进入。正如前述旋风燃烧器（见图 3-10），对于燃烧炉使用切线进入造成旋涡或旋风，同样可以加速旁通废气与高温燃气的混合。在旋风燃烧器中压力降可以是 4 414.5 Pa，而在一个燃烧炉中总压力降只有 490.5~981 Pa。因此，混合速率相对低一些。对于燃烧净化含有重颗粒的废气，装成垂直向上而以火焰切线进入的燃烧炉，是较有效的，重颗粒由于旋风作用可以留在底部直到燃尽。图 3-12 所示是一个废气与燃料均从切线方向进入的燃烧炉。至于熄火问题和耐火砖被火焰冲刷问题，与前述火焰从径向进入的情况相类似，只是火焰的切线方向进入在实际上是螺旋上升的，因为火焰的切线喷入一般较轴向废气流要弱。

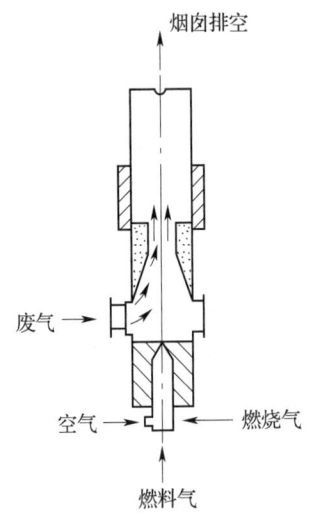

图 3-11 轴向燃烧器

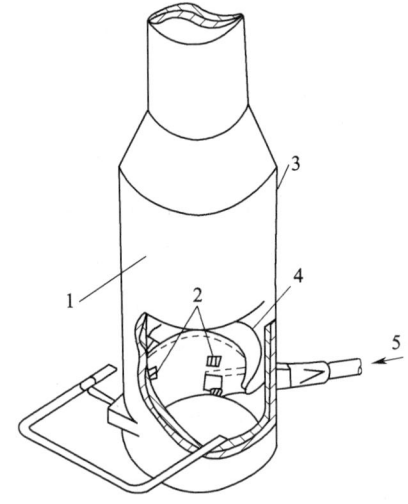

图 3-12 废气与燃料均从切线方向进入的燃烧炉
1—煤气罐 2—燃烧嘴 3—耐火衬里的钢壳
4—环形挡板 5—废气入口

4）挡板。显然离焰炉的挡板较之配焰炉更为重要，挡板可以显著加速气流的横向混合，但要正确使用，否则不仅不能改进混合情况，反而会有再循环的死角，减小燃烧室的有效体积，从而缩短驻留时间。挡板可以在相当大的横向距离间扭转气流方向，也可以阻挡相当大的截面积而提高气速，并使下流侧的气体流速降低，这样就会大大提高湍流水平，并加速混合，但以增加压力降为代价。图3-13a所示是环形与蝶形挡板，图3-13b所示是桥墙式挡板。这些挡板应当成对使用，其大小应当阻挡60%或更多的燃烧室截面积。这样，虽然压力降增加了，混合情况却可以大为改进。在前面配焰炉中讨论的环形挡板对防止"墙流"所起的重要作用，对于离焰炉也是一样的，而刚才讨论的蝶形挡板与桥墙式挡板对改进总的横向混合则有更重要的作用。前面所述格栅状的花砖挡板，对离焰炉也是一样，只能在30 cm左右的横向小范围内对混合起促进作用。

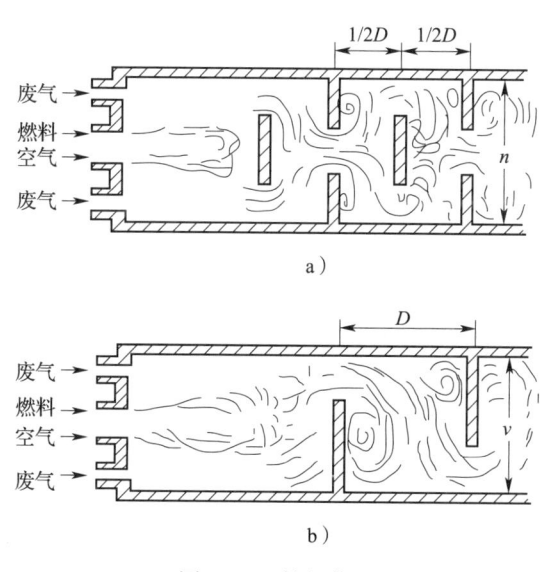

图3-13 挡板装置
a) 环形与蝶形挡板 b) 桥墙式挡板

三、有关工程设计问题

虽然配焰燃烧炉与离焰燃烧炉有不同的结构原理，特别是湍流混合情况不同，但是在设计上却有许多相同的问题需要解决。

1. 燃烧室形状

当全部废气均匀地达到所需的燃烧反应温度后，应当有充分的时间使废气氧化。要达到此要求,最好是将燃烧室设计成直圆筒,造成所谓"塞子流"的条件,使所有废气在相等的驻留时间内,达到燃烧反应温度的情况下均匀流动。"塞子流"是指一种理想状态,流体如同固体塞子那样流过去,在不同位置的气体没有相对的混合,既没有径向混合也没有横向混合。如果不是接近"塞子流"状态,就会存在大的速度差别和再循环现象,这就意味着有些废气很快通过燃烧室,比计算所需的驻留时间少很多,而另外一些废气却要辗转很长时间以至残留在涡流死角里,接近"塞子流"的状态可以用直的无挡板的圆筒形的燃烧室来达到。

燃烧室不宜有90°或180°的拐弯,有时把燃烧室做成180°拐弯,是为了节省材料和空间,并且进出口在一起也便于热交换。但是,隔板因为两边受热,往往会因过热而变形、倒塌。也有的是为了改进湍流混合情况,但是横向混合的改进只存在于180°拐弯的下流侧6~8个燃烧室直径处,而一般燃烧室 L/D 比仅为2~6,不仅不能改进混合,反而会造成许多涡流死角,以致25%的燃烧室容积等于无效。这些涡流死角影响燃烧室的有效容积,缩短了驻留时间,并造成流速的不均匀。

接近"塞子流"状态,应当在旁通废气与高温燃气已经混合均匀达到燃烧反应温度的阶段,即保持阶段。在此阶段内不应当再设挡板,如有必要,花砖或格栅也应该设在保持阶段的开始,而不能在以后。

2. 垂直燃烧炉或烟囱燃烧炉

燃烧炉是垂直安装好,还是水平安装好,要看地点、面积、屋顶载重以及当地最大风速等条件。重力可能在水平装置中使高温燃气与冷废气分层,以致增加混合的困难,但这影响很小,因为一般来说气流速度较大而浮力的作用很小。垂直安装燃烧炉的优点是其本身就可以作为烟囱的一部分,但也会带来问题。如果垂直安装是敞顶,而且 L/D 比较小,则燃烧室中大量热会因辐射而损失掉,且气候会影响燃烧室内气流状态而造成冷区,这样就很难找个适合的热电偶温度控制点。为了解决这些问题,垂直燃烧炉通常在出口处缩小横截面,以提高出口速度,并将大部分辐射热反射回去,同样烟囱顶上的遮雨帽也可起到减少热辐射损失的作用。短粗的垂直燃烧炉($L/D = 2 \sim 3$)效果是不好的,应尽量不用,而烟囱则应当尽量延伸。水平的燃烧炉,因为需要拐90°角进入烟囱,所以这些问题不存在。

3. 燃烧炉设计尺寸

下面举例说明在设计燃烧炉尺寸时需要考虑的一些因素。

[例3-3] 设有一个热力燃烧炉,用于处理凹版印刷车间排出的含甲苯废气。废气含甲苯500 mg/m³,但甲苯组分的燃烧热、升温及比热均忽略不计,废气的有关物理参数按空气计算。废气排出的最大量为1 500 m³/h,排出温度为60 ℃。燃烧

炉使用天然气,以废气助燃。有关的空气及燃料气的特性参数见表 3-4、表 3-5、表 3-6。试计算燃烧炉的设计尺寸。

解:

(1) 废气从 60 ℃升温至 760 ℃所需热量:

(碳氢化合物销毁一般取 760 ℃为反应温度)

查表 3-4,60 ℃时与 760 ℃时的平均 C_p:

$$C_p = \frac{1.005 + 1.147}{2} = 1.076 \ [kJ/(kg \cdot K)]$$

空气密度为 1.205 kg/m³。

$$1\ 500 \times 1.205 \times (760-60) \times 1.076 \approx 1\ 361\ 000 \ (kJ/h)$$

(2) 燃烧炉对周围的热损失:

按照耐火砖衬里的炉体在正常操作下估计,热量损失相当于第(1)项的 10%。

$$1\ 361\ 000 \times 10\% = 136\ 100 \ (kJ/h)$$

(3) 燃烧炉所需总热量:

$$1\ 361\ 000 + 136\ 100 \approx 1\ 497\ 000 \ (kJ/h)$$

(4) 需用燃料天然气量:

查表 3-6,计算天然气用废气助燃至 760 ℃时的净有效热为:

$$35\ 300 - 10.5 \times 1.24 \times (760-60) \times 1.151 + 9.52 \times 1.205 \times (760-60) \times 1.076$$
$$\approx 33\ 500 \ (kJ/m^3)$$

需天然气量:

$$\frac{1\ 497\ 000}{33\ 500} \approx 45 \ (m^3/h)$$

(5) 760 ℃时高温燃气的体积流量:

$$10.5 \times 45 \times \frac{(273 + 760)}{293} \approx 1\ 666 \ (m^3/h)$$

(6) 760 ℃时废气的体积流量:

$$(1\ 500 - 9.52 \times 45) \times \frac{(273 + 760)}{293} \approx 3\ 780 \ (m^3/h)$$

(7) 在燃烧炉内 760 ℃时废气与燃气的总体积流量:

$$1\ 666 + 3\ 780 \approx 5\ 450 \ (m^3/h) = 1.514 \ (m^3/s)$$

(8) 燃烧炉喉管直径(参阅图 3-11):

适用于废气与燃气火焰在喉管混合的流速为 5~8 m/s,此处取 7 m/s,喉管截面积为:

$$\frac{1.514}{7}=0.216 \text{ (m}^2\text{)}$$

所以，取喉管直径约为 525 mm。

（9）燃烧室直径：

燃烧室为提供适度湍流混合，以气流速度 3~5 m/s 为宜，此处取 4 m/s，燃烧室截面积为：

$$\frac{1.514}{4}\approx 0.379 \text{ (m}^2\text{)}$$

所以，取燃烧室直径约为 700 mm。

（10）燃烧室长度：

当气流速度为 4 m/s 时，为保证驻留时间不低于 0.5 s，燃烧室长度应不小于

$$L = 4 \times 0.5 = 2 \text{ (m)}$$

$$\frac{L}{D}=\frac{2\,000}{700}\approx 2.86$$

所以，在 2~6 之间是合适的。同时，还需在燃烧室的结构设计中考虑挡板等措施，以提供较充分的湍流混合条件。

四、热量回收利用

对于废气的燃烧净化，热量回收利用是一个重要的经济技术指标，在设计中应该充分考虑。热力燃烧更是如此，辅助燃料及废气中可燃物放出的热量要尽量加以回收利用。热量回收技术在燃烧净化技术的设计中是要同时解决的，主要途径有以下三种。

1. 热量回收

将热交换器与燃烧炉设计成为一体，通过气—气换热加热冷废气以节约燃料。通常采用列管式热交换器，用热净化气体加热冷废气，可以节省部分辅助燃料，典型的设计如图 3-14 所示。

2. 热净化气回收利用

很多废气来自烘烤设备，将燃烧反应后的热净化气体用于加热及烘烤设备中，如在烘箱、烤箱、烘干炉等设备中作为加热气体，以节约蒸气、电力等热能消耗。

3. 向废热利用设备供热

将热净化气体用于废热锅炉，以产生蒸气、热水，也可以加热油、融盐等热载体，可以节省工艺过程的能量消耗。

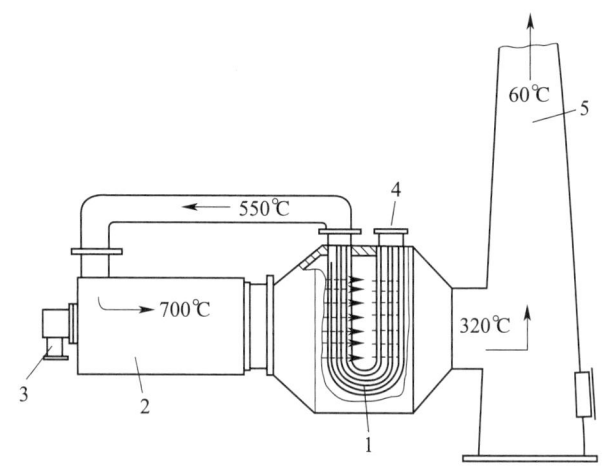

图 3-14 带有热量回收的热力燃烧炉
1—热量回收 2—废气燃烧室 3—辅助燃烧器 4—废气进口 5—烟囱排放

五、利用锅炉燃烧室进行热力燃烧

对于热力燃烧法的应用,还可以考虑利用锅炉燃烧室,或者现有生产用的加热炉来完成。锅炉燃烧室的条件非常接近于一个设计得很好的热力燃烧炉,它提供了合适的反应温度、驻留时间、湍流混合以及火焰接触的条件。大多数锅炉或加热炉的燃烧室温度都超过 1 000 ℃,燃烧室驻留时间在 0.5~3 s 之间。在这里有机蒸气、气体及烟雾都可显著地变成二氧化碳和水。特别是不像前述热力燃烧要消耗相当多的辅助燃料,锅炉与生产用炉的燃烧热量本身已有用处,也就不存在热量回收利用的问题,因此是一个十分经济有效的燃烧净化方法。

锅炉作为燃烧净化炉与热力燃烧炉比较,其优点是:

(1) 不需要大量设备投资。

(2) 锅炉起到供气与净化废气双重作用。

(3) 对于废气净化,不再需要辅以燃料或只需少量燃料。

(4) 操作维护费用也只用一份,而不是两份。

(5) 少数情况下如果废气有较大热值,还可节约燃料。

其缺点是:

(1) 如果废气流量相对较大,则锅炉所耗燃料将增加。

(2) 可能因锅炉的燃烧器、管子结垢,而增加维护费用。

(3) 为净化废气，无论蒸气需用情况如何，锅炉都需适当地烧着。

(4) 一般应有几台锅炉，其中一台备用。

(5) 废气流量大时，压力降增大。

采用锅炉燃烧室来燃烧净化空气中的可燃组分，应当考虑下述条件：

(1) 废气所含要净化的组分应当几乎全是可燃的。无机物的尘烟如果在锅炉内的传热面上沉积或污染，将造成锅炉效率降低和蒸发量的损失。

(2) 废气的流量不能太大，否则将造成热效率的降低，废气加入所增加的燃气流量也将使压力降增大。

(3) 废气中含氧量应与燃烧所用空气相当，以保证充分燃烧，不完全燃烧将形成焦油、树脂，以致弄脏锅炉传热表面。

(4) 在锅炉燃烧室内必须维持一个合适的火焰。最好有火焰调节装置以便燃烧净化废气的量最大，但是这点不易达到。

要燃烧净化的废气可以通过以下两种不同方式，引进锅炉的燃烧室。

1. 作为一次进风

通过燃烧器，将废气当作助燃用的空气。废气中的含氧量必须与空气相当，以保证燃烧良好。过量的不氧化气体如 CO_2、H_2O 与 N_2 可产生不良后果，使火焰跳动以致燃烧中断。通过燃烧器引进废气，应当促进良好的"火焰接触"，并提供合适的反应温度、驻留时间和湍流混合。如果废气中含有高湿或腐蚀性的气体或蒸气，则不应通过燃烧器引进废气，而应从锅炉燃气流的下流侧引进废气，即作为二次进风。

2. 作为二次进风

在锅炉燃气流的下流侧引进，将废气作为二次助燃空气，或称二次进风。废气应当小心地直接引进燃烧室，以保证良好的"火焰接触"。为输送废气进燃烧室，可用排风扇或蒸气喷射器，有时还需安装阻火器，以防止回火。当废气含有高湿时，在引进锅炉前应有冷凝器，否则废气作为二次进风直接引进燃烧室可能会导致锅炉效率降低，燃烧也可能不完全，某些燃烧不完全的有机物质和颗粒沉积在锅炉管子表面会降低热传递。所以除非废气不能通过燃烧器引进，否则一般不采取二次进风的方法来引进废气。废气引进方法与废气性质也会影响锅炉燃烧器的选择。当废气作为过量空气（二次进风）引进燃烧室的旁边或下方时，一般的燃料气或燃料油的燃烧器可以使用，而废气应当在燃烧器的一端引进燃烧室，以保证燃烧净化良好。当废气作为助燃空气（一次进风）引进燃烧器时，多烧嘴燃气器、压力燃气器或空气—油雾燃烧器等比较适用，而采用自然通风或负压通风较为适宜。正压送风容易引起燃烧器和风机的腐蚀和结垢,一般不宜采用。

安全问题与其他热力燃烧一样,需要特别注意,主要是防止回火和燃烧室爆炸。如果风道中有可燃有机物质沉积,则有引起水灾的危险。这些安全问题在设计和使用过程中应加以注意和解决。

第四节 催化燃烧原理

一、概述

催化技术在化学工业、石化工业、食品工业等行业得到广泛应用,在化学工业中催化过程占全部化学过程的 80% 以上。随着环境污染的加剧以及环境保护的要求,催化技术在废气净化工程中也得到广泛应用。

1. 环保催化剂的一般要求

由于环保工作任务的多样性和复杂性,要求催化剂具有以下特性。

(1) 极高的净化效率。有的废气有害组分含量为千分之几,净化后要达到 10^{-6} 级或 10^{-9} 级,这就要求催化剂具有很高的活性。所谓活性是指使反应物转化的能力,活性越高对反应物的转化能力越强。有人从起燃温度着手研究催化剂,降低起燃温度意味着催化剂要有更高的活性。

(2) 处理量大。例如,火力发电厂的大型锅炉,25 万 kW 的排气量为 70 万 m^3/h,60 万 kW 的排气量为 160 万 m^3/h。除要求催化剂活性高外,还要具有耐冲刷和压降低的特性。

(3) 抗毒能力强、化学稳定性高、选择性好。废气中常含有粉尘、重金属、含氮含硫化合物、硫酸雾、碳氢化合物等,催化剂要对污染物质的净化性能好,又要具有对催化剂毒物的抵抗能力。化学稳定性是指保持稳定的化学组成和化合状态,即催化剂中的活性组分的化合状态不能变。选择性是使反应物向特定方向转化的能力,要保证不生成其他产物。

(4) 高强度、高稳定性。高强度是指能经受震动、摩擦、冲击,能承受流体流量、温度的变化,在很宽的操作条件下仍具有高活性;高稳定性是指对于高温和气流冲刷的承受能力,不因受热而改变其物理化学性能,也不会造成催化剂颗粒的变形或催化剂床层的塌陷。

(5) 净化设备结构简单、投资低。净化设备结构简单可以方便用户的安装、使用、维修,净化设备的造价低而用户的投资也会相应降低,这也是必须考虑的问题。

(6) 不产生二次污染。要达到预期的深度净化，而不能产生有害的中间产物。

2. 成功应用的领域

环保催化剂在国内广泛应用已经 40 余年，曾在 20 世纪 80 年代受到重视和广泛研究。在环境保护领域，催化技术的应用主要集中在以下几个重要方面。

(1) 排烟脱硫。火力发电厂、冶金工厂、化工厂以及燃油燃煤的设备都排放出含硫气体。净化技术可以采用吸收、吸附等多种方法，催化技术应用如下：

催化脱硫工艺反应式为：

$$SO_2 + \frac{1}{2}O_2 \xrightarrow{\text{催化剂}} SO_3$$

生成的 SO_3 被水吸收生成硫酸：

$$SO_3 + H_2O \longrightarrow H_2SO_4$$

美国曾在 100 万 kW 的发电机组上安装催化氧化设备，使用钒催化剂把 SO_2 转化成 SO_3，然后在吸收器中生成硫酸。

活性炭除了能作为吸附剂外，在某些条件下还具有催化作用，用活性炭脱硫的过程如下：

$$SO_2 + \frac{1}{2}O_2 + H_2O \xrightarrow{\text{活性炭}} H_2SO_4$$

SO_2 吸附时被催化成 SO_3，与水接触后生成硫酸，质量分数为 10%～20%，该方法在欧洲得到应用。

(2) 固定发生源烃类净化催化剂。主要指各类工厂排放的气体含碳氢化合物，通常含有恶臭和刺激性，在一定条件下与氮氧化物在大气中发生光化学反应，严重时发生光化学烟雾，对人、农作物及动物危害很大。著名的美国洛杉矶烟雾事件就属于这类污染，光化学烟雾对人和其他生物的影响见表 3-9。

表 3-9　　　　　　　　　光化学烟雾对人和其他生物的影响

空气中臭氧体积分数（$\times 10^{-6}$）	影响
0.02	在 5 min 内，10 人中至少有 9 人会觉察到
0.03	在 8 h 内，敏感性高的作物和树木受损害
0.08～1.3	在 3 h 内，老鼠对细菌感染抵抗能力降低
0.2～0.3	肺机能降低，胸部有紧缩感

续表

空气中臭氧体积分数($\times 10^{-6}$)	影　响
0.1~1.0	1 h 内，呼吸紧张
0.2~0.5	3~6 h 内，视力降低
1~2	2 h 内，头痛、胸痛、慢性中毒、肺活量减小
5~10	全身疼痛，开始出现麻痹症，并得肺水肿病
15~20	2 h 内，小动物即死亡
50	在 1 h 内，人可能死亡

本章讲授的催化燃烧技术主要是针对碳氢化合物这类问题，所采用的催化剂对烃类分子应起到完全的破坏作用，只生成 CO_2 和 H_2O，所谓的完全氧化催化剂应当具备这种功能。

对于具有不同分子结构的烃类完全氧化反应，其催化剂的反应活性也是不同的，在相同的条件下，所有的各种烃类完全燃烧速度，可排成下列顺序：

烯烃 > 正烷烃 > 有支链的烷烃 > 芳烃；

在同类烃中，又可排成下列次序：$C_n > C_{n-1} > \cdots C_3 > C_2 > C_1$。

同一种催化剂，对上述不同的烃类而言，完全燃烧的温度也是不一样的。铂是最活泼的催化剂，甚至可以在低于 100 ℃ 时能使烃类完全氧化。金属氧化物及其化合物（尖晶石），在较高的温度下（200~400 ℃）也能使烃类氧化。在这些催化剂中加入添加剂，能大幅度提高催化剂的活性，降低烃类完全氧化为二氧化碳和水的温度。在环境保护中要求尽可能降低过程的温度。对于某些过程，温度要求不超过 150 ℃。因此，必须在催化剂中加入能提高催化剂活性而降低燃烧温度的杂质。例如，在氧化铜中加入氧化锂、氧化钡，在尖晶石中加入氧化钛和氧化铜等。

在制备烃类完全氧化催化剂时，要最大限度地使催化剂的比表面积增大。因此，通常都是把金属或金属氧化物载在具有大比表面积的载体上（如硅胶、氧化铝等）。

实际采用的催化活性组分是铂、钯、铑等贵金属和氧化铜、氧化铬、三氧化二锰、稀土类氧化物等多组分物质。催化剂载体通常是氧化铝。

（3）氮氧化物催化剂。大气中氮氧化物包括 NO_2、NO、N_2O、N_2O_3、N_2O_4、N_2O_5 等多种形式，其中 NO_2 毒性最强，NO 和 NO_2 通常以 NO_x 表示。NO_x 主要来源于煤、重油、汽油等的高温燃烧过程。空气中含有 N_2 和 O_2，在燃烧过程中生成氮的氧化物是化学平衡所不可避免的。由于燃烧条件不同，其含量（体积分数）可以有很大差别。一般在固定燃烧源的排气中含有 NO_x 0.02%～0.05%，SO_2 0.01%～0.02%，CO_2 0%～3%，O_2 1%～5%，H_2O 10%～13%，CO_2 8%～10%，其余为 N_2。不少化工厂排放的废气中也含有 NO_x，例如硝酸厂的尾气中一般含 0.2%～0.5%，但在 NO_x 的排放总量中，主要还是来自燃烧。二氧化氮本身就是一种有害气体，它与烃类作用，还可能发生光化学反应，生成醛类、臭氧和 PAN 类（氧化酰基硝酸酯）等有害物质，严重时形成光化学烟雾。

用于 NO_x 净化的催化剂，在环境保护方面主要有还原催化剂、氧化催化剂、分解催化剂和与 SO_2 同时还原的催化剂。

1）还原催化剂。选择适当的催化剂，用氢、一氧化碳、各种碳氢化合物、氨和硫化氢等作还原剂，可以将 NO_x 还原为无害的氮。由于在各种来源的排气中常含有氧、二氧化硫和水蒸气，根据所用还原气体和温度的不同，可将催化剂分为两类，一类是能将 NO_x 和氧、二氧化硫同时除去的非选择性的还原催化剂，另一类是可将 NO_x 优先还原的选择性的还原催化剂。

2）分解催化剂。如果能找到一种催化剂，直接将废气中的 NO 分解为 N_2 和 O_2，那将是最好的，分解反应如下：

$$NO \longrightarrow \frac{1}{2}N_2 + \frac{1}{2}O_2 + 90.4 \text{ kJ}$$

在热力学上，该反应在低温下是十分可能的。曾有人试验过许多氧化物，其活性都很低，甚至在 1 000 ℃ 时分解速度仍很慢，而且水蒸气的影响也很大。

3）氧化催化剂。对于气相氧化的催化剂，从热力学上看，由 NO 氧化到 NO_2，温度越低越有利。但是在低温下曾试验过的催化剂，活性都很低，特别是对低浓度 NO 的氧化速度很慢。有人在用金属或金属氧化物研究 NO 的氧化或 NO 与 SO_2 同时氧化的催化剂，如贵金属和 Co、Mn、Fe、Cr、Ni 等金属氧化物等。

4）NO_x 与 SO_2 同时除去的催化剂。用煤或重油为燃料时，在燃烧排烟中常常同时含有 NO_x 与 SO_2，有必要同时除去这两种有害物质。以 CO 为还原剂，$CuO-Al_2O_3$ 为催化剂，在 538 ℃ 和空速 10 000 h^{-1}，用气相催化还原法同时除去 NO_x 和 SO_2，反应如下：

$$CO + NO \longrightarrow \frac{1}{2}N_2 + CO_2$$
$$2CO + SO_2 \longrightarrow S + 2CO_2$$
$$NO_2 + CO \longrightarrow NO + CO_2$$

（4）恶臭物质净化催化剂。恶臭物质是各种各样的，在已知的有机化合物中，其中约有 40 万种是臭味的物质，主要有含硫化合物、含氮化合物、烃类、有机溶剂、醛类和脂肪酸类等。这些恶臭物质可以来自许多方面，如化工厂、石油加工厂、制药厂、鱼类加工厂、食品厂、各种涂料使用工厂以及下水处理厂等。这些恶臭物质对人的嗅觉限值（体积分数）通常都是非常低的，如氨为 $(0.07 \sim 1.7) \times 10^{-6}$；苯为 $(0.04 \sim 1.5) \times 10^{-6}$；硫化氢为 $(0.005 \sim 1) \times 10^{-6}$；甲基硫醇为 $(0.0001 \sim 1) \times 10^{-6}$；丙烯醛为 $(1 \sim 2) \times 10^{-6}$；胆汁二烯为 3.2×10^{-10}。这就是说，被处理恶臭物质的浓度一般为 10^{-6} 和 10^{-9} 级，用一般的处理方法难以达到所需要的净化程度。在众多处理方法中，催化燃烧法与热力燃烧法、吸附法相比，有许多优点。

处理臭气的催化剂和烃类完全氧化催化剂基本上相同，有以氧化铝为载体的贵金属 Pt 和 Pd 的催化剂，以及以氧化铜和 CO_3O_4、MnO_2、NiO 和 V_2O_5 等为主的氧化物催化剂，催化剂的形状有球形、网状、蜂窝状等。曾报道，载有 0.2% Pt 的氧化铝催化剂，在空速 20 000 ~ 40 000 h^{-1} 和 500 ℃ 以下，可将大多数有机化合物脱臭净化到 1×10^{-6} 以下。在没有催化毒物的情况下这种催化剂的寿命为 2~3 年。

（5）汽车排气净化催化剂。汽车尾气对大气的污染已经成为重要的环境问题。汽车排气中主要含有 HC、CO、NO_2 和铅等有害物质，这些物质是污染城市空气的重要成分，也是形成光化学烟雾的主要因素。解决汽车尾气对大气的污染问题，可从两方面进行工作，一方面是改进内燃机的结构和燃烧方式，使燃料在最有利的条件下燃烧，减少有害物质的排放；另一方面是用催化剂将排气中的有害物质除去。

用于汽车尾气净化的催化剂，要在汽车发动机的特殊工作条件下发挥作用，所以要求催化剂具有下列性能：

1）适于在发动机旁安装。
2）适用于经常的、大幅度的气体流量、组成和温度的变化。
3）具有足够的机械强度，以防汽车在行驶震动和催化剂忽冷忽热时而破碎。
4）同时具有在高温（800~1 000 ℃）和低温（150~200 ℃）时的足够活性。
5）活性要高，用量要少，因而反应器的体积小、质量小、方便安装。
6）具有合适的孔隙结构和颗粒结构，以使气流通过时的阻力最小。
7）希望在除去尾气中的烃类和一氧化碳时，也能同时除去 NO_x。

上述条件有不少是互相制约的，要同时满足这些条件，就需要进行大量的实验和研究工作，因此有些进口车辆的催化剂相当昂贵。

汽车排气中各种烃类和一氧化碳可用催化燃烧的方法除去，而 NO_x 只能用催化还原或分解为氮和氧的方法除去。因此在排气中存在着未反应氧的情况下，这三类有害物质的去除，属于两种类型的反应，故称两段式转化方法；针对三类有害物质，又叫作三元催化剂。所以要用氧化和还原两种催化剂分别在不同的反应条件下进行处理，当然能找到合适的催化剂，一次处理则更好。

1）烃类和一氧化碳完全氧化催化剂。这类催化剂与烃类净化催化剂相似，即贵金属和非贵金属氧化物或其尖晶石类催化剂。对于甲烷氧化活性顺序如下：

$Pd > Pt > Co_3O_4 > PdO > Cr_2O_3 > Mn_2O_3 > CuO > CeO_2 > Fe_2O_3 > V_2O_5 > NiO > Mo_2O_3 > TiO_2$。

对于其他碳氢化合物和一氧化碳的完全氧化反应，也存在着大体类似的顺序。实际使用的催化剂通常都是多组分的，如美国某公司制造、牌号为 Aero-Ban 的催化剂，其组成和物性见表 3-10。

表 3-10　　　　　　　　汽车排气催化剂的组成和性质

V_2O_5	4~7
CuO	3~7
Pd	0.01~0.015
SiO_2	5
Al_2O_3	平衡
比表面积，m^2/g	146
孔体积，cm^3/g	0.72
堆积密度，g/mL	0.65
颗粒直径，cm	0.15
颗粒长度，cm	0.28

用贵金属活性组分涂布的陶瓷蜂窝状载体有许多优点：结实、耐振、强度大、耐热性好和气流阻力小，但比表面积不高，活性低。例如，用高比表面积物质（如氧化铝），在陶瓷载体表面上涂布一层，然后用浸渍法将活性物质载于氧化铝的表面上（包括内表面），会大大提高催化剂的活性。

2）NO_x 还原催化剂。汽车排气中的 NO_x 除用催化剂还原为 N_2 和 CO_2 或 H_2O 外，不宜用其他方法脱去。由于排气中共存着 NO_x、烃类和 CO，故可利用气体本身含有还原性气体 CO 来还原 NO_x。前述的有载体的贵金属催化剂、金属氧化物催化剂和合金催化剂都是有效的。铂—铑蜂窝状载体催化剂低温活性高，耐热性好。也有人建议用钌或铱催化剂，这种催化剂中含钌或铱为 0.01%，其余为 Al_2O_3。

金属氧化物催化剂多由氧化铜、氧化铁、三氧化二铬、三氧化二锰等两种以上的氧化物载于载体上制成。铅对 Cu-Al$_2$O$_3$ 催化剂起促进作用，增加选择性。铜合金催化剂也引起人们的重视，这类催化剂统称为蒙乃尔合金催化剂。据报道，当空速为 150 000 h^{-1}、温度高于 700 ℃ 时，有的催化剂可除去 90% 以上的与水蒸气共存的 NO$_x$，但这类催化剂在使用中存在增加压力降和生成氨的问题。

有载体的 Cu-Ni 催化剂，可在很宽的温度范围内有效地脱除 NO$_x$ 而不生成氨。日本学者提出的 Cu-Ni 系催化剂，在 600 ℃ 可净化排气中 98% 的 NO$_x$，同时能净化相当量的 CO 和烃类，也可用于加铅汽油。也有人在研制以钴的氧化物为主的多组分催化剂，同时除去排气中的 HC、CO 和 NO$_x$。

二、催化燃烧原理

1. 催化燃烧原理

催化燃烧是用催化剂使废气中可燃物质在较低温度下氧化分解的净化方法。对于碳氢化合物，一般是被氧化成 CO$_2$ 和 H$_2$O，而且放出与热力燃烧相同的热量。催化燃烧，也要先将废气预热混合均匀，以达到催化氧化反应所需的温度，然后通过催化剂床层，使废气中的可燃组分发生氧化放热反应，流程如图 3-15 所示。催化剂床层一般是将铂（Pt）或钯（Pd）涂布于金属或陶瓷载体上，外形可做成筛网状、棒状、球丸状或蜂窝状。使用金属载体的称为全金属型催化剂。使用陶瓷载体的称为铂—氧化铝型或钯—氧化铝型催化剂。催化剂的载体起承载催化剂的活性组分的作用，并提供巨大的内表面积和微孔结构，促进废气与催化剂的有效接触，对催化剂的性能有较大的影响。由于催化剂的作用，催化燃烧使可燃物质在较低的温度下就可氧化成 CO$_2$ 和 H$_2$O，比热力燃烧法节省约 40%~60% 的燃料。但是催化剂床层的定期清理及更换催化剂则要投入一定的费用。

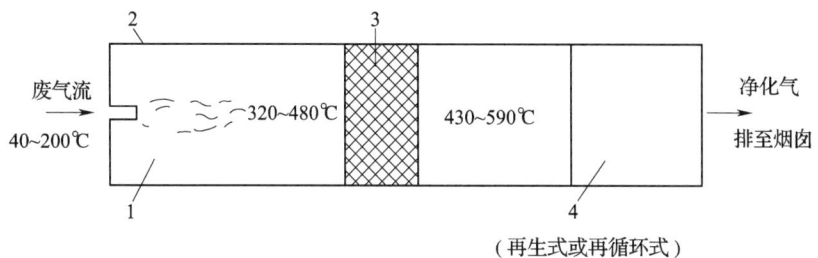

图 3-15 催化燃烧流程
1—预热混合室　2—预热器　3—催化剂床层　4—热量回收

2. 催化氧化的转化率与驻留时间

(1) 催化氧化的转化率。这里的转化率可以理解为净化效率。碳氢化合物的催化氧化受多种因素的影响,包括催化剂(类型、数量、活性)、操作温度、可燃组分化学组成及浓度、废气通过催化剂床层的速度等。催化燃烧炉所需催化剂数量的多少,主要取决于废气中有害组分要求的净化效率,而不是最后净化气中有害组分的浓度。具体地说,如果要求净化效率为90%~95%,可以用适当体积的催化剂来实现,但若达到更高的转化率如98%,将需要体积大得多的催化剂,致使催化燃烧的操作费用增加。

实验表明,催化剂床层中任何一点的氧化反应均为一级反应,即该点的氧化速率与该点浓度成正比。以微分式表示如下:

$$-\frac{dc}{d\tau} = K_{效} \cdot c \tag{3-5}$$

式中 c——可燃组分浓度;

τ——废气在催化剂床层的驻留时间;

$-\dfrac{dc}{d\tau}$——该点可燃组分浓度降低速率,即氧化速度;

$K_{效}$——氧化反应的有效速率常数。

将式(3-5)变数分离,两边积分可得:

$$-\int \frac{dc}{c} = K_{效} \int d\tau$$

$$-\ln c = K_{效} \cdot \tau + 常数 \tag{3-6}$$

应用初始条件 $\tau = 0$ 时,$c = c_{初}$,可定出常数项为 $-\ln c_{初}$,即:

$$-\ln c = K_{效} \cdot \tau - \ln c_{初}$$

设废气通过整个催化剂床层,经历驻留时间 τ 后的终浓度为 $c_{终}$,催化氧化的转化率为 $f_{催}$,则有:

$$-\ln c_{终} = K_{效} \cdot \tau - \ln c_{初}$$
$$c_{终} = (1 - f_{催}) c_{初} \tag{3-7}$$
$$-\ln(1 - f_{催}) = K_{效} \cdot \tau$$

变成指数形式后:

$$f_{催} = 1 - e^{-K_{效} \cdot \tau} \tag{3-8}$$

式中 $f_{催}$——可燃组分通过催化剂床层的转化率;

$K_{效}$——可燃组分氧化有效速率常数,s^{-1};

τ——废气通过催化剂床层的驻留时间,s。

如果经过预热后的废气中含氧量超过可燃组分氧化所需的2%以上,则氧化速率不依赖于废气中氧的浓度。按上式推导,氧化转化率可以考虑为以下两个因素的乘积所决定:一是废气通过催化剂床层的驻留时间τ,或是单位时间内通过单位体积废气所用的催化剂数量;二是氧化过程的有效速率系数$K_{效}$。

按照式(3-8),在给定$K_{效}$值的条件下,要使转化率从68%提高到90%,需要增加1倍的催化剂体积,如果再从90%转化率提高到99%,则需要再增加1倍催化剂的体积。因此,对于催化燃烧,要求过高的转化率是不经济的。

(2)驻留时间。在催化剂研究中,τ称为驻留时间或接触时间,指反应气体通过催化剂床层中自由空间所需要的时间。接触时间越短,表示同样体积的催化剂处理的废气越多,所以它是表示催化剂处理能力的参数之一,

$$\tau = \frac{V_{催}}{V_{气}} \cdot \varepsilon \ (\text{s})$$

式中 $V_{催}$——催化剂床层的体积,m^3;

$V_{气}$——废气的体积流量,m^3/s;

ε——催化剂床层的空隙率,m^3/m^3。

由此,式(3-7)和式(3-8)可以写成如下形式:

$$-\ln(1-f_{催}) = K_{效} \cdot \frac{V_{催}}{V_{气}} \cdot \varepsilon \qquad (3-9)$$

及

$$f_{催} = 1 - e^{-K_{效} \cdot \frac{V_{催}}{V_{气}} \cdot \varepsilon} \qquad (3-10)$$

还有一个反映催化剂处理能力的参数,称为空间速度v_s(space velocity),通常以每单位体积催化剂、每小时通过的气体体积(换算至标准状态)计算,

$$v_s = \frac{废气的体积流量,m^3/h}{催化剂体积,m^3} \ (h^{-1})$$

空间速度值越高,表示催化剂的处理能力越大。

还有一个概念是线速度,指反应气体在反应条件下通过催化剂床层自由截面积的速率,

$$线速度 = \frac{反应条件下气流的体积流速,m^3/s}{床层截面积 \times 空隙率,m^2} \ (m/s)$$

以上几个参数以空间速度应用较方便,许多催化剂都给出这样的数据,当处理量确定后可根据空间速度的数据决定催化剂的用量。例如,某催化剂对含苯废气的

空间速度为 20 000 h^{-1}，进气量为 15 000 m^3/h，求催化剂体积，

$$V_{催} = \frac{15\ 000}{20\ 000} = 0.75\ (m^3)$$

要注意的是，有的厂家提供的空间速度数据是在操作条件下得出的，使用时要做出选择判断。

3. 有效速率常数 $K_{效}$ 的经验数据

（1）催化过程机理。工业上使用的固体催化剂，绝大多数是多孔的颗粒状，并具有较大的比表面积，从几平方米到几百平方米。很明显，催化剂颗粒的外表面积与颗粒的内表面积比起来是微不足道的。催化剂的全部表面积，都具有同样的催化反应的能力，这意味着反应几乎全部是在内表面上进行的。因此要充分发挥颗粒内部表面的作用，就必须了解反应气体分子进入颗粒内部，并在哪里进行反应，以及最后扩散出来的机理。在固体催化剂上进行的物理和化学过程如图3-16所示。

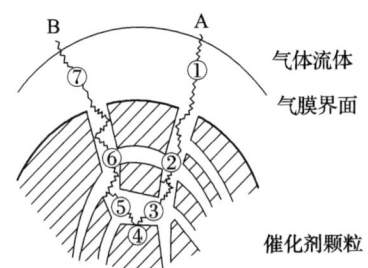

图3-16 在固体催化剂上进行的物理和化学过程

整个过程由七个阶段组成：
①反应物自气流向固体界面内扩散。
②反应物在催化剂孔内的扩散。
③反应物在催化剂内表面上的吸附。
④反应物在催化剂内表面上进行反应。
⑤生成物在催化剂内表面上的脱附。
⑥生成物在催化剂孔内扩散。
⑦生成物从固体—气流界面向气流的扩散。

在上述七个阶段中，①和⑦两个阶段是反应物和生成物在催化剂颗粒外进行的扩散过程，这个区域叫作外扩散区；②和⑥两个阶段是在催化剂颗粒内部进行的扩散过程，这个区域叫作内扩散区；③、④和⑤三个阶段是在催化剂内表面上进行的

化学过程,这个过程仅仅与催化剂的本性和反应温度有关,这个区域叫作化学动力学区。

对一个化学反应来说,如果反应物分子能及时地传递到催化剂内孔的纵深处,在纵深处的浓度等于颗粒外表面和气流中的浓度时,那么反应在化学动力区进行。如果反应物在催化剂外表面的浓度等于气流中的浓度,但大于孔内纵深处的浓度,这时催化剂一部分内表面没有被充分地利用,而化学反应的速度就决定于反应物向内部扩散的速度。当反应物在催化剂外表面的浓度小于气流中的浓度,并且在孔的纵深处趋于零时,则化学反应仅在催化剂的外表面上进行,其速度由外扩散速度决定,这时意味着催化剂的利用很不好,只有它的外表面被利用。

对某一化学反应来说,反应究竟在上述三个区域中哪一个区域内进行,取决于许多因素,除反应温度、压力、反应物的浓度和空间速度外,还取决于催化剂的活性、颗粒大小、孔径和孔径分布。上述过程分析在催化剂研究中是很重要的,找出控制因素并加以改善,以寻求更高的反应速率。

(2) 催化转化的有效速率常数。有效速率常数直接取决于操作条件,图 3-17 所示是典型的操作温度通过有效速率常数而影响转化率的曲线。整个氧化过程包括许多复杂的连续步骤,但为了便于观察操作参数的影响,我们可以把它归结为两个不同因素占优势的过程:1) 在催化剂表面发生的化学反应过程,温度对化学反应速率的影响十分显著;2) 质量传递过程,被氧化物质从废气中传质到催化剂表面上,同样,氧化后的生成物(CO_2 和 H_2O)要从催化剂表面传质回到废气流中去。这样的传质过程,其速率相对地受温度影响较小,主要受催化剂床层结构和操作条件的影响,特别是受通过床层的废气流速的影响。化学反应和质量传递两个过程是连续、交叉的。在温度较低的情况下,化学反应速率大大低于传质速率,所以化学反应速率为整个氧化速率的控制步骤,如图 3-17 中曲线 A-B 段所示范围。在图示的 C-D 段,即当温度较高时,化学反应速率高于传质速率,于是整个氧化速率就为传质速率所限制和控制,两个过程的速率常数及整个氧化过程的有效速度常数随温度变化,图 3-17 的转化率及温度的数值是具有代表性的。

在不同催化剂类型及设计条件下,转化的性质是一样的,只是数值不同,因而温度范围及化学控制向传质控制过渡的转移区也是不同的。通常设计所选用的操作条件应选在类似图 3-17 曲线上 C 点的附近,这样的操作点(温度)可最大限度地利用预热升温对转化率的提高,而使用最小体积的催化剂。此时,由于已开始进入主要由传质速率控制的区域,所以温度的变化对整个氧化速率的影响不明显。由此可见,对于这样设计的催化燃烧系统,再要提高转化率就不能靠提高操作温度,而要增加催化剂数量。

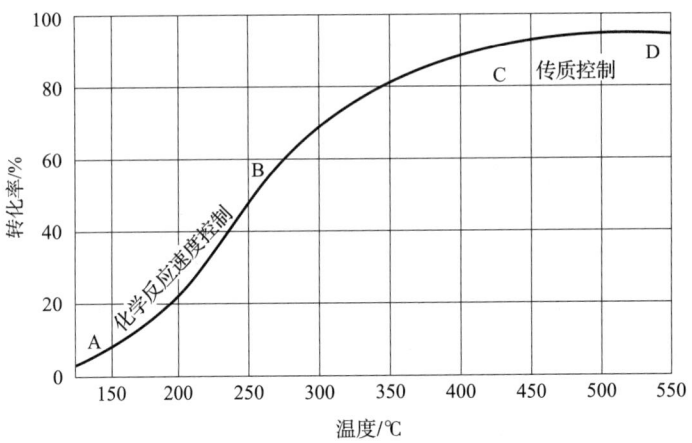

图 3-17　操作温度对催化剂床层转化率的影响

有效速率常数可以用式（3-11）表示：

$$\frac{1}{K_{效}} = \frac{1}{k_{化}} + \frac{1}{k_{质}} \tag{3-11}$$

式中　$K_{效}$——催化剂床层的有效速率系数；
　　　$k_{化}$——化学反应速率系数；
　　　$k_{质}$——传质速率系数。

化学反应速率系数 $k_{化}$，取决于催化剂多孔薄层中活性金属的微孔结构、化学组成及碳氢种类，并强烈地依赖于温度。传质速率系数 $k_{质}$，取决于催化剂的几何形状与废气的流体力学状态，相对地不取决于温度与碳氢种类及性质。所以高温 $k_{化}$ 值很大时，$K_{效}$ 值以 $k_{质}$ 值为极限；反之温度不高时，$K_{效}$ 取决于 $k_{化}$ 值，即 $K_{效}$ 总是接近 $k_{化}$、$k_{质}$ 中较小的一个数值。因此，在整理实测数据时，把低温测得的 $K_{效}$ 值视作 $k_{化}$ 来整理；而把足够高温条件下测得的 $K_{效}$ 值，视作 $k_{质}$ 来整理。$k_{化}$ 值可以用著名的阿伦尼乌斯（Arrhenius）方程式来表示：

$$k_{化} = A\exp(-E/RT) \tag{3-12}$$

或

$$k_{化} = A\,e^{-\frac{E}{RT}}$$

式中　A——依赖于碳氢种类与催化剂类型的常数，称频率因子；
　　　E——活化能；
　　　R——气体常数；

T——催化剂表面热力学温度；

$e^{-\frac{E}{RT}}$——系统中分子能量超过 E 的摩尔分数，数值越大反应速率越高，由于 $e^{-\frac{E}{RT}} = \frac{1}{e^{\frac{E}{RT}}}$，催化剂的作用是降低活化能使 E 值减小，其结果是该项数值增大，化学反应速率随之提高。

$k'_\text{质}$值则可以用准数方程式对实测数据加以整理后求取。

$$Sh = \frac{k'_\text{质} \cdot L}{D} = B \cdot Re^m \cdot Sc^n \tag{3-13}$$

式中 B，m，n——实测确定的常数；

Sh——舍伍德（Sherwood）数，也称努塞尔数（Nu）；

Re——雷诺（Reynolds）数，$Re = \frac{W_\text{隙} \cdot L}{\nu}$；

Sc——施密特（Schmidt）数，也称普朗特扩散准数（Pr），$Sc = \frac{\nu}{D}$；

$k'_\text{质}$——传质速率系数；

L——催化剂床层的定性长度，此处用蜂窝眼的孔径，或球、丸、丝的有效直径；

D——气体的扩散系数；

$W_\text{隙}$——废气通过催化剂隙缝的实际风速，等于表面风速 W（体积流量/截面积）除以空隙率 ε 的数值；

ν——气体的动力黏度。

将国外的一些数据列于表 3-11 和表 3-12 中。

$$k'_\text{化} = A\exp\left[\frac{E}{R}\left(\frac{1}{T_\text{参考}} - \frac{1}{T_\text{表面}}\right)\right]$$

表 3-11　　　　　催化剂的化学速率常数

组分	A（m/s）（$k'_\text{化}$在$T_\text{参考}$时）	E（J/mol）	$\frac{E}{R}$（K）
氧化铝本底催化剂			
H_2	2.44	33 496	4 029
CO	0.137	46 057	5 340
溶剂 HC	0.03~0.06	46 057	5 340
CH_4	1.524×10^{-3}	62 805	7 554

续表

组分	A (m/s) ($k'_{化}$在$T_{参考}$时)	E (J/mol)	$\dfrac{E}{R}$ (K)
金属本底催化剂			
甲苯	0.06	62 805	7 554
二甲苯	0.09	62 805	7 554
甲乙酮	0.009	62 805	7 554
正庚烷	1.524×10^{-3}	62 805	7 554

注：① 式 (3-11)、(3-12) 的速率系数 $k_{质}$ 值均较此处 $k'_{质}$ 值多一个几何比表面积的因子 S/V，$k_{质} = k'_{质} \cdot \dfrac{S}{V}$，$k_{质}$ 的单位为 s^{-1}，$k'_{质}$ 的单位为 m/s。同样，$k_{化} = k'_{化} \cdot \dfrac{S}{V}$。

② 本表中 $T_{参考} = 561$ K。

表 3-12 催化剂床层的几何特性与传热传质准数方程式

催化剂类型	几何比表面积 S/V (m^{-1})	空隙率 ε	定性长度 L (m)	一层孔眼长度 X (m)	努塞尔数 Nu、舍伍德数 Sh、摩擦阻力系数 λ
Torvex2B 3.175 mm 六角眼蜂窝陶瓷体	880.0	0.61	2.77×10^{-3}	0.025 4	$Nu = 3.66 \left(1 + 0.095 Re \cdot Pr \cdot \dfrac{L}{X}\right)^{0.45}$ $Sh = 3.66 \left(1 + 0.095 Re \cdot Sc \cdot \dfrac{L}{X}\right)^{0.45}$ $\lambda = \dfrac{64}{Re}\left(1 + 0.044\,5 Re \cdot \dfrac{L}{X}\right)^{0.5}$
Thermocomb 32 眼/dm 三角眼蜂窝陶瓷体	2 281.5	0.60	1.05×10^{-3}	正常时 $0.05 \sim 0.10$	$Nu = 2.35 \left(1 + 0.095 Re \cdot Pr \cdot \dfrac{L}{X}\right)^{0.45}$ $Sh = 2.35 \left(1 + 0.095 Re \cdot Sc \cdot \dfrac{L}{X}\right)^{0.45}$ $\lambda = \dfrac{53.3}{Re}\left(1 + 0.044\,5 Re \cdot \dfrac{L}{X}\right)^{0.5}$
Oxycat 陶瓷棒嵌砖（71 根）长 140 mm × 宽 81 mm × 深 76 mm	118.0	0.515	4.05×10^{-3}	—	$Nu = 0.51 Re^{0.56} Pr^{0.333}$ $Sh = 0.51 Re^{0.56} Sc^{0.333}$ $\lambda = \dfrac{0.50}{Re^{0.15}}$
金属带（片）"D"系列	1 103.0	0.93	1.22×10^{-3}		$Nu = 0.55 Re^{0.5} Pr^{0.333}$ $Sh = 0.55 Re^{0.5} Sc^{0.333}$ $\lambda = \dfrac{(1-\varepsilon)}{\varepsilon} \times \left[5.2 + 3\,600 \dfrac{(1-\varepsilon)}{Re}\right]$ $\Delta P = \int_0^z \dfrac{\rho W^2}{2\varepsilon^2} \cdot \dfrac{\lambda}{L} dz + 2.1 \dfrac{\rho W^2}{2}$

续表

催化剂类型	几何比表面积 S/V（m^{-1}）	空隙率 ε	定性长度 L（m）	一层孔眼长度 X（m）	努塞尔数 Nu、舍伍德数 Sh、摩擦阻力系数 λ
球形小体	$\dfrac{19.69(1-\varepsilon)}{d}$	正常时 0.35～0.4	d	—	$Nu = 2.42Re^{1/3} \cdot Pr^{1/3} + 0.129Re^{0.8} \cdot Pr^{0.4} + 1.4Re^{0.2}$ $Sh = 2.42Re^{1/3} \cdot Sc^{1/3} + 0.129Re^{0.8} \cdot Sc^{0.4} + 1.4Re^{0.2}$ $\lambda = \dfrac{(1-\varepsilon)}{\varepsilon}\left[3.5 + 300\dfrac{(1-\varepsilon)}{Re}\right]$

注：① $Nu = \dfrac{aL}{\lambda_g}$，努塞尔数，其中 a 为气—固给热系数，λ_g 为气体热传导系数，L 为定性长度。

② $Sh = \dfrac{k'_{\text{质}}L}{D}$，舍伍德数，其中，$k'_{\text{质}}$ 比 $k_{\text{质}}$ 少一个 S/V 因子，即 $k_{\text{质}} = k'_{\text{质}} \cdot \dfrac{S}{V}$（参见表3-11注）。

③ $Re = \dfrac{W_{\text{隙}} \cdot L}{\nu}$，雷诺数，其中 $W_{\text{隙}}$ 为隙缝实际风速，$W_{\text{隙}} = \dfrac{W}{\varepsilon}$。但在陶瓷棒嵌砖的方程式中，$W_{\text{隙}}$ 应是最小流过截面的实际风速，不用平均空隙率 ε；对于球形小体则用 W 代替 $W_{\text{隙}}$。

三、催化燃烧的影响因素

影响催化燃烧装置效果的因素很多，主要有催化剂的性能（包括催化剂的活性、选择性、寿命及其孔结构）、废气的成分、浓度及温度、驻留时间（空速）等。

1. 催化剂性能的影响

催化剂的性能是决定催化燃烧装置性能的重要因素，催化剂的催化氧化活性越高，废气的转化率也就越高，其所能处理的废气量就越大，催化燃烧装置的体积则可以相应地缩小，从而降低投资和操作费用。因此，在设计催化燃烧装置时，首先必须针对所要处理的废气成分选择最有效的催化剂。选择的依据就是要考察催化剂对废气中组分的氧化活性及其本身寿命，因此催化剂的寿命是选择催化剂的重要指标之一。同样，催化剂的孔结构对其性能有着重要的影响，合理的孔结构对于充分发挥催化剂的活性，提高净化效率是十分重要的。即使是正常操作，随着时间的推移，催化剂的催化活性将逐渐下降，催化燃烧炉的效能也将降低，这时必须通过改变操作条件或进行维护来加以补偿，方法是：

（1）按燃烧炉效能要求，开始时就过量设计所需的催化剂数量。

（2）提高预热温度，以加速氧化反应的进行，达到提高转化率的目的。

（3）清扫催化剂表面，或将催化剂进行活化处理，以提高其活性。

(4) 更换新的催化剂。

具体采用什么方法要根据催化剂钝化的原因和性质而定。

催化剂钝化主要有以下三种情况。

(1) 因长期受热而钝化。即使没有其他因素的影响，催化剂的寿命也是有限的。随着热年龄的增长（活性金属微晶与细孔氧化铝载体的微孔结构发生变化——被烧结），床层中催化剂的活性外衣有些已被剥蚀、消耗和蒸发。若操作温度适当并控制得比较稳定，钝化过程一般是较缓的，催化剂的正常效能可维持 3~5 年，若操作温度较高或温度变化显著，就会加速钝化过程。例如对于 Pt/Al_2O_3 催化剂，当操作温度在 590 ℃ 左右时，其寿命可达 3~5 年；若温度升至 677~704 ℃ 时，则有效使用寿命下降到 1 年左右；倘若在更高的温度下操作（760~816 ℃），其活性将在很短的时间内急剧下降，并接近于完全失效。对于以金属为载体的催化剂，通常最高工作温度不应高于 800 ℃ 左右。所以，催化燃烧炉应设置有热电偶及控温装置，并且在生产过程中也要防止可燃组分浓度突然增大的情况。

图 3-18 所示是新鲜催化剂与损失 50% 化学活性的催化剂的效能比较，在化学反应速率控制的低温范围内，活性损失的影响是比较明显的；但在较高温度时，氧化转化速率为气—固传质速率所控制时，活性损失的影响就减少了。从图 3-18 中可以看出，当设计操作点为 90% 转化率及预热温度 343 ℃ 时，如果催化剂活性损失一半，则将在同样的预热温度下，使转化率减少至 85%；要想使转化率达到 90%，预热温度应提高到 439 ℃。但长此以往，将使操作费用增加，同时燃料消耗过大，在经济上是不合算的。

(2) 催化剂表面被颗粒物质或积炭所遮盖。催化剂活性降低的第二大原因是表面遮盖或污塞。这种表面遮盖可以是凝结的有机物质（如稠环芳烃等），或者未燃烧完全而产生的炭粒，或者一薄层无机物颗粒。表面遮盖妨碍了气相组分与催化剂表面的接触，增加了传质阻力。其催化效能的降低，至少是在高温范围与图 3-18 中部分几何表面无活性的曲线相似。对于这种类型的活性衰退，不能用提高预热温度的方法来补偿。定期清洁催化剂通常可使因表面遮盖而丧失的活性恢复 90%。

不同的催化剂类型，不同的应用及设备结构，其清洁的方法及时间间隔是不同的。对于日常维护来说，每 3~6 个月应清洁一次。对于有机的表面遮盖物质，可以将预热温度逐步提高至 540~590 ℃、时间为 2~3 h，以便将这些物质烧去。但应注意，催化剂床层出口温度不应超过 677~704 ℃；也可以将催化剂床层拆下，用溶剂进行清洗。但须特别注意，因为催化剂对有机溶剂有氧化活性，在洗涤中可能引起溶剂的燃烧。

对于无机物颗粒的清扫,应将催化床层拆下,用压缩空气反吹,或用水、有机酸(如草酸)、柔和的清洁剂漂洗。若有粘牢的沉积物不能用上述方法除去,或者催化剂表面遮盖物已与催化剂金属熔融成合金,则应当更换新的催化剂。有些全金属催化剂也可重新配装或修理。

(3)催化剂中毒。催化剂钝化的第三个原因是废气中含有的某些特殊毒物可使催化剂中毒而失去部分(或全部)活性。这些毒物与催化剂的活性物质形成合金或化合物,对于大多数金属毒物,使催化剂中毒的主要形式是形成合金,这类毒物有磷、铋、砷、锑、汞、铅、锌、锡等,它们与催化剂活性组分形成合金的速率与温度成正比。上述前五种物质称为快速作用毒质,即使痕量存在也会使催化剂钝化;后三种物质称为慢速作用毒质,在某种程度上是可以容忍的。硫与卤素也被认为是催化剂的毒物,但是通常它们与催化剂的化学作用是可逆的,当它们从气流中除去后,被它们钝化的催化剂可以通过再生而恢复活性。

这些特殊毒物对催化剂效能的影响,在性质上与图3-18中所示的因年龄而损失活性的曲线相似。通常当废气中含有痕量毒物时,钝化是均匀地分布在催化剂表面上的,用提高预热温度的方法进行补偿可以维持一段时间,直至绝大部分活性已经丧失。若催化剂在短时间内接触高浓度的毒物,可能导致局部区域或整个催化剂床层接近完全丧失活性,这样就只有更换新的催化剂了。

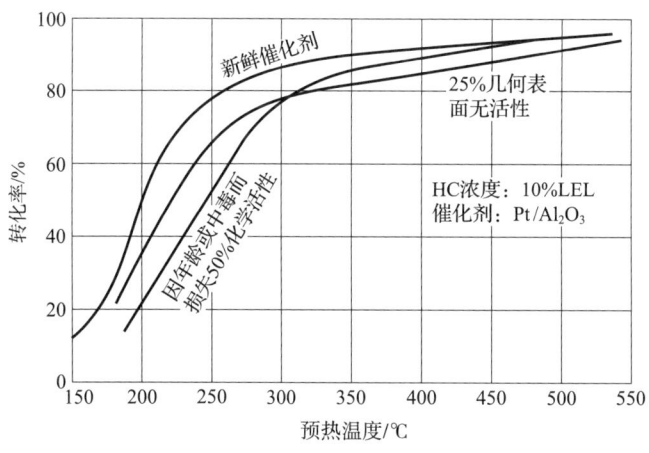

图3-18 催化活性损失的效能比较

2. 废气组分等因素的影响

因为废气中的不同组分有不同的活化能值,所以化学反应速率系数也不同,具体表现为催化转化率的不同,即同一催化剂对不同的组分有不同的催化氧化活性。因此,在选择催化剂时,不仅要考虑它对欲处理废气中主要成分的催化氧化活性,同时也要兼顾它对其他组分的活性。大量的实验表明,除了 H_2、CO 较易被催化氧化,CH_4 较难被催化氧化以外,大多数的碳氢化合物的催化氧化活性还是比较接近的。如图 3-19 所示,图中的曲线表示用 Pt/Al_2O_3 催化剂处理 H_2、CO、CH_4 和有机溶剂时,转化率与温度的关系。从图中可以看出,H_2 最易被催化氧化,其次是 CO,大多数有机溶剂则在一个狭条范围内,甲烷最不容易被催化氧化。另外还可以看出,各种物质的催化转化率各在某一温度范围内有显著变化,说明在此温度范围内催化剂的化学特性起着决定性作用。此时,催化剂的活性也基本上得到了充分的发挥,因此在设计催化燃烧装置时应尽量把反应温度控制在此范围内。

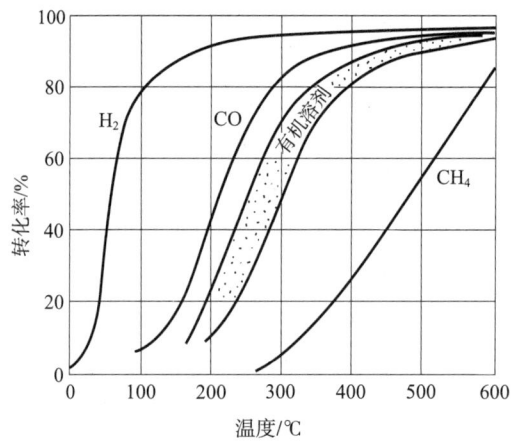

图 3-19　不同组分在 Pt/Al_2O_3 催化剂上的操作温度—转化率曲线

此外组分浓度对转化率也有影响,这主要是由于氧化反应是放热反应,当废气浓度很低时,其热值可忽略不计;而在某些实际应用中,如烤漆的废气中溶剂浓度可高至 25%(质量分数)爆炸下限,因此燃烧所放出的热量就不容忽视了。这时在催化剂床层中,沿气流方向存在一个温度梯度,废气出口处的温度高于入口处的温度,最大可相差 380 ℃左右。温度的升高有利于催化氧化反应的进行,从而使催化转化率提高。所以对于一定的转化率,可以降低对废气预热温度的要求。图 3-20 所示是对于欲达到的既定催化转化率水平,不同溶剂浓度所需要的温度曲线。对于一定的转化率,随着废气中溶剂浓度的升高,所需的预热温度逐渐降低。这是因为随着碳氢化合物浓度的增加,废气通过催化剂床层的升温也增加,因此决定化学反应速度的催化剂表面温度也随之升高，使反应速度加快。

催化剂床层的出口温度与溶剂浓度的关系曲线如图 3-21 所示，不同浓度的出口温度曲线是比较靠拢的。对于同一转化率，浓度越高则出口温度越高，其顺序与图 3-20 相反。从图中可以看出，随着浓度的增加，出口温度增加幅度越来越大。浓度 0% 曲线与浓度 10% 曲线的最大出口温差为 33 ℃，而 0% 曲线与 20% 曲线的最大出口温差可达 90 ℃，因此在设计中必须考虑浓度对出口温度的影响。

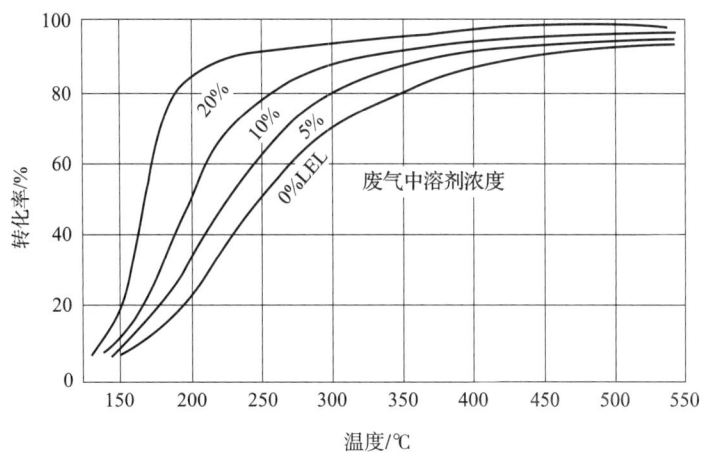

图 3-20　溶剂浓度对所需预热温度的影响

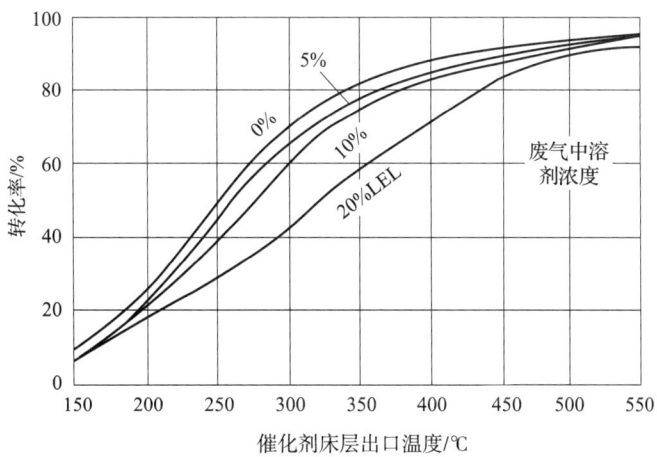

图 3-21　溶剂浓度对催化剂床层出口温度的影响

3. 驻留时间（空速）的影响

由式（3-10）可以看出，驻留时间决定了转化率的大小。驻留时间代表废气在催化剂床层中的停留时间，或催化剂与废气的体积比。因此，若驻留时间太短，废气未被完全氧化就被排出，不仅达不到净化目的，而且还有可能造成更严重的二次污染，故驻留时间不宜太短。但驻留时间也并非越长越好。驻留时间延长，虽然有利于废气组分的充分氧化，但催化床层及设备增大，操作费用增加，因此这种做法在经济上是不可行的。在催化燃烧装置的设计中，要根据催化剂的性能合理地选取驻留时间（空速）。一般取驻留时间为 $0.036 \sim 0.5$ s，即空速为 $7\,200 \sim 100\,000$ h^{-1}。

第五节　催化燃烧装置

催化燃烧装置的核心部分是催化剂床层，待净化的废气通过催化剂床层后，其中可燃的有害组分即被催化氧化成 CO_2 和 H_2O。在催化剂床层前面有预热装置，后面有热量回收装置，另外还有炉体外壳等，我们将这些装置统称为炉体结构。

一、催化剂床层

为了便于装配拆卸，催化剂床层往往由模屉、单件等组装而成。这些模屉、单件是作为催化剂活性金属的载体支架的，在设计制作时一般要求是：（1）有较大的几何表面积；（2）适当的压降；（3）结构平直、坚固；（4）气流分布均匀；（5）制作简单、安装维修方便。

目前，国内外用于催化燃烧的催化活性物质主要是铂和钯。铂或钯的催化剂，因使用的载体不同，可分为两大类。

一类是全金属催化剂，是直接以金属为载体的。做载体的金属一般是镍或镍铬合金，做成带、片、丸、丝等形状，装入网屉或筐里。国内曾有厂家用蓬体球型催化剂净化生产过程中放出的有机废气，这种催化剂是用一根 6 m 长、$\phi 0.1$ mm 镍铬丝搓成直径为 25 mm 的蓬松球体，然后经过表面洁净与活化处理，再用浸渍法将钯（Pd）附着在镍铬丝表面。实践表明，蓬体球型催化剂活性较好，空隙率大，因而阻力较小（仅为 49 Pa），起燃温度较低。但其强度较弱，放置于模屉中容易下沉塌陷。国外有些催化剂生产厂家，将铂或钯镀在 $\phi 0.13$ mm 的镍铬丝上，把镍铬丝并成 $\phi 6.6$ mm 的股，编成席垫装入不锈钢框架，前后用筛网挡好，做成模屉。每个面积为 606 mm × 457 mm，厚 63 ~ 126 mm。这种催化剂床层可耐 820 ℃ 的高温，价格也较低，但由于活性金属的晶体结构不同，其活性不如以氧化铝为载体的铂钯催化剂。另外欧美一些生产催化燃烧装置的厂家，习惯上采用 φ3 mm 金属小球或短圆柱体，装在筐里，做成 25～50 mm 厚的催化剂床层，这种方法虽制作简便，阻力低，但气流分布不均匀，会使一部分废气从空隙逸出而未通过催化剂，因此得不到净化。

另一类是以氧化铝为载体的催化剂。一般是以致密的无孔陶瓷结构作为支架，在陶瓷结构上涂一层仅 0.13 mm 的 γ-氧化铝薄层，而活性金属钯、铂就以微晶状态沉积或分散在多孔氧化铝薄层中。陶瓷载体可以做成蜂窝状（见图 3-22），外形为 50 mm×50 mm×50 mm，每块有 φ3 mm 蜂窝状通孔 180 个，自由截面积约 50% 堆密度为 1.28 kg/L 催化剂。其特点是强度大、阻力小、活性高，根据需要可以制作成形状、大小不同的产品。国外的资料介绍了三种做成模屉形式的催化剂，一是陶瓷棒嵌成砖状，用许多陶瓷棒嵌在两端的板间，如图 3-23a 所示，棒表面涂敷 Pt/Al$_2$O$_3$ 催化剂，气流通过棒间空隙而被催化氧化；二是做成六角眼蜂窝陶瓷体，装入不锈钢框架，前后用筛网挡好，如图 3-23d 所示；三是做成波状眼蜂窝陶瓷体（见图 3-23b）。以上几种催化剂模屉的性质见表 3-13。

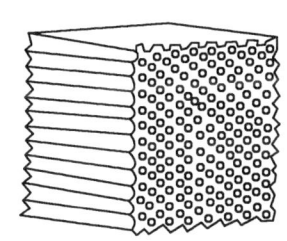

图 3-22 蜂窝陶瓷载体

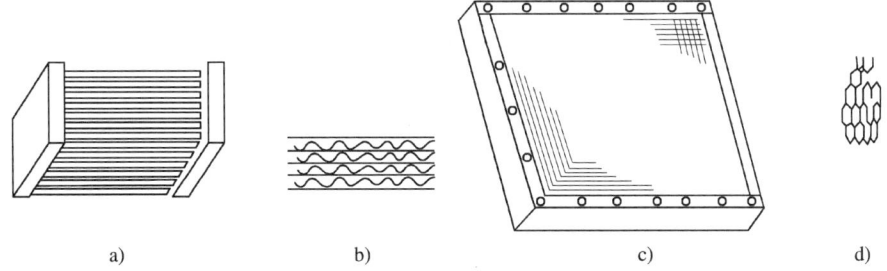

图 3-23 四种不同催化剂模屉的形状
a）陶瓷棒嵌砖 Pt/Al$_2$O$_3$ b）波状眼蜂窝陶瓷体 c）镍铬丝网屉 d）六角眼蜂窝陶瓷体

表 3-13　　　　　　　　四种催化剂模屉的性质及典型设计参数

催化剂类型	全金属催化剂		氧化铝本底催化剂 Pt/Al$_2$O$_3$	
	镍铬丝网屉	陶瓷棒嵌砖	3.175 mm 六角眼蜂窝陶瓷体	3.175 mm 波状眼蜂窝陶瓷体
每屉截面积（mm×mm）	458×610	81×140	305×305	
深度（mm）	64，95，127	每砖 76	100～330	
几何比表面积（m^{-1}）	100	11	82	213
松密度（t/m^3）	4	5	4	4

二、炉体结构

废气在通过催化剂床层前，首先要经过预热升温，以使废气达到反应温度。国内多采用电加热装置，而国外的典型设计多采用辅助燃料加热装置，所用的预热器大多是烧燃料气的。燃料气燃烧器与前面所介绍的热力燃烧炉结构是一样的，不过一般以使用部分废气助燃的配焰燃烧器为好，这样既可使废气与高温燃气混合得快而均匀，又避免了因使用外来空气助燃而增加通过催化剂床层的流量。以部分废气助燃，要求废气中氧体积分数不低于 15%～16%。

老式的燃烧器用的是离焰火炬式，如图 3-24 所示废气从上面引入。促进混合的方法有两种，一是在燃烧器与催化剂床层之间安设风机，二是在风道中提高风速并安装 U 字形导流板。但这种结构对促进混合不是很有利，而风机又要在高温下运转，所以在后来的设计中，在离焰燃烧器和催化剂床层之间加一块多孔金属板，以促进混合。随着配焰燃烧器应用的发展，催化燃烧炉结构反而简单了。因为配焰燃烧器的结构可使废气与高温燃气充分混合，催化燃烧炉的炉体只要是一个截面积相同的直风道可引向催化剂床层就行了。如图 3-25 所示，风道的截面积可以是圆的也可以是方的，尺寸大小应适合催化剂床层所要求的风速。从预热

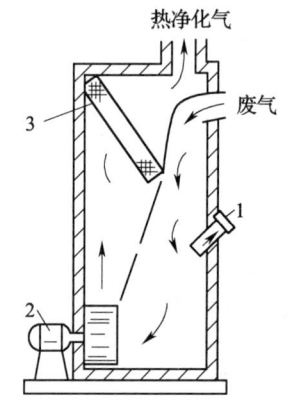

图 3-24　使用火炬式预热器以风机混合的催化燃烧炉
1—预热器　2—风机
3—催化剂床层

器到催化剂床层一般需 1.5~3 m。这个长度的选择，是考虑防止催化剂床层靠上风的一面因火焰冲刷或过量辐射热而发生过热现象，而与截面积无关。当燃烧炉水平安装时，催化剂床层后面应当直线延长一段距离，至少应有 2~3 倍风道直径，再转入垂直的烟囱，这是为了避免风道拐弯而影响前面的气流分布。即使是垂直安装的燃烧炉也需要有一段烟囱，以引导热的净化气排出，并防止催化剂层因辐射而冷却。整个燃烧炉包括预热器和催化剂床层的压力降，一般是 491~1 226 Pa；若包括热回收交换器在内，压降为 1 472~2 492 Pa。

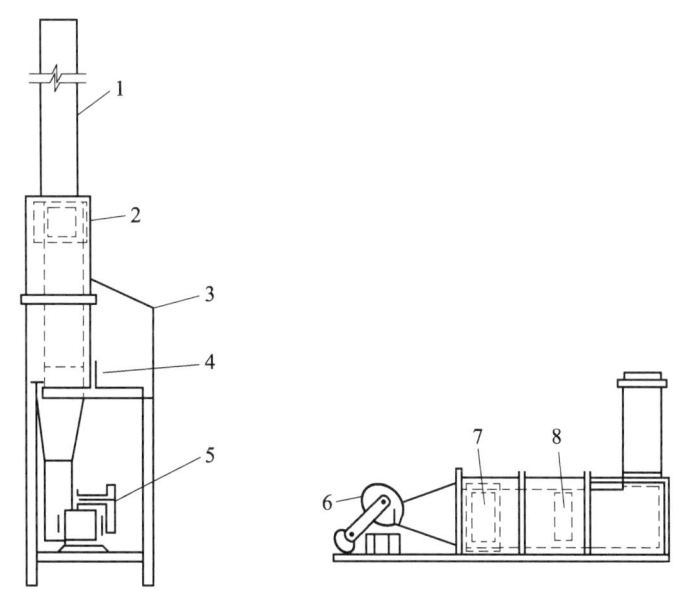

图 3-25 按直线安排预热器与催化床层的燃烧炉
1—烟囱 2—催化剂入口 3—雨搭 4—可移动燃烧器（燃烧气） 5、6—风机
7—可移动燃烧器（燃烧气） 8—催化剂床层

催化燃烧炉的炉体结构材料，没有热力燃烧炉那样严格的要求。因为操作温度较低，所以可以应用某些轻便材料和结构。炉壳结构可为：（1）钢结构外壳，里面衬以耐火材料；（2）双层夹墙结构，金属衬里为炉壳内墙。炉内催化剂床层的支架等，则应当用不锈钢或能耐受 760 ℃ 高温的其他合金制作。仪表控制，目前使用的有热电偶与温控仪表相连的控制装置；也有使用可控硅对出口温度进行监测和

控制，按照出口温度来调节燃烧器的燃烧速率。另外，对预热温度及催化剂床层的温差也应加以监测，以观察催化剂的活性并防止发生过热现象。对催化剂床层的压力降和预热器的压力降也需进行监视，当床层压力降过大时，表明模屉已被颗粒物质所阻塞，需要进行清理。采用电加热的装置结构更简单，还可以采用远红外线等节能技术。

三、有关床层的工艺计算

在一个催化燃烧炉内，并不是全部氧化反应都发生在催化剂床层，如图3-26所示，而有相当一部分（10%甚至于40%~50%）是发生在预热混合阶段的。其所占的份额大小，依赖于预热温度、废气中碳氢化合物的化学性质和热力氧化特性、废气流速、预热燃烧器和预热混合室的设计等条件。故废气通过催化剂床层的升温，不能代表整个催化燃烧炉系统的全部氧化转化率。因此催化燃烧炉的全部氧化转化率$X_全$可用式（3-14）表示：

$$X_全 = X_预 + f_催(1 - X_预) \tag{3-14}$$

式中　$X_全$——通过燃烧炉的全部氧化转化率；

$X_预$——废气通过预热混合室时的部分氧化转化率；

$f_催$——碳氢化合物在催化剂床层中的氧化转化率。

$f_催$与废气通过催化剂床层的温升的关系如式（3-15）所示：

$$f_催(1 - X_预) = \frac{C_p \cdot \Delta T}{Q \cdot C_初} \tag{3-15}$$

式中　C_p——通过催化剂床层的废气的平均质量定压热容，kJ/(kg·℃)；

ΔT——废气通过催化剂床层的温升，℃；

Q——废气中碳氢化合物的燃烧热值，kJ/kg；

$C_初$——废气中碳氢化合物的初始浓度，kg/kg。

$X_全$与$f_催$可以通过测定ΔT而得到，这两个参数对于判断催化燃烧是否有效地进行，对于判明应当用提高预热温度还是用清理更换催化剂床层来改进燃烧净化都是很重要的。预热混合室的温度并不是越高越好，应避免在300~590℃温度范围内，因为此范围内氧化产物为CO和醛类等中间产物，所以预热混合室的温度应控制在适应于催化氧化反应的最低温度。

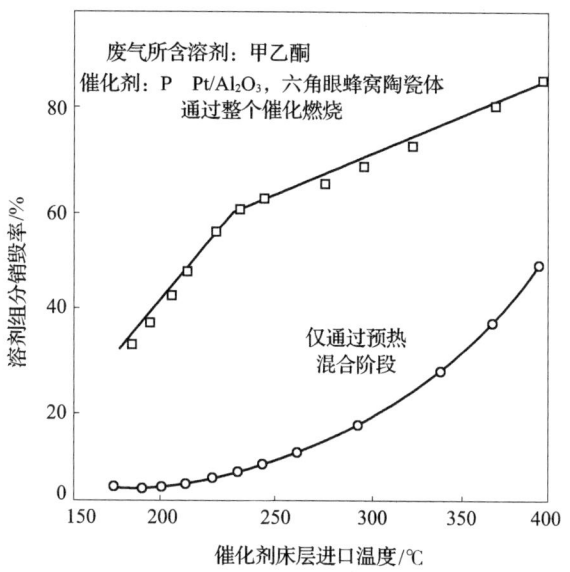

图 3-26 预热混合阶段氧化在整个催化燃烧中所占份额

[例 3-4] 有一催化燃烧装置，使用表 3-12 中所列的金属带"D"系列的催化剂，处理烘烤炉的废气，溶剂挥发量（按甲苯计）为 9 kg/h，催化床层为长 550 mm × 宽 250 mm × 厚 100 mm 的 6 个并排模屉。催化预热至 300 ℃，预热中的碳氢化合物转化率为 20%，废气通过床层升温为 120 ℃，此时表面风速（体积流量/截面积）平均为 1.2 m/s，甲苯的爆炸下限浓度为 49.8 g/m³。（1）试计算废气的体积流量、初浓度 C_0、通过床层的转化率 $f_催$ 及有效速率系数 $K_效$；（2）如果废气风量增大至 3 000 m³/h，试应用表 3-11 和表 3-12 有关数据，估算此条件下的 $K_效$，以及保持同样转化率 $f_催$ 所需增加的催化剂体积。

解：

（1）床层截面积 = 0.55 × 0.25 × 6 = 0.825（m²）

床层平均温度 = $300 + \dfrac{120}{2} = 360$（℃）

床层平均温度（360 ℃）下的体积流量 = 0.825 × 1.2 × 3 600
= 3 564（m³/h）

废气体积流量 = $3\,564 × \dfrac{293}{273 + 360} ≈ 1\,650$（m³/h）

废气初浓度 $C_0 = \dfrac{9 \times 1\,000}{1\,650} \approx 5.45$ （g/m³）

$= \dfrac{5.45}{49.8} \times 100\%\,\text{LEL} \approx 10.95\%\,\text{LEL}$

按式（3-15），$f_{催}(1 - X_{预}) = \dfrac{C_p \cdot \Delta T}{Q \cdot C_{初}}$，其中 $\dfrac{Q \cdot C_0}{C_p}$ 即废气中可燃组分的热值使废气本身升高的温度，对于大多数碳氢化合物，$\dfrac{Q \cdot C_0}{C_p}$ 值为每 1% LEL 升温 15.3 ℃。

$$f_{催} = \dfrac{120}{10.95 \times 15.3 \times (1 - 0.2)} \approx 90\%$$

按表 3-12 金属带"D"系列催化剂的空隙率 $\varepsilon = 0.93$，则驻留时间

$$\tau = \dfrac{V_{催}}{V_{气}} \times \varepsilon = \dfrac{0.825 \times 0.1}{0.825 \times 1.2} \times 0.93 \approx 0.077\,5 \text{ (s)}$$

代入式（3-7）

$$-\ln(1 - f_{催}) = K_{效} \cdot \tau$$

$$-\ln(1 - 0.9) = K_{效} \cdot 0.077\,5$$

有效速率系数 $K_{效} = \dfrac{2.303}{0.077\,5} \approx 29.7$ (s⁻¹)

按表 3-12 所列金属本底催化剂对甲苯的数据，在 360 ℃条件下得 $k'_{化}$ 可列出如下算式：

$$k'_{化} = 0.06 \times \exp\left[7\,554 \times \left(\dfrac{1}{561} - \dfrac{1}{(360 + 273)}\right)\right]$$

$$\approx 0.06 \times e^{1.53} \approx 0.278 \text{ (m/s)}$$

$$k_{化} = \dfrac{S}{V} \times k'_{化} = 1\,103 \times 0.278 \approx 306.6 \text{ (s}^{-1}\text{)}$$

$$\dfrac{1}{K_{效}} = \dfrac{1}{k_{化}} + \dfrac{1}{k_{质}}$$

$$k_{质} = \dfrac{k_{化} \cdot K_{效}}{k_{化} - K_{效}} = \dfrac{306.6 \times 29.7}{306.6 - 29.7} \approx 32.88 \text{ (s}^{-1}\text{)}$$

（2）废气风量增大至 3 000 m³/h，则

废气初浓度 $C_0 = \dfrac{9 \times 1\,000}{3\,000} = 3$ （g/m³）

$= \dfrac{3}{49.8} \times 100\%\,\text{LEL} \approx 6.02\%\,\text{LEL}$

按题意，维持原转化率 $f_{催} = 0.9$，则

$$f_{催}(1 - X_{预}) = \frac{C_p}{Q \cdot C_0} \cdot \Delta T$$

$$0.9 \times (1 - 0.2) = \frac{\Delta T}{6.02 \times 15.3}$$

废气通过床层升温 $\Delta T = 0.72 \times 6.02 \times 15.3 \approx 66.3$ （℃）

床层平均温度 $= 300 + \frac{66.3}{2} \approx 333.2$ （℃）

这时表面风速 $W = \frac{3\ 000}{3\ 600} \times \frac{(333.2 + 273)}{293} \times \frac{1}{0.825} \approx 2.09$ （m/s）

由表 3-12，对金属带"D"系列催化剂的准数方程式：$Sh = 0.55 Re^{0.5} \cdot Sc^{0.333}$，展开后有：

$$\frac{k'_{质} \cdot L}{D} = 0.55 \left(\frac{W_{隙} \cdot L}{\nu}\right)^{0.5} \left(\frac{\nu}{D}\right)^{0.333}$$

将相同的物理量合并后有：

$$k'_{质} = 0.55 W_{隙}^{0.5} \times L^{-0.5} \times \nu^{-0.167} \times D^{0.667}$$

由于流体力学状态仅风速变更较大，而其他参数变化很小或未变化，可以认为此时 $k_{质} \propto W_{隙}^{0.5}$，所以：

$$k_{质} = 32.88 \times \left(\frac{2.09}{1.2}\right)^{0.5} \approx 32.88 \times 1.319 \approx 43.3 \text{ (s}^{-1})$$

333.2 ℃时的 $k_{化}$ 仍按表 3-12 的资料计算，可得：

$$k'_{化} = 0.06\exp\left[7\ 554\left(\frac{1}{561} - \frac{1}{(333.2 + 273)}\right)\right]$$

$$\approx 0.06\ e^{1.004} \approx 0.164 \text{ (m/s)}$$

$$k_{化} = \frac{S}{V} \times k'_{化} = 1\ 103 \times 0.164 \approx 180.9 \text{ (s}^{-1})$$

$$K_{效} = \frac{k_{化} \times k_{质}}{k_{质} + k_{化}} = \frac{180.9 \times 43.4}{43.4 + 180.9} \approx 35 \text{ (s}^{-1})$$

$$-\ln(1 - f_{催}) = K_{效} \cdot \tau$$

$$-\ln(1 - 0.9) = 35\tau$$

维持原转化率需 $\tau = \frac{-\ln(1 - 0.9)}{35} \approx 0.065\ 8$ （s）

设所需催化剂床层厚度为 L，则

$$\tau = \frac{V_{催}}{V_{气}} \cdot \varepsilon = \frac{0.825 \times L}{0.825 \times 2.09} \times 0.93$$

$$L = \tau \times \frac{2.09}{0.93} = 0.065\ 8 \times \frac{2.09}{0.93} \approx 0.148\ (\text{m}) = 148\ (\text{mm})$$

计算结果表明：由于处理风量增加了 $\frac{3\ 000-1\ 650}{1\ 650} \approx 82\%$，通过催化剂床层的风速增大，使 $k_{质}$ 增大，即从 $32.88\ \text{s}^{-1}$ 增至 $43.3\ \text{s}^{-1}$，改善并强化了传质控制作用；另一方面又使废气初浓度降低，因催化剂床层的温升减少，从而 $k_{化}$ 值减小，从 $306.6\ \text{s}^{-1}$ 降至 $180.9\ \text{s}^{-1}$。但是由于 $k_{化}$ 值较多地大于 $k_{质}$ 值，所以 $k_{质}$ 值增大的影响仍然控制着 $K_{效}$ 值，使 $K_{效}$ 值从 $29.7\ \text{s}^{-1}$ 增至 $35\ \text{s}^{-1}$，增加了 18%。虽然如此，由于处理风量增加，为了保持必要的驻留时间，催化剂床层的厚度还是要增加 $\frac{148-100}{100} = 48\%$，才能满足需求。

[例 3-5] 一个催化燃烧炉，废气的最大体积流量为 $1\ 500\ \text{m}^3/\text{h}$，温度 $60\ ℃$，预热使用天然气，以空气助燃，过剩系数 $n = 1.2$，设废气性质与空气一样，试计算催化燃烧炉的尺寸。

解：有关催化剂模匣的设计数据，从表 3-13 选择。

（1）废气质量流量：

$$1\ 500 \times 1.205 \approx 1\ 808\ (\text{kg/h})$$

（2）废气预热升温 $60\ ℃ \rightarrow 430\ ℃$ 所需热量：

按表 3-13 中最高预热温度 $700\ \text{K}$ 计，预热至 $430\ ℃$ 即可。查表 3-4，$60\ ℃$ 时 $C_p = 1.005\ [\text{kJ}/(\text{kg}\cdot\text{K})]$，$430\ ℃$ 时 $C_p = 1.076\ [\text{kJ}/(\text{kg}\cdot\text{K})]$。

$$平均 C_p = \frac{(1.005 + 1.076)}{2} = 1.041\ [\text{kJ}/(\text{kg}\cdot\text{K})]$$

$$1\ 808 \times (430 - 60) \times 1.041 \approx 696\ 400\ (\text{kJ/h})$$

（3）燃烧所需总热量：燃烧炉对周围的热损失估计为第（2）项的 10%，则总热量为：

$$696\ 400 \times 1.1 \approx 766\ 000\ (\text{kJ/h})$$

（4）需用天然气量：

查表 3-5 和 3-6，烟气 $20\ ℃$ 时 $C_p = 1.047\ \text{kJ}/(\text{kg}\cdot\text{K})$，$430\ ℃$ 时 $C_p = 1.159\ \text{kJ}/(\text{kg}\cdot\text{K})$。

$$平均 C_p = 1.103\ [\text{kJ}/(\text{kg}\cdot\text{K})]$$

天然气净有效热为：

$$35\ 300-(10.5\times1.24\times1.103+9.52\times1.205\times1.041\times0.2)\times(430-20)$$
$$\approx 35\ 300-16.75\times410\approx 28\ 430\ (kJ/m^3)$$

$$需用天然气量=\frac{766\ 000}{28\ 430}\approx 27\ (m^3/h)$$

（5）燃烧器所需燃烧体积：

天然气放热最大值为 $35\ 300\times27\approx 953\ 000$（kJ/h）

对于催化燃烧炉设备的放热强度，一般以 $1\ 884\ 000\ kJ/(h\cdot m^3)$ 为宜，则炉子的燃料燃烧空间体积为 $\frac{953\ 000}{1\ 884\ 000}\approx 0.506\ (m^3)$，预热混合室及催化剂床层的安装体积另加。

（6）天然气在430 ℃的体积流量：
$$27\times(10.5+9.52\times0.2)\times\frac{(273+430)}{293}\approx 805\ (m^3/h)$$

（7）废气在430 ℃的体积流量：
$$1\ 500\times\frac{(273+430)}{293}\approx 3\ 600\ (m^3/h)$$

（8）430 ℃时废气与天然气的总体积流量：
$$3\ 600+805=4\ 405\ (m^3/h)\approx 1.222\ (m^3/s)$$

（9）催化剂床层截面积：

按表3-13表面气流速度折算，

第一种 $W=1.83\sim 2.44$（m/s），取2.15（m/s）

催化剂床层面积 $=\frac{1.222}{2.15}\approx 0.568\ (m^2)$；

第二种 $W=2.44\sim 4.57$（m/s），取3.50（m/s）

催化剂床层面积 $=\frac{1.222}{3.50}\approx 0.349\ (m^2)$；

第三种 $W=7.62\sim 10.67$（m/s），取9.15（m/s）

催化剂床层面积 $=\frac{1.222}{9.15}\approx 0.134\ (m^2)$。

国内的催化燃烧设备可以根据厂家的资料选型使用。

[例3-6] 某车间生产过程在室温（20 ℃）下操作，每小时散发有机溶剂苯9 kg，拟采用某厂生产的UJ1型催化燃烧设备净化有机废气，产品性能见表3-14。苯的爆炸下限45.5 g/m³，且通风系统已有设计，试确定所用设备型号。

解： 根据苯的散发量和爆炸下限数据确定通风量，为保证操作安全必须使废气的浓度低于爆炸下限的1/4，即：

$$\frac{45.5}{4} \approx 11.38 \ (\text{g/m}^3)$$

为安全起见，将通风浓度定为 9 g/m³，则废气浓度为 $\frac{9}{45.5} \approx 19.9\%$ LEL。安全风量为 $\frac{9\,000}{9} = 1\,000$ （m³/h），折合到标准状态下的通风体积为：$1\,000 \times \frac{273}{293} \approx 932$ （m³/h）。

根据产品性能表，可以选用 UJ1-100 型催化燃烧设备，其实际处理能力为 1 000（m³/h）废气，适合应用。

表 3-14　　　　　UJ1 型系列产品性能表

型　号		UJ1-5	UJ1-10	UJ1-30	UJ1-50	UJ1-100	UJ1-150	UJ1-200
处理风量（m³/h）		50	100	300	500	1 000	1 500	2 000
催化剂空速（h⁻¹）		20 000						
废气预热温度（℃）		200~280						
启动功率（kW）		4.5	9	22.5	31.5	45	63	72
平均耗功率（kW）		1~3	2~5	5~12	8~15	12~18	15~27	20~30
引风机①	风量（m³/h）	160	235	350	600	1 200	1 800	2 600
	风压（Pa）	589	785	1 472	1 472	1 962	1 962	2 453
	功率（kW）	0.09	0.09	1.2	1.2	2.2	3	3
有机废气类型		苯、酯、酮、醇、醚、醛、酚、有机恶臭等						
有机废气浓度范围（mg/m³）		≤8 000						
净化效率（%）		95~99.5						
除尘阻火器形式		网格						
防爆装置形式		防爆膜式防爆网						
管路直径（mm）		5	75	125	160	200	270	310
主体外形尺寸（长×宽×高，mm）		660×520×120	900×800×1 700	1 160×700×1 600	1 160×710×1 800	2 230×780×2 140	2 300×810×2 480	2 680×890×2 480
主体质量（t）		0.35	0.5	0.85	1.2	1.6	2	2.6

注：①引风机采用 Y6-12-30 型。

第六节 安全措施

　　用燃烧净化方法来处理废气的首要条件是废气中所含的有害组分是可燃物质。因此,如何防止废气在风道、炉子等设备中的燃烧爆炸,是个十分关键的问题。废气是要在燃烧净化炉中参加燃烧反应或予以销毁的,但是在此之前却不能烧,也不能炸,回火也不行。爆炸和燃烧要毁坏设备,甚至引起火灾。回火也是燃烧,它是在前面点火时,把火焰传播回后面风道、设备中来,同样会引起爆炸。所以,使用燃烧净化方法,也必须防火防爆,采取必要的安全措施。混合气体的燃烧爆炸,一般要具备两个条件:第一个条件是存在可燃的混合气体,即混合气体中含有的氧和可燃组分在爆炸极限浓度范围内某一点被燃着时发生的热量可以继续引燃周围的混合气体,从而维持燃烧或发生爆炸。第二个条件是明火或点火。这个条件也是相对的,可燃物或可燃的混合气体,如果提高温度到自燃温度,没有明火或点火也可以发生燃烧爆炸。对于通常条件下不自燃的物质或混合气体而言,要发生燃烧或爆炸,必须有明火或热源,可燃物被局部引燃,然后蔓延到周围,从而引起燃烧爆炸。在废气的燃烧净化中,本身就是点火燃烧(或催化燃烧)的,明火(或催化活性金属发红热)是不可避免的。因此防火防爆的安全措施,主要是控制可燃混合气体的浓度,以及阻火、泄压等。

一、控制废气中可燃组分的浓度

　　废气中可燃组分的浓度要控制在爆炸下限的25%(25%LEL)以下。含有几种可燃组分时,可以按比例合算爆炸下限,使可燃物质的总和不超过爆炸下限的25%。在工程设计中,如果有超出此限的可能,应当设计用空气冲淡到此限以下的旁路管道。最好是采用自动调节装置,把废气中可燃组分的浓度与升温联系起来,例如在燃烧炉出口温度或催化床层升温过高时,即自动加大风量或打开旁路进风道,把浓度调节到最适宜的范围。国外资料认为,如果混合气体的浓度及流量稳定,并有自动控制和指示、警报装置,则可燃气体含量可以控制在50%爆炸下限。但是一旦超过50%爆炸下限即需报警并关闭燃烧净化炉,可见控制在50%LEL水平是比较危险的。究其原因,一是混合气体可能混合不均匀,局部地点就可能超过爆炸下限;二是高温条件下不到爆炸下限也能燃烧爆炸;三是某些死角积聚危险的可燃气体,特别是某些地方有油垢或冷凝油,在局部燃烧扰动中汽化混合,还可能形成爆炸气体。因此还是以25%爆炸下限为准,这也是国外大多数资料推荐的数据。

二、安设阻火器

安设阻火器以防止回火、防止火焰从燃烧炉蔓延传播至其他相连的设备。通常采用干式阻火器,即采用玻璃球、砾石、多孔金属板、金属折带、金属丝网等热容量较大的物料作为灭火材料。干式阻火器的灭火阻火作用,不论阻火层采用什么结构和材料,都是基于火焰在物料间足够狭窄的通道中熄灭的现象,这种使火焰熄灭的作用原理主要是传热和器壁效应。

1. 传热

火焰通过固体冷表面时,燃烧热经过燃烧产物及未燃烧气体向固体表面散出,从而降低了火焰的温度,燃烧反应速度减慢。通道尺寸(直径或间隙)越小,每单位火焰体积的固体冷却表面积则越大。当通道尺寸减小到某一数值时,火焰即会熄灭(有文献报道,当散出的热量等于火焰放出热量的23%时,火焰即会熄灭)。这时的通道尺寸称为临界直径,即最大灭火直径或最大灭火间距。

2. 器壁效应

根据燃烧与爆炸的连锁反应理论,燃烧爆炸现象并不是分子间直接作用的结果,而是在外来能源的激发下使分子中的键受到破坏并产生自由基,然后产生一系列的连锁反应的结果。因此,可燃混合物能够自行继续燃烧的条件是:新产生的自由基数量要等于或大于消失的自由基的数量。这样,则随着通道尺寸的减小,自由基与反应分子之间的碰撞概率也不断减小,而自由基与通道壁的碰撞概率反而不断增大。当通道尺寸减小到某一数值时,这种器壁效应造成了火焰不能自动进行的条件。上述传热与器壁效应的阻火灭火原理,可用图3-27来综合说明:火焰在具有冷表面的通道中是以波的形式传播的,由于冷表面的冷却和器壁效应,形成了一定厚度(y_0)的非燃烧区,y_0称为熄灭深度。当通道尺寸减小到等于或小于熄灭深度的两倍时,即$d_0 \leq 2y_0$,火焰便不能通过。

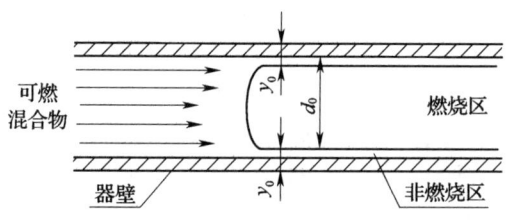

图3-27 阻火灭火原理示意图

由此可见，干式阻火器的灭火能力，主要取决于灭火通道的直径或间距，而与灭火通道的材质关系不大。这是因为阻火层（网）材料的导热系数远远大于气体的导热系数，所以阻火材质改变引起导热系数的差异不起主要作用。有实验表明：当阻火网的导热性能提高到460倍时，临界直径（最大灭火间距）仅改变2.6%。阻火通道除临界直径外还有个临界长度的问题，如果阻火通道的长度不够，即使通道直径小于临界直径，也会产生"火焰回生"现象，即火焰通过小于临界直径的通道时被熄灭了，但由于通道长度（阻火层厚度）不够，没有进行足够的冷却，反应系统还有足够的能量，当遇到可燃混合物时又会重新燃烧起来。能够阻止火焰回生的最小长度，就称为临界长度，这个临界长度主要取决于火焰的传播速度。

3. 阻火器的类型

（1）金属丝网阻火器。这种阻火器使用较广泛，一般由许多金属丝或带编制，组成圆筒状或薄片重叠起来。有人实验多层丝网对丙烷—空气火焰的阻火性能，发现层数增多可改进阻火性能，但五层以上不再能有更多的改进。对于一般有机溶剂，采用四层金属网，已可阻止火焰扩展。但如对二硫化碳的火焰，甚至用12层网都不能使其熄灭。对二硫化碳火焰的阻火最困难，采用砾石阻火较合适。阻火网常以铜或钢制成，网孔一般为210~250孔/cm^2（37~40目/in^2）。孔的大小根据气体及蒸气着火危险程度而定。金属丝网阻火器的缺点：一是多层金属网叠在一起所留孔道取决于组装方式，难以保证一致的操作效果；二是发生火灾时易于烧坏，有试验表明，流经15 s，网被烧坏，因此，在必要时应与混合气体的断路开关联用。

（2）砾石（或玻璃球）阻火器。用于二硫化碳火焰的阻火时，阻火器外壳直径150 mm，砾石直径3~4 mm，砾石填充高度200 mm，是有效的。也可用于乙炔—空气火焰的阻火。用于其他溶剂时，砾石充填高度100 mm即可。砾石阻火器的缺点：一是阻力大，某些条件下达3~5 kPa；二是爆炸波进入砾石罐时压力升高，可引起砾石腾涌，造成对阻火来说是太大的通道，因此，应在砾石罐的进出口管道上安装防爆膜（爆破片）及时泄压。

（3）多微孔圆板阻火器（金属或陶瓷）。有文献报道在用于氢—氧火焰的阻火时，微孔圆板的孔径可以比任何爆炸混合物的临界直径小得多，其缺点是：压力损失比较高，微孔陶瓷板的机械强度差。

（4）波纹板或波纹折带式阻火器。一种结构是由沿两个方向皱褶的波纹薄板组成，用以分隔各层而留有间隙；另一种结构是由交替置放平的和波纹的带材组成，成为有三角形孔道的长方形一叠。后者做成圆形阻火器时，可把一条波纹带和一条平带连续绕在一个芯子上，如图3-28所示。带的材料一般用铝，也可采用其他金属，甚至聚氯乙烯。曾有实验针对上述类型阻火器，除波纹折带式以外，当火焰速度超过 106.7 m/s 时，都失效了；而波纹折带式阻火器，在火焰速度为 1 703 m/s 时成功地阻止了爆炸。

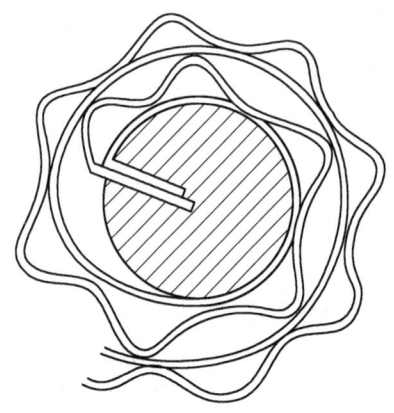

图 3-28　波纹折带式阻火器

三、可能爆炸处设置防爆膜泄压

在启动或其他特殊情况下可能爆炸的容器设备上需要安设防爆膜，以便万一发生爆炸时可以及时泄压，防止或减轻设备破坏和事故。根据燃烧爆炸的热传播和自由基连锁反应的理论，爆炸并不是在达到着火的临界条件下立即发生的，而是经过连锁反应发展所必需的一定时间以后才发生的。实验也证明，任何爆炸都有时间上的延滞。延滞时间的长短，受外界条件和可燃气体混合组成的影响。在这个延滞时间内，混合气体由初始压力升高到最高爆炸压力。如果混合气体在刚点燃时，装有防爆膜的爆破口就立即打开进行泄压，并认为爆炸引起的升压速度与爆破口的泄压速度是大致相等的，那么只要使爆破口能在爆炸延滞时间内将物料泄完，就能保护设备不因爆炸而遭破坏。这就是防爆膜的作用原理。据此，设计要点主要是确定爆破口面积和防爆膜（爆破片）的材质、厚度。可燃的混合气体与火源一接触，便有活性原子或称自由基生成，发生连锁反应。爆炸性混合气体在着火后，热和连锁载体都向外传播，促使在邻近的一层混合气体起燃烧反应，火焰就以一层层同心圆球面的形状往外蔓延，而且越来越快。与此同时，产生大量反应热而使压力急剧增加，造成极大的破坏。这一过程的快慢主要取决于混合气体的组成，当混合气体中可燃组分稍多于化学计算量时，燃烧最快最激烈，这样的浓度称为最适宜混合比，通常以体积分数表示。爆炸时产生的高压,并不是由于气体体积增加很多,而是爆炸瞬间产生大量的反应热,使温度骤增而造成的。通常最高爆炸压力约为初始压力的 7~10 倍。而可燃尘粒与空气构成的爆炸混合气,由于所含可燃物质较多,放出热量大,使爆炸产物体积大增,故爆炸压力更高,但进行的速度较可燃气体混合的较慢。除了混合气体的组成以外,温度与压力对爆炸特性也有影响。一般来说,最高爆炸压力随起爆温度的提高而降低,由起爆压力变到爆炸压力的升温时间(爆炸延滞时间)则随起爆温度的升高略有缩短(一般不显著),但单位时间的升压速度大致不变,同时混合气体的爆炸极限浓度的范围有所扩大。随着初始压力(起爆压力)的增加,最高爆炸压力和升温速度大致与其成正比地增加,爆炸延滞时间大致不变,爆炸极限浓度的上限会相应地增大。随着初始压力的降低,爆炸极限浓度的范围缩小,至某一临界值时,混合气体变得不易爆炸。

四、安全操作规程

安全操作规程是燃烧设备的安全管理工作中的重要内容之一,也是安全管理制度的组成部分,主要内容包括:

1. 燃烧设备点火前,必须用空气将风道、燃烧室等处吹扫,清除可燃气体。
2. 设备中积存的油污、凝液等可燃物质要及时清除。
3. 点火时要以火等气,而不能气等火。

本 章 小 结

本章讲述有害废气的燃烧净化原理和工艺方法,这是有害废气净化的基本技术之一。学习本章要掌握燃烧净化技术的原理和分类,以及所适用废气的工艺条件。工艺计算部分主要掌握热力燃烧原料的计算和催化燃烧的计算内容,也要了解催化净化技术在环境废气净化中的主要应用方向。

复习思考题

1. 燃烧净化技术是如何分类的,所净化的废气具备什么工艺特点?
2. 催化净化在环境废气净化的主要应用方向是什么?
3. 简述燃烧净化的原理和"三T"条件。
4. 简述热力燃烧炉的主体结构与分类。

5. 热量回收利用的途径有哪些?
6. 简要分析影响催化剂性能导致催化剂钝化的原因及相应的对策措施。
7. 简要分析催化剂床层的主要分类及其特点。
8. 防止可燃的混合气体爆炸的主要安全处置措施有哪些?
9. 设有一个热力燃烧炉,用于处理废气。废气有关物理参数按空气计算。废气排出的最大体积流量为 2 000 m³/h,排出温度为 80 ℃。燃烧炉使用天然气,以废气助燃。试计算燃烧炉的设计尺寸。
10. 一个催化燃烧炉,废气的最大体积流量为 1 200 m³/h,温度为 100 ℃,预热使用天然气,以空气助燃,过剩系数 $n=1.6$,设废气性质与空气一样,试计算催化燃烧炉的尺寸。

第四章　有害气体的吸收净化

本章学习目标

1. 掌握吸收操作的原理、流程和分类方法；
2. 掌握吸收相平衡、双膜理论、吸收速率方程等重要概念；
3. 掌握填料塔的工艺计算的基本内容和方法。

第一节　概　　述

用液体吸收剂吸收气体的过程称为吸收。有害气体的液体吸收，是根据混合气体中各组分在液体吸收剂中溶解度的不同，有选择地清除某种气体组分的过程。被溶解的气体从溶液中释放出来的过程称为解吸。吸收作为一种单元操作过程，应用于分离混合气体，尤其是近年来广泛应用于气体的净化。

吸收是质量传递的一种形式，这种质量传递是指物质通过相界面的扩散，是混合气体中有害组分从其浓度较高的气相，传递到浓度较低的液相中的过程。反之，有害组分从液相向气体传递的过程为解吸过程。

吸收操作如图4-1所示。含有毒气体A和其他气体B的混合气体自吸收设备底部进入，选择一种吸收剂C从设备顶部喷淋。通过气液相的接触，吸收剂C选择性地吸收易溶气体A，组成的溶液由底部排出，而难以被吸收的气体B从设备顶部排出。在吸收操作中，混合气体中易被吸收组分A称为溶质或吸收质，难以被吸收的气体B通常被不严格地称为惰性气体。吸收剂C称为溶剂，与被吸收组分A组成溶液。惰性气体B及吸收剂C各为组分A在气相及液相中的载体。

吸收操作可分为物理吸收和化学吸收。物理吸收指气体的溶解不伴随有化学反应,所以又称为简单吸收。当吸收过程伴有化学反应时为化学吸收。在物理吸收时,惰性气体和吸收剂是不消耗的。但在化学吸收时,吸收剂和被吸收组分能够发生化学作用。在气体吸收净化中,通常使用化学吸收多于物理吸收。

在吸收操作中,如果气相中只有一种组分能明显地被已给定的吸收剂所吸收,为单组分吸收;若气相中多种组分同时被吸收,则为多组分吸收。

吸收过程是个放热过程,若有化学反应存在,还要放出反应热,使得操作温度升高,这类吸收有明显的温度变化,称为非等温吸收。在净化气体方面,通常被吸收组分浓度较低,且吸收剂用量较大,温升并不显著,所以一般可认为是等温吸收。

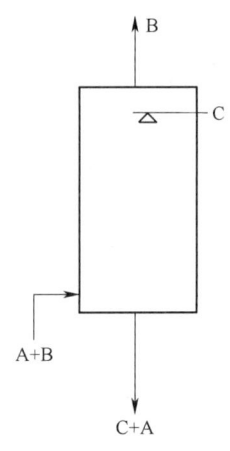

图4-1 吸收示意图

吸收过程的进行具有静力学和动力学特性。

(1) 吸收静力学。即液相与气相间的平衡,这种平衡状态是在两相间经过极长时间的接触后才建立起来的。相间的平衡是由吸收质和吸收剂的热力学性质所决定的,并与其中一相的组成、温度及压力有关。

(2) 吸收动力学。即质量传递过程的速度,它取决于过程的推动力,吸收剂、溶质和惰性气体的性质,以及两相间的接触方式。在吸收设备中,推动力通常是沿着设备的长度而变化,并取决于两相相互运动的特征(如逆流、并流、错流等)。

第二节 吸收的基本理论

一、气液相组成的表示方法

气相和液相的组成,常用的表示方法如下。

1. 质量分数和摩尔分数

质量分数、摩尔分数为一相组分的质量或摩尔数对该相的总质量或总摩尔数之比。

如用 G 表示一相的总质量,用 G_A、G_B、G_C…分别表示该相所含组分 A、B、C…的质量,则各组分的质量分数为:

$$\bar{y}_A = G_A/G, \bar{y}_B = G_B/G, \bar{y}_C = G_C/G$$

$\bar{y}_A$、$\bar{y}_B$、$\bar{y}_C$…分别表示组分 A、B、C…的质量分数,并且
$$\bar{y}_A + \bar{y}_B + \bar{y}_C + \cdots = 1$$
同理,如用 n 表示一相含有的摩尔总数,用 n_A、n_B、n_C…分别表示该相所含组分 A、B、C…的摩尔数,则各组分的摩尔分数为:
$$y_A = n_A/n, y_B = n_B/n, y_C = n_C/n \tag{4-1}$$
y_A、y_B、y_C…分别表示组分 A、B、C…的摩尔分数,并且
$$y_A + y_B + y_C + \cdots = 1$$
如取 1 kg 总质量为计算基准,则各组分的摩尔分数为:
$$n_A = \bar{y}_A/M_A, n_B = \bar{y}_B/M_B, n_C = \bar{y}_C/M_C$$
M_A、M_B、M_C…分别为组分 A、B、C…的相对分子质量。

习惯上,液相的摩尔分数用 x 表示,气相摩尔分数用 y 表示。对理想气体而言,气相组分的摩尔分数的数值就等于它的体积分数值。气体组分的浓度有时可用组分的分压表示,根据道尔顿分压定律:
$$p_i = p_t y_i \tag{4-2}$$
式中　　p_t——总压,Pa;
　　　　p_i——组分 i 的分压,Pa;
　　　　y_i——组分 i 的摩尔分数。

当总压一定时,分压分数与摩尔分数数值相当。所以对于气体中组分 i 来说,其体积分数(v_i)等于它的分压分数,也等于它的摩尔分数,即
$$v_i = p_i = y_i$$

2. 质量浓度和摩尔浓度

液相或气相单位体积所含某组分的质量或摩尔数,即为该组分的质量浓度或摩尔浓度。

如用 $\bar{C}_A$、$\bar{C}_B$、$\bar{C}_C$…分别表示 A、B、C 的质量浓度,C_A、C_B、C_C 分别表示组分 A、B、C…的摩尔浓度,则
$$\bar{C}_A = G_A/V, \bar{C}_B = G_B/V, \bar{C}_C = G_C/V \cdots$$
$$C_A = n_A/V, C_B = n_B/V, C_C = n_C/V \cdots \tag{4-3}$$

3. 比质量分数和比摩尔分数

某组分的质量或摩尔数与此相中除此组分之外的质量或摩尔数之比。

如某相总质量为 G,总摩尔数为 n,组分 i 的质量为 G_i,摩尔数为 n_i,则比质量分数 $\bar{Y}_i$ 和比摩尔分数 Y_i 为:

$$\overline{Y}_i = \frac{G_i}{G - G_i}$$
$$Y_i = \frac{n_i}{n - n_i}$$
(4-4)

如果吸收操作为单组分吸收，则质量分数与比质量分数，摩尔分数与比摩尔分数之间的关系为：

$$\overline{Y}_i = \frac{\overline{y}_i}{1 - \overline{y}_i}$$
$$Y_i = \frac{y_i}{1 - y_i}$$
(4-5)

如前所示，对于理想气体，摩尔分数等于体积分数，则组分的摩尔分数 y 与它的摩尔浓度之间关系可用下式表示：

$$y_i = \frac{C_i RT}{p_t}$$

式中　C_i——组分 i 的摩尔浓度；
　　　R——气体常数；
　　　T——热力学温度；
　　　p_t——总压。

二、吸收过程的相平衡关系

1. 气体在液体中的溶解度

吸收的相平衡关系，是指气液两相达到平衡时被吸收组分在两相中的浓度关系，即气体吸收质在吸收剂中的平衡溶解度，气体在液体中的溶解度是气液两相平衡关系的一种定量表示方法。

在一定的温度与压强下，当吸收剂与混合气体接触时，气体中的吸收质就向液体吸收剂传递，进行吸收，形成溶液。但同时溶液中被吸收的组分也会由液相向气相传递，进行解吸。随着接触时间的延长，吸收质在溶液中的浓度不断增加，但同时溶液中被吸收的吸收质也不断由液相向气相传递。经过相当长时间的接触后，吸收速度和解吸速度相等，即吸收质在气、液相中的组成不再发生变化，此时即气液两相达到相际动平衡，简称相平衡或平衡。平衡时，溶液上方吸收质的分压称为平衡分压。在一定量吸收剂中溶解的吸收质的量，称为平衡溶解度，平衡溶解度是吸收过程的极限。

平衡溶解度的大小，随物系、温度、压强的变化而变化。通常温度上升，气体的溶解度显著下降；而压力上升，气体溶解度则有所增加。表 4-1、表 4-2、表 4-3 所示分别为不同温度下氨、二氧化硫、氯化氢在水中的溶解度与其分压的关系。

表 4-1　　不同温度下氨在水中的溶解度与其分压的关系

氨在水中的溶解度 [每 100 g H_2O 中 NH_3 的质量（g）]	NH_3 的分压（$\times 10^3$ Pa）							
	0 ℃	10 ℃	20 ℃	25 ℃	30 ℃	40 ℃	50 ℃	60 ℃
100	126.26							
90	104.66							
80	84.79	131.59						
70	66.67	103.99						
60	50.66	79.99	125.99					
50	36.66	58.53	91.46					
40	25.33	40.13	62.66	—	95.86			
30	15.87	25.33	39.73	—	60.53	92.26		
25	11.93	19.20	30.26	—	46.93	71.19	109.99	
20	8.53	13.80	22.13	—	34.66	52.66	74.46	111.19
15	5.69	9.35	15.20	—	23.87	36.40	54.00	77.73
10	3.35	5.57	9.28	—	14.67	22.27	32.93	48.13
7.5	2.36	3.99	6.67	—	10.63	16.00	23.87	34.80
5	1.49	2.55	4.23	—	6.80	10.20	15.33	22.00
4	—	2.15	3.32	—	5.35	8.11	12.15	17.23
3	—	1.51	2.43	3.13	3.95	6.00	8.95	12.57
2.5	—	—	2.00	2.59	3.25	(5.01)*	(7.43)	10.27
2	—	—	1.60	2.04	2.57	(4.00)	(5.93)	8.13
1.6	—	—	—	1.60	2.04	(3.21)	(4.73)	6.49
1.2	—	—	—	1.21	1.53	(2.44)	(3.56)	4.84
1.0	—	—	—	0.99	—	(2.05)	(2.96)	4.00
0.5	—	—	—	0.45				
	*有括号者系由插入法算得的数据							

表 4-2　　不同温度下二氧化硫在水中的溶解度与其分压的关系

二氧化硫在水中的溶解度 [每100 g H_2O 中 SO_2 的质量（g）]	SO_2 的分压（$\times 10^3$ Pa）							
	0 ℃	7 ℃	10 ℃	15 ℃	20 ℃	30 ℃	40 ℃	50 ℃
20	86.13	87.60						
15	63.20	84.93	96.79					
10	41.03	55.60	63.20	75.59	93.06			
7.5	30.40	40.93	46.53	55.86	68.93	91.73		
5	19.73	—	30.13	36.00	44.80	60.26	88.66	
2.5	9.20	12.27	14.00	16.93	21.47	28.80	42.93	61.06
1.5	5.07	6.80	7.87	9.47	12.27	16.67	24.80	35.46
1.0	3.11	4.13	4.93	5.87	7.87	10.53	16.13	22.93
0.7	2.03	2.75	3.15	3.73	5.20	6.93	11.60	15.47
0.5	1.32	1.80	2.08	2.57	3.47	4.80	7.60	10.93
0.3	0.68	0.92	1.05	1.33	1.88	2.63	—	—
0.2	0.37	0.49	0.61	0.76	1.13	1.57	—	4.13
0.15	0.25	0.35	0.41	0.51	0.77	1.08	1.72	2.67
0.10	0.16	0.20	0.23	0.29	0.43	0.63	1.00	1.60
0.05	0.08	0.09	0.10	0.11	0.16	0.23	0.37	0.63
0.02	0.03	0.04	0.04	0.04	0.07	0.08	0.11	0.17

表 4-3　　不同温度下氯化氢在水中的溶解度与其分压的关系

氯化氢在水中的溶解度 [每100 g H_2O 中 HCl 的质量（g）]	HCl 的分压（Pa）						
	0 ℃	10 ℃	20 ℃	30 ℃	50 ℃	80 ℃	110 ℃
78.6	6.80×10^4	1.12×10^5					
66.7	1.73×10^4	3.11×10^4	5.32×10^4	8.36×10^4			
56.3	3.87×10^3	7.52×10^3	1.42×10^4	2.51×10^4	7.13×10^4		
47.0	7.60×10^2	1.57×10^3	3.13×10^3	5.93×10^3	1.88×10^4	8.31×10^4	
38.9	1.33×10^2	3.03×10^2	6.53×10^2	1.32×10^3	4.76×10^3	2.51×10^4	1.01×10^5
31.6	2.33×10^1	5.73×10^1	1.33×10^2	2.89×10^2	1.19×10^3	7.25×10^3	3.37×10^4
25.0	4.21	1.12×10^1	2.73×10^1	6.40×10^1	2.95×10^2	2.08×10^3	1.11×10^4
19.05	7.47×10^{-1}	2.13	5.71	1.41×10^1	7.33×10^1	6.21×10^2	3.73×10^3

续表

氯化氢在水中的溶解度[每100 g H_2O 中 HCl 的质量（g）]	HCl 的分压（Pa）						
	0 ℃	10 ℃	20 ℃	30 ℃	50 ℃	80 ℃	110 ℃
13.64	1.32×10^{-1}	4.07×10^{-1}	1.17	3.12	1.81×10^{1}	1.79×10^{2}	1.24×10^{3}
8.70	1.57×10^{-2}	7.77×10^{-2}	2.37×10^{-1}	6.87×10^{-1}	4.59	5.20×10^{1}	4.13×10^{2}
4.17	2.40×10^{-3}	9.20×10^{-3}	3.20×10^{-2}	1.03×10^{-1}	8.53×10^{-1}	1.27×10^{1}	1.24×10^{2}
2.04	—	1.56×10^{-3}	5.87×10^{-3}	2.01×10^{-2}	1.87×10^{-1}	3.27	3.73×10^{1}

吸收质组分在气相中具有一定的分压，当此分压超过液相中该组分的平衡分压时，吸收质组分就不断地从气相传递到液相之中，直至平衡为止。平衡时，吸收质在气相中的分压等于液相中该组分的平衡分压。反之，如果吸收质在气相中的分压低于液相中该组分的平衡分压，则液相中的吸收质将被释出，直至平衡。这种平衡关系，可以用来判别吸收是否可以进行，吸收的难易程度如何等。

2. 亨利定律

当气相总压不太高时，在一定温度下，气、液两相达到平衡时，溶质在液相中的浓度 c 和它在气相中平衡分压 p^* 成正比，这就是亨利定律。

$$p^* = f(c) \tag{4-6}$$

亨利定律仅适用于理想溶液，任何极稀的溶液都近似于理想溶液，因此，亨利定律也可适用于稀溶液，而且溶液越稀越准确。

当气、液两相达到平衡时，c 与 p^* 的关系为一曲线，此线称为溶解度曲线或平衡曲线。在气相总压不高时，对于大多数气体的稀溶液，其平衡曲线为一直线。对于溶解度较高的气体，则平衡线为一曲线。

亨利定律表示了气、液两相达到平衡时，溶质在气、液两相中浓度分配的情况。由于气液相组成或浓度的表示方法不同，所以亨利定律有几种表达式。

（1）液相浓度以单位体积含溶质的摩尔数表示

$$p^* = \frac{C}{H} \tag{4-7}$$

式中　p^*——溶质气体在溶液表面上的平衡分压，Pa；
　　　C——溶质气体在溶液中的浓度，$kmol/m^3$；
　　　H——溶解度系数，$kmol/(m^3 \cdot Pa)$。

H 可视为溶质气体分压为 101 kPa 时溶液的浓度，它可作为判断气体溶解难易的量度。对于易溶气体，H 值很大，难溶气体的 H 值则很小。对于稀溶液，H 值为一常数。H 值由溶质、溶剂和温度决定,当溶质、溶剂决定后,H 值随温度的上升而减小。

（2）液相浓度用溶质气体的摩尔分数表示

$$p^* = Ex \tag{4-8}$$

式中　E——亨利系数,Pa;

　　　x——溶质气体在液相中的摩尔分数。

亨利系数是式（4-8）直线方程的斜率。对于易溶气体,E 值很小,难溶气体的 E 值很大。一般 E 值随温度的升高而增大。常见气体溶于水中的亨利系数值列于表4-4中。

表4-4　　　　常见气体在不同温度时的亨利系数

气体	温度（℃）														
	0	5	10	15	20	25	30	35	40	45	50	60	70	80	90	100
$E \times 1.013 \times 10$ Pa																
H_2	5.79	6.08	6.36	6.61	6.83	7.07	7.29	7.42	7.51	7.60	7.65	7.65	7.61	7.55	7.51	7.45
N_2	5.29	5.97	6.68	7.38	8.04	8.65	9.24	9.85	10.4	10.9	11.3	12.0	12.5	12.6	12.6	12.6
空气	4.32	4.88	5.49	6.07	6.64	7.20	7.71	8.23	8.7	9.11	9.46	10.1	10.5	10.7	10.8	10.7
CO	3.52	3.96	4.42	4.89	5.36	5.80	6.20	6.59	6.96	7.29	7.61	8.21	8.45	8.45	8.46	8.46
O_2	2.55	2.91	3.27	3.64	4.01	4.38	4.75	5.07	5.35	5.63	5.88	6.29	6.67	6.87	6.99	7.01
CH_4	2.24	2.59	2.97	3.37	3.76	4.13	4.49	4.86	5.20	5.51	5.77	6.26	6.66	6.82	6.92	7.01
NO	1.69	1.93	2.18	2.42	2.64	2.87	3.10	3.31	3.52	3.72	3.90	4.18	4.28	4.48	4.52	4.54
C_2H_6	1.26	1.55	1.89	2.26	2.63	3.02	3.42	3.83	4.23	4.36	5.00	5.65	6.23	6.61	6.87	6.92
$E \times 1.013 \times 10^2$ Pa																
C_2H_4	5.52	6.53	7.68	8.95	10.2	11.4	12.7	—	—	—	—	—	—	—	—	—
N_2O	—	1.17	1.41	1.66	1.98	2.25	2.59	3.02								
CO_2	0.728	0.876	1.04	1.22	1.42	1.64	1.86	2.09	2.33	2.57	2.83	3.41	—			
C_2H_2	0.72	0.84	0.96	1.08	1.21	1.33	1.46									
CS_2	0.268	0.33	0.394	0.455	0.53	0.596	0.66	0.73	0.79	0.85	0.89	0.96	0.98	0.96	0.95	
H_2S		0.312	0.364		0.478		0.604		0.735		0.865	0.981	1.19	1.15	1.44	1.084
$E \times 1.013 \times 10^3$ Pa																
Br_2	0.213	0.275	0.366	0.466	0.593	0.737	0.905	1.09	1.33	1.58	1.91	2.51	3.21	4.04	—	—
SO_2	0.165	0.2	0.242	0.29	0.35	0.408	0.479	0.56	0.652	0.753	0.86	1.1	1.37	1.68	1.98	—

(3) 气相浓度用摩尔分数表示

$$y^* = mx \tag{4-9}$$

式中 y^*——溶质气体在溶液表面上的平衡浓度,用摩尔分数表示;
x——溶质气体在液相中的摩尔分数;
m——相平衡常数。

式(4-9)说明当吸收达到平衡时,气相中以摩尔分数表示的平衡浓度与溶质气体在相液中的摩尔分数成正比。

在 $y-x$ 坐标上,将 x 对 y 绘成曲线,此曲线称为平衡线。对于难溶气体,m 是一个常数,即 $y^* = mx$ 为一直线方程。对于浓溶液,m 不是常数,则平衡线为一曲线,如图4-2所示。

相平衡常数 m 的数值同样可以判断气体组分溶解度的大小。m 值越大,则表明该气体的溶解度越小。m 不仅与温度、总压有关,也与溶液的组成有关。一般对某种溶液,m 值随温度的升高而加大,随总压的升高而减小。

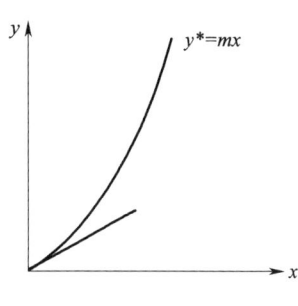

图4-2 平衡曲线

(4) 用比摩尔分数表示

在吸收过程中,由于惰性气体和吸收剂均为溶质气体在气液相中的载体,它们在吸收过程中常视为不消耗,因此在计算中常用比摩尔分数表示相的组成。则亨利定律可以表示为:

$$Y^* = \frac{mX}{1+(1-m)X} \tag{4-10}$$

式中 Y^*——溶质气体在溶液表面上的平衡浓度,以比摩尔分数表示;
X——溶质气体在液相中的摩尔分数。

式(4-10)标绘出的平衡线为一曲线。当溶液浓度很小时,即 X 值很小时,式(4-10)可简化为

$$Y^* = mX \tag{4-11}$$

式(4-11)适用于稀溶液,而净化有毒气体的吸收过程均形成稀溶液,因此使用式(4-11)更为方便。

3. 亨利定律中几个系数之间的关系

式(4-3)中溶质气体在溶液中的摩尔浓度 C 为单位体积溶液中溶质气体的摩尔数,即

$$C = \frac{n_A}{m^3} = \frac{n_A}{n_A + n_C} \cdot \frac{n_A + n_C}{m^3}$$

如令 ρ' 为溶液中溶质组分 A 和溶剂 C 的总摩尔浓度,即 $\rho' = \frac{n_A + n_C}{m^3}$,则上式可写成:

$$C = x\rho' \tag{1}$$

将(1)代入式(4-7):

$$p^* = \frac{C}{H} = \frac{x\rho'}{H}$$

从式(4-8)可以得出:

$$Ex = \frac{x\rho'}{H}$$

则

$$E = \frac{\rho'}{H} \tag{2}$$

在稀溶液中,溶质组分的摩尔数可忽略不计,如溶液密度为 ρ_L(或用溶剂密度 ρ_c 代替也可),溶剂 C 的相对分子质量 M_c,则

$$E = \frac{\rho_L}{M_c} \cdot \frac{1}{H} \tag{3}$$

如总压为 P_t,则溶质气体的分压 p 为:

$$p = P_t y$$

由式(4-8)和式(4-9)得:

$$x = \frac{y^*}{m} = \frac{p^*/P_t}{m} = \frac{p^*}{E}$$

则

$$E = mP_t \tag{4}$$

由式(3)和式(4)得:

$$m = \frac{E}{P_t} = \frac{\rho_L}{M_c H P_t} \tag{5}$$

[例 4-1] 已知在 1.013×10^5 Pa、20 ℃时氨在水中的溶解度数据为

| 克氨/1 000 克水 | 13 | 55 | 70 | 100 |
| 氨的分压(Pa) | 2 400 | 4 666 | 6 133 | 9 333 |

试将平衡数据换算为 $x - y$(摩尔分数)与 $X - Y$(比摩尔分数)形式。

解: 以第一个数据为例

$$x = \frac{13/17}{13/17 + 1\ 000/18} \approx 0.013\ 6$$

$$y = \frac{2\ 400}{1.013 \times 10^5} \approx 0.023\ 7$$

$$X = \frac{x}{1-x} = \frac{0.013\ 6}{1 - 0.013\ 6} \approx 0.013\ 8$$

$$Y = \frac{y}{1-y} = \frac{0.023\ 7}{1 - 0.023\ 7} \approx 0.024\ 3$$

计算结果如下：

x	0.013 6	0.055 0	0.069 0	0.095 7
y	0.023 7	0.046 1	0.060 5	0.092 1
X	0.013 8	0.058 2	0.074 1	0.105 8
Y	0.024 3	0.048 3	0.064 4	0.101 4

[例4-2] 1.013×10^5 Pa、20 ℃时氨在水中的平衡溶解度见表4-5。

表4-5　　　　　　　20 ℃时氨在水中的平衡溶解度

溶液浓度 $\left(\dfrac{\text{kgNH}_3}{100\ \text{kgH}_2\text{O}}\right)$	0	0.5	1	1.5	2	2.5
氨分压（Pa）	0	400	800	1 200	1 600	2 000

（1）试将以上平衡关系换算成 C（kmol/m³）和 p^*（Pa）的关系。

（2）将 $p^* = f(C)$ 的关系分别用 $p^* = f(x)$、$y^* = f(x)$、$Y^* = f(X)$ 等式表示。

解：（1）当氨溶液浓度很低时，其密度可以认为与水相同，$\rho_0 = 1\ 000$（kg/m³）。以第二点为例计算如下：

$$C = \frac{G_{\text{NH}_3}/M_{\text{NH}_3}}{(G_{\text{NH}_3} + G_{\text{H}_2\text{O}})/\rho_{0溶液}} = \frac{0.5/17}{(0.5 + 100)/1\ 000} \approx 0.293\ (\text{kmolNH}_3/\text{m}^3)$$

（其中 G 表示质量，M 表示摩尔质量）

同理，第三点计算如下：

$$C = \frac{G_{\text{NH}_3}/M_{\text{NH}_3}}{(G_{\text{NH}_3} + G_{\text{H}_2\text{O}})/\rho_{0溶液}} = \frac{1/17}{(1 + 100)/1\ 000} \approx 0.582\ (\text{kmolNH}_3/\text{m}^3)$$

将各点计算结果列表（见表4-6）。

表4-6　　　　　　　各点溶液浓度及分压

溶液浓度 C（kmolNH₃/m³）	0	0.293	0.582	0.869	1.15	1.435
p_{NH_3}（Pa）	0	400	800	1 200	1 600	2 000

（2）将平衡关系用各种不同的形式表示如下：

1）用 $p^* = f(C)$ 表示，即 $p^* = \dfrac{C}{H}$。取表 4-6 中第二点计算出 H 值。

$$H = \frac{C}{p^*} = \frac{0.293}{400} \approx 7.33 \times 10^{-4} \ (\text{kmolNH}_3/\text{m}^3 \cdot \text{Pa})$$

所以，$p^* = \dfrac{C}{H} = \dfrac{C}{7.33 \times 10^{-4}} \approx 1\,364C$

2）用 $p^* = f(x)$ 表示，即 $p^* = Ex$。取表 4-5 中任一点，将浓度换算成摩尔分数 x 便可以计算出 E 值，取第二点计算。

$$x = \frac{G_{\text{NH}_3}/M_{\text{NH}_3}}{(G_{\text{NH}_3}/M_{\text{NH}_3}) + (G_{\text{H}_2\text{O}}/M_{\text{H}_2\text{O}})} = \frac{0.5/17}{(0.5/17) + (100/18)} \approx 0.005\,26$$

因为，$E = \dfrac{p^*}{x} = \dfrac{400}{0.005\,26} \approx 76\,046\ \text{Pa}$

所以，$p^* = Ex = 76\,046x$

3）用 $y^* = f(x)$ 表示，即 $y = mx$。仍取表 4-6 中任一点，将气液两相浓度都换算成摩尔分数 x 和 y，求出 m 值，取第二点计算。

已知：$x = 0.005\,26$ 且 $y^* = \dfrac{p^*}{P_t}$

$$y^* = \frac{400}{1.013 \times 10^5} \approx 0.003\,95$$

由此，$m = \dfrac{y^*}{x} = \dfrac{0.003\,95}{0.005\,26} \approx 0.751$

即 $y^* = 0.751x$

4）用 $Y^* = f(x)$ 表示，即 $Y = \dfrac{mX}{1 + (1-m)X}$，将前边的 m 值代入。

$$Y^* = \frac{0.751X}{1 + (1 - 0.751)X} = \frac{0.751X}{1 + 0.249X}$$

在给定的浓度范围内，溶液很稀，$0.249X$ 与 1 相比其值甚小，可以忽略不计，上式简化为：

$$Y^* = 0.751X$$

三、吸收过程的机理——双膜理论

吸收是吸收质从气相传递到液相的扩散过程。这种物质传递是通过气液两相界面完成的。有关这方面的理论已提出多种,如双膜理论、溶质渗透论、表面更新论等,而迄今为止应用最广泛的还是提出较早的双膜理论。其示意图如图4-3所示,其基本理论如下:

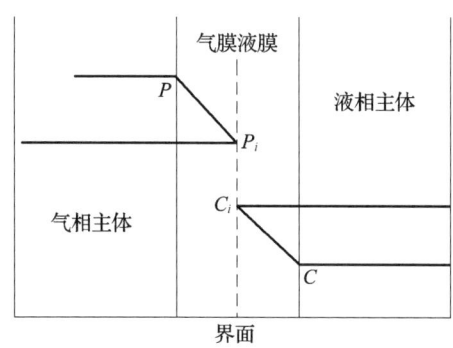

图4-3 双膜模型

1. 气液两相作相对运动时,两相之间有一个相界面,界面两侧分别存在着作滞流流动的气膜和液膜,被吸收组分只能以分子扩散方式从气相主体连续通过两膜进入液相主体,不存在对流扩散。膜的厚度与流体流动有关。

2. 两膜以外的气液相主体中,由于流体的充分湍动,组分的浓度基本是均匀的,没有浓度差。所以传质的阻力完全集中在气液两层滞流膜中。

3. 无论气液两相主体中的浓度是否达到平衡,气液两相的浓度在相界面上总是平衡的。

通过双膜理论的假设,把整个吸收过程简化成为通过气液两层滞流膜的分子扩散,因此两层膜分子扩散的阻力就成为吸收的总阻力。由于双膜理论把相间物质传递的复杂现象过于简化,因而在某些情况下使用会出现失真现象。但这个简化模型为求取吸收速率提供了基础,所以双膜理论至今仍是吸收设计的主要依据。

四、传质过程的机理——物质扩散

在吸收操作中,吸收质从气相转移到液相的传质过程是借助扩散作用实现的,所以说传质过程的基础是物质的扩散,故传质过程又称为扩散过程。

双膜理论指出吸收质经过气膜和液膜时是分子扩散。分子扩散常发生在静止的或垂直于浓度梯度方向做滞流的流体中。

只有物质在相间的分配处于不平衡状态时,才能使物质由一相传递到另一相,传质的方向或扩散的方向,总是从高浓度向低浓度转移。

1. 吸收质 A 通过气膜的稳定扩散

假定吸收质组分 A 通过惰性气体 B 的扩散是不随时间变化的稳定扩散,其扩散速率即单位时间经过单位传质面积的物质量,与组分 A 在扩散方向上的浓度梯度成正比。其数学表达式为:

$$N_A = - D_{AB} \frac{dC_A}{dZ} \tag{4-13}$$

式中　N_A——组分 A 的扩散速率,kmol/(m²·h);

　　　$\frac{dC_A}{dZ}$——组分 A 的浓度梯度,是扩散的推动力,表示组分 A 的浓度沿单位扩散距离 Z 的变化率;

　　　D_{AB}——组分 A 在惰性气体中的扩散系数,m²/h。

式中的负号表示组分 A 向浓度降低的方向扩散。扩散系数 D 表示物质在介质中的扩散能力,为物质的物理特性之一。其值主要与扩散物质和介质的种类、温度、压力有关,而与气体的浓度关系不大。扩散系数 D 随温度的升高和压力的降低而增大。

整理可得组分 A 在相对静止的惰性气体中扩散速率方程式:

$$N_A = \frac{D_{AB} p_t}{RTZ_G p_{Bm}}(p_A - p_{Ai}) \tag{4-13}$$

式中　N_A——吸收速率,kmol/(m²·h);

　　　D_{AB}——组分 A 在气膜中的扩散系数,m²/h;

　　　p_t——总压,1.01 kPa;

　　　R——气体常数,8 314.7 m³·Pa/(kmol·K);

　　　Z_G——气膜厚度,即扩散距离,m;

　　　p_A——组分 A 在气相主体中的分压,Pa;

　　　p_{Ai}——组分 A 在相界面的分压,即平衡分压,Pa;

　　　p_{Bm}——组分 B 在界面处的分压与在气相中分压的对数平均值,Pa。

$$p_{Bm} = \frac{p_{Bi} - p_B}{\ln \frac{p_{Bi}}{p_B}} = \frac{(p_t - p_{Ai}) - (p_t - p_A)}{\ln \frac{p_t - p_{Ai}}{p_t - p_A}}$$

式(4-13)中,p_t/p_{Bm} 称为漂流因数,它反映总体流动的相对大小,即在扩散方向上因有总体流动而使组分 A 扩散速率提高的程度。当吸收质浓度很低时,$p_{Bm} \approx P_t$,式(4-13)可简化为:

$$N_A = \frac{D_{AB}}{RTZ_G}(p_A - p_{Ai}) \tag{4-14}$$

2. 吸收质 A 通过液膜的稳定扩散

液体中分子扩散的速率，是按吸收质 A 通过相对静止溶剂的扩散速率计算的，同式（4-12）类比可得：

$$N_A = -D_{AC}\frac{dC_A}{dZ} \tag{4-15}$$

式中 D_{AC}——吸收质 A 在液体中的扩散系数，m^2/h。

整理后可得出

$$N_A = \frac{D_{AC}(C_A + C_C)}{Z_L C_{Cm}}(C_{Ai} - C_A) \tag{4-16}$$

式中 Z_L——液膜厚度，即扩散距离，m；

C_{Ai}, C_A——组分 A 在相界面和液相主体中的摩尔浓度，$kmol/m^3$；

C_C——吸收剂 C 在液相中的摩尔浓度，$kmol/m^3$；

C_{Cm}——吸收剂 C 在相界面和液相主体中两处浓度的对数平均值，$kmol/m^3$。

若为稀溶液，则 $C_C \gg C_A$，此时式（4-16）中的 $(C_C + C_A)/C_{Cm}$ 值近似为 1，式（4-16）化简为

$$N_A = \frac{D_{AC}}{Z_L}(C_{Ai} - C_A) \tag{4-17}$$

3. 扩散系数的求取

气体组分在气体中扩散时，扩散系数 D 比气体组分在液相中的扩散系数 D' 大得多，一般 D_{AC} 为 D_{AB} 的 $1 \times 10^{-5} \sim 1 \times 10^{-4}$。常见气体的扩散系数列于表 4-7 中。

表 4-7　　　　　常见气体的扩散系数（cm^2/s）

气体	D_{AB} 在 101 kPa 和 0 ℃时的扩散系数			$D_{AC} \times 10^5$ 在水中的扩散系数（20 ℃）	气体	D_{AB} 在 101 kPa 和 0 ℃时的扩散系数			$D_{AC} \times 10^5$ 在水中的扩散系数（20 ℃）
	在空气中	在 CO_2 中	在 H_2 中			在空气中	在 CO_2 中	在 H_2 中	
氨	0.132	0.146	0.674	1.64	二氧化硫	0.122	—	0.480	1.47
一氧化氮	0.145	—	—	1.54	三氧化硫	0.094	—	—	—
二氧化氮	0.119	—	—	—	甲苯	0.071	—	—	—

续表

气体	D_{AB} 在 101 kPa 和 0 ℃时的扩散系数			$D_{AC} \times 10^5$ 在水中的扩散系数 (20 ℃)	气体	D_{AB} 在 101 kPa 和 0 ℃时的扩散系数			$D_{AC} \times 10^5$ 在水中的扩散系数 (20 ℃)
	在空气中	在 CO_2 中	在 H_2 中			在空气中	在 CO_2 中	在 H_2 中	
氨	0.198	—	0.745	1.76	二氧化碳	0.138	—	0.550	1.77
丙酮	0.082	—	—	1.03	一氧化碳	0.202	0.137	0.651	1.9
苯	0.077	0.053	0.295	—	醋酸（乙酸）	0.106	0.72	0.416	0.88
水（蒸汽）	0.220	0.139	0.752	—	氯	0.124	—	—	1.22
氢	0.611	0.550	—	5.13	氯化氢	0.130	—	0.712	2.64
氧	0.178	—	0.697	1.8	乙醇	0.102	0.068	0.375	1.0
甲烷	0.223	0.153	0.625	2.06	乙酸乙酯	0.072	0.049	0.273	—
甲醇	0.132	0.088	0.506	1.28	乙烯	0.152	—	0.486	1.59
硫化氢	0.127	—	—	1.41	乙醚	0.078	0.055	0.296	—
二硫化碳	0.089	0.063	0.369	—					

表 4-7 给出了常见气体在压强 $p_0 = 101$ kPa，温度 $T_0 = 273$ K 时扩散系数的值。如果已知在标准状态下的扩散系数 D_0，则可按式（4-18）计算出温度为 T、压强为 p 时的扩散系数 D 值。

$$D = D_0 \frac{p_0}{p} \left(\frac{T}{T_0}\right)^{\frac{3}{2}} \tag{4-18}$$

第三节 吸收速率方程式

一、吸收速率方程式

吸收过程中，单位时间通过单位相际传质面积所传递的物质量即为吸收速率。它反映了吸收过程快慢的程度。表达吸收速率及其影响因素的数学表达式即吸收速率方程式，它具有速率 = 推动力/阻力的形式。

1. 组分 A 通过气膜的吸收速率方程式

根据前述双膜理论，吸收过程即为吸收质通过两层膜的分子扩散过程，所以组分 A 通过气膜的分子扩散速率即为其吸收速率。

由式（4-13）或式（4-14）

令 $\dfrac{D_{AB} P_t}{RT Z_G p_{Bm}} = k_G$ 或 $\dfrac{D_{AB}}{RT Z_G} = k_G$

则 $$N_A = k_G(p_A - p_{Ai}) \tag{4-19}$$

式中 k_G——气相吸收分系数，$kmol/(m^2 \cdot h \cdot Pa)$。

式（4-19）称为气相吸收速率方程式。气相吸收系数 k_G 的倒数 $1/k_G$ 即吸收质 A 通过气膜的阻力。

2. 组分 A 通过液膜的吸收速率方程式

同前所述，组分 A 通过液膜的分子扩散速率即为其吸收速率。

由式（4-16）或式（4-17）

令 $\dfrac{D'}{Z_L} \cdot \dfrac{(C_A + C_C)}{C_{Cm}} = k_L$ 或 $\dfrac{D'}{Z_L} = k_L$

则 $$N_A = k_L(C_{Ai} - C_A) \tag{4-20}$$

式中 k_L——液相吸收分系数，m/h。

式（4-20）称为液相吸收系数速率方程式。液相吸收分系数 k_L 的倒数 $1/k_L$ 即吸收质 A 通过液膜的阻力。

二、吸收总系数和分系数的关系

吸收分系数是以相界面的组成 p_{Ai}、C_{Ai} 为依据的。实际应用时，往往避开不易测得的相界面浓度，以及不易由试验确定的分系数，采用跨过双膜的推动力和阻力所表达的吸收速率方程式。

从整个吸收过程看，只要过程是稳定的，在两相界面上无积累或消耗，则单位时间、单位相界面上通过气膜所传递的物质量，必与通过液膜传递的物质量相等，即吸收速率相等。

则 $$N_A = k_G(p_A - p_{Ai}) = k_L(C_{Ai} - C_A) \tag{4-21}$$

在吸收操作中，已知气液两相的平衡关系服从亨利定律，即

在两相主体 $C_A = H p_A^*$

在两相界面 $C_{Ai} = H p_{Ai}$

代入式（4-21），可得：

$$N_A = k_G(p_A - p_{Ai}) = k_L(C_{Ai} - C_A) = k_L H(p_{Ai} - p_A^*)$$

将上式改写为：

$$N_A = \frac{p_A - p_A^*}{\dfrac{1}{k_G} + \dfrac{1}{Hk_L}} = K_G(p_A - p_A^*) \tag{4-22}$$

$$\frac{1}{K_G} = \frac{1}{k_G} + \frac{1}{Hk_L} \tag{4-23}$$

式中 K_G——以气相组成 $(p_A - p_A^*)$ 表示吸收过程总推动力的气相传质总系数，$kmol/(m^2 \cdot h \cdot Pa)$。

同理可得：

$$N_A = \frac{C_A^* - C_A}{\dfrac{H}{k_G} + \dfrac{1}{k_L}} = K_L(C_A^* - C_A) \tag{4-24}$$

$$\frac{1}{K_L} = \frac{H}{k_G} + \frac{1}{k_L} \tag{4-25}$$

式中 K_L——以液相组成 $(C_A^* - C_A)$ 表示吸收过程总推动力的液相传质总系数，m/h。

式（4-22）、式（4-24）分别为以不同推动力表示的吸收速率方程式。推动力以 $(p_A - p_A^*)$ 表示的为气相传质速率方程，而推动力以 $(C_A^* - C_A)$ 表示的为液相传质速率方程。两式中的分母分别表示过程的总阻力。过程的总阻力等于每相阻力之和。这种相阻力的加合性的假定，是吸收机理的重要概念。式（4-23）说明过程的总阻力 $1/K_G$ 为气膜阻力 $1/k_G$ 和液膜阻力 $1/Hk_L$ 之和。式（4-25）也说明同样的道理。

[例4-3] 已知苯填料塔中气相吸收分系数 $k_G = 2.67 \times 10^{-6}$ kmol/$(m^2 \cdot h \cdot Pa)$，液相传质分系数 $k_L = 0.42$ m/h。试计算气相和液相传质总系数。已知平衡关系 $y^* = 102x$，吸收剂是水，塔内总压 104 800 Pa。

解：由式 $\dfrac{1}{K_G} = \dfrac{1}{k_G} + \dfrac{1}{Hk_L}$ 可知：

对于稀溶液，$H = \dfrac{\rho_0}{M_0 E}$

$$E = mP_t = 102 \times 104\,800 \approx 1.069 \times 10^7 (Pa)$$

对于水，$M_0 = 18$，$\rho_0 \approx 1\,000$ kg/m^3

$$H = \frac{1\,000}{18 \times 1.069 \times 10^7} \approx 5.197 \times 10^{-6} \, [kmol/(m^3 \cdot Pa)]$$

$$K_G = \frac{1}{\dfrac{1}{2.67 \times 10^{-6}} + \dfrac{1}{5.197 \times 10^{-6} \times 0.42}}$$

$$\approx \frac{1}{374\ 500 + 458\ 100}$$

$$\approx 1.201 \times 10^{-6}\ [\text{kmol}/(\text{m}^2 \cdot \text{h} \cdot \text{Pa})]$$

$$K_L = \frac{K_G}{H} = \frac{1.201 \times 10^{-6}}{5.197 \times 10^{-6}} \approx 0.231\ (\text{m/h})$$

若气液两相的组分分别用比摩尔分率 Y、X 表示,则吸收速率方程式可写成:

$$N_A = k_Y(Y_A - Y_{Ai}) = K_Y(Y_A - Y_A^*) \tag{4-26}$$

$$N_A = k_X(X_{Ai} - X_A) = K_X(X_A^* - X_A) \tag{4-27}$$

式中 k_Y——以气相推动力 ($Y_A - Y_{Ai}$) 表示的气相吸收分系数,$\text{kmol}/(\text{m}^2 \cdot \text{h})$;

K_Y——以气相推动力 ($Y_A - Y_A^*$) 表示的气相吸收总系数,$\text{kmol}/(\text{m}^2 \cdot \text{h})$;

k_X——以液相推动力 ($X_{Ai} - X_A$) 表示的液相吸收分系数,$\text{kmol}/(\text{m}^2 \cdot \text{h})$;

K_X——以液相推动力 ($X_A^* - X_A$) 表示的液相吸收总系数,$\text{kmol}/(\text{m}^2 \cdot \text{h})$。

若吸收过程的平衡关系符合亨利定律,气液相组成以比摩尔分数表示,应有:

$$Y^* = mX$$

由此可以得出以比摩尔分数之差为推动力的各吸收系数之间的关系为:

$$\frac{1}{K_Y} = \frac{1}{k_Y} + \frac{m}{k_X} \tag{4-28}$$

$$\frac{1}{K_X} = \frac{1}{mk_Y} + \frac{1}{k_X} \tag{4-29}$$

由式 (4-23) 和式 (4-25) 可得:

$$K_G = HK_L \tag{4-30}$$

由式 (4-28) 和式 (4-29) 可得:

$$K_Y = \frac{1}{m}K_X \tag{4-31}$$

当吸收质在气液两相浓度很低时,有如下关系:

$$k_Y = P_t k_G$$

$$k_X = \rho' k_L$$

$$K_Y = P_t K_G$$

$$K_X = \rho' K_L$$

上式中的 ρ' 为溶液的总摩尔浓度 (kmol/m^3),式中的 P_t 为总压。

三、影响吸收的因素

有害组分的吸收量,即单位时间的传质量 G,可用数学式表示:

$$G = KF\Delta C \tag{4-32}$$

式中　G——单位时间的传质量，kmol/h；

　　　K——吸收总系数，kmol/(m²·h)；

　　　F——垂直于吸收方向的面积，或气液相接触表面积，m²；

　　　ΔC——传质推动力，浓度差，无因次。

1. 浓度差 ΔC 的影响

气相与液相的浓度，沿着其运动的接触表面而变化。因此，传质的推动力沿接触表面通常也是发生变化的，所以一般在计算时应用推动力的平均值。

在吸收净化操作中，根据净化要求，操作条件是规定好的，因此推动力也就决定了。如果要增大吸收的推动力，可采用以下几种方法：降低系统温度，可使平衡线接近横坐标；增加系统的压力；选择对吸收质溶解度更大的吸收剂；适当地增加吸收剂的用量等。采用化学吸收也可以增加吸收速率。

2. 传质面积 F 的影响

吸收设备中其气、液两相在相互运动时的接触面积为传质面积。因其运动的接触面通常是变化的，所以，无论在设计或操作过程中，都力求在较小的吸收空间内得到比较大的传质面积。

3. 吸收总系数 K 的影响

影响吸收总系数的因素十分复杂。例如，物料的性质、设备的形状和尺寸、物料的流动速度等，对其影响都很大。物料和设备决定后，流速的影响十分重要。在一定的范围内，随着流速的增加，吸收总系数也增大。

吸收系数的求取，一般通过中间试验或生产设备实测而得，也可以相似理论整理实验数据，由准数方程式算出。如有适合于该情况下的吸收系数，也可采用。

四、气膜控制与液膜控制

从式（4-23）和式（4-25）可以看出，气体溶解度对传质的影响。

1. 气膜控制

当气体的溶解度很大时，即易溶气体 H 值很大，式（4-23）中的 $1/Hk_L \to 0$，即 $\dfrac{1}{k_G} \gg \dfrac{1}{Hk_L}$，则式（4-23）可变为：

$$K_G \approx k_G$$

此时说明吸收过程的总阻力 $1/K_G$ 主要由气膜阻力构成，液膜阻力可以忽略不计，故此吸收过程为气膜控制。此时吸收速率方程可按下式计算较为方便。

$$N_A = K_G(p_A - p_A^*) = K_Y(Y_A - Y_A^*)$$

2. 液膜控制

当气体的溶解度很小时，即难溶时，由于 H 值很小，则式（4-25）中的 $H/k_G \to 0$，即 $\dfrac{1}{k_L} \gg \dfrac{H}{k_G}$，此时式（4-25）可变为：

$$K_L \approx k_L$$

此时说明吸收过程的总阻力 $1/K_L$ 主要由液膜阻力构成，气膜阻力可以忽略不计，故此吸收过程为液膜控制。此时吸收速率方程式可按下式计算较为方便。

$$N_A = K_L(C_A^* - C_A) = K_X(X_A^* - X_A)$$

3. 气液膜控制

当气体溶解度适中时，式（4-23）和式（4-25）无法简化，即气、液膜的吸收阻力均很显著。此时的吸收总系数只有按式（4-23）和式（4-25）求取。

第四节　吸收流程与操作

一、吸收与解吸

简单的吸收过程，是吸收剂与混合气体进行一次接触，其流程如图 4-1 所示。这种装置可将被吸收组分吸收得比较完全，以达到国家排放标准。此时塔底吸收液浓度很低。若减小吸收剂用量，则塔底吸收液浓度增大，但造成吸收推动力减小。故图 4-1 所示装置只适用于工业吸收中不解吸的情况，此时吸收的结果是得到成品、半成品，或者吸收的目的是为了气体的净化。

为了得到浓度较高的吸收液以便于加工利用，或吸收剂的价格昂贵，或要取出吸收过程中放出的热量，就需将塔底流出的吸收液部分再循环使用，如图 4-4 所示。如处理气量较大，所需吸收塔的塔径过大或塔过高时，可以考虑将几个小塔并联或串联使用。图 4-5 所示为串联的逆流吸收流程。

与吸收过程相反，将已溶解的气体自溶液中释放出来的操作称为解吸或提馏。吸收后的溶液通常送去解吸。有解吸的吸收，吸收剂能够多次使用，并可将被吸收组分释出。在这样的流程中，如不考虑某些损失，吸收剂是不消耗的。

液体减压解吸是解吸中最简单的方法之一，尤其是在加压吸收的情况下，解吸在减到常压时即可实现。若为常压吸收时，解吸则在真空条件下进行。

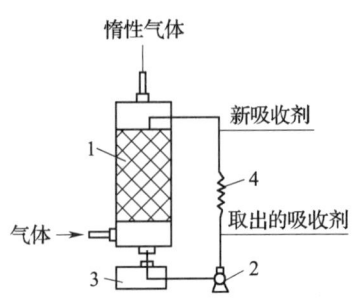

图 4-4 带部分吸收剂再循环的流程
1—吸收塔　2—泵　3—液槽　4—冷却器

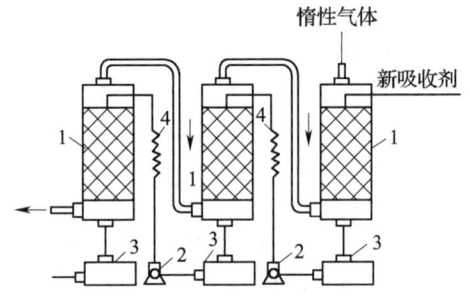

图 4-5 串联的逆流吸收流程
1—吸收塔　2—泵　3—液槽　4—冷却器

加热解吸是最普通的解吸方法，解吸过程是用直接蒸气作为解吸剂或者通过器壁加热的方法提高温度，增加组分在液面上的平衡分压，从而使组分解吸出来。在此情况下，解吸温度高于吸收温度。

在惰性气流（空气）中解吸法是通入大量的惰性气体，相应地降低了组分在气相中的分压，使其小于液面上的平衡分压，促使组分从溶剂中脱出。

当吸收过程中伴有不可逆的化学吸收时，吸收剂不能用解吸方法再生，可用化学方法进行再生。

二、吸收操作与操作线方程

以填料塔为基础讨论这个问题，在塔中气液两相逆向流动，而操作是稳定的连续过程，即通过塔体的吸收剂和惰性气体的量基本上都无变化，所以在作物料衡算时，用比摩尔分数来表示气相和液相的组成最为方便。

图 4-6 是逆流吸收塔的操作示意图，如令：

V——单位时间通过塔的惰性气体量，kmol/h；

L——单位时间通过塔的吸收剂量，kmol/h；

Y_1, Y_2, Y——塔底气体入口和塔顶气体出口及截面上的气相组成，kmol 吸收质/kmol 惰性气体；

X_2, X_1, X——塔顶液体入口和塔底液体出口及截面上的液相组成，kmol 吸收质/kmol 吸收剂。

设考虑图示塔中的任一截面，在此截面上的组成为 X 及 Y。因气相和液相的组成在吸收塔中逐点不同，故其数值应随截面

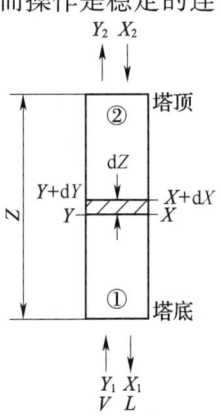

图 4-6 逆流吸收塔操作示意图

位置而不同。再考虑与此截面相距一微分距离 dZ 的一截面，其对应组成为 $X + dX$ 及 $Y + dY$。故在稳定操作条件下，在这个微分截段上从气相中扩散传出的吸收质必为同截段的液相所吸收，由此得出在任意截段的物料衡算式如下：

$$dG = V(-dY) = (-L)dX \tag{4-33}$$

式中　　　　dG——扩散传质量，kmol 吸收质/h；

$(-dY)$ 的负号——吸收质扩散传出；

$(-L)$ 的负号——液流与气流流向相反。

整理上式，得：$VdY = LdX$

又因在稳定连续操作的条件下，L、V 都是定值，上式可直接就任意截面与塔底进行积分，得：$V(Y_1 - Y) = L(X_1 - X)$ 或 $Y = \frac{L}{V}X + \left(Y_1 - \frac{L}{V}X_1\right)$

上式为通过 (X_1, Y_1) 点的直线方程式，其斜率为 $\frac{L}{V}$。

若就全塔进行衡算，则得：

$$V(Y_1 - Y_2) = L(X_1 - X_2) \tag{4-34}$$

式（4-34）为通过 (X_1, Y_1) 和 (X_2, Y_2) 点的直线，这条直线叫作操作线，表示操作线的数学式叫作操作线方程式。操作线上的任意一点，代表吸收塔任意截面上的气、液两相组成（X 及 Y）之间的关系。

图 4-7 是根据某物料的性质及吸收操作条件绘制的操作线和平衡线。图中 OC 曲线是由气液相的平衡关系 $Y = f(X)$ 得到的气液相平衡线。直线 AB 为吸收塔的操作线。$A(Y_2, X_2)$ 代表塔顶的气液相组成，$B(Y_1, X_1)$ 代表塔底的气液相组成。

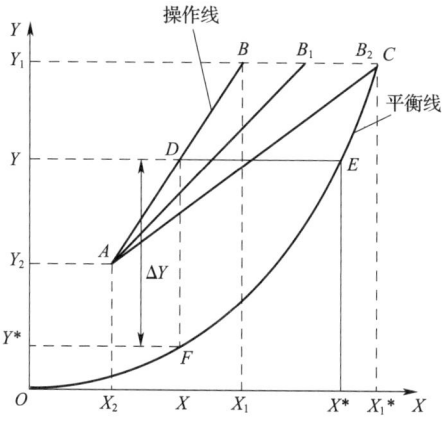

图 4-7　填料吸收塔的操作线和平衡线

三、吸收剂的用量

吸收剂在单位时间的消耗量对吸收操作是一项很重要的工艺数据。当处理气体量一定时,往往要根据净化任务的要求确定合理的吸收剂用量。下面讨论如何计算吸收剂的用量问题。

吸收剂的比用量也称吸收剂的单位消耗量或液气比,它是指处理每 1 kmol 惰性气体所需要的吸收剂的 kmol 数。在吸收塔的计算中,需要处理的惰性气体量 V,气相的初始和终止的浓度 Y_1 和 Y_2 以及吸收剂进塔的组成 X_2,都为过程本身和生产分离要求所决定,而所需的吸收剂的用量则有待于选择,它直接影响着设备的尺寸和操作费用。

根据操作线方程式(4-34)可得单位惰性气体所需吸收剂的量:

$$\frac{L}{V} = \frac{Y_1 - Y_2}{X_1 - X_2}$$

而 $\frac{L}{V}$ 就是操作线的斜率,它影响操作线的位置。若吸收剂的用量减少,操作线的斜率就变小,操作线向平衡线靠近,推动力变小。当操作线与平衡线相交时,吸收的推动力为零,液相的浓度已与气相的浓度平衡,吸收过程停止进行,此时吸收剂的用量最小而吸收液的浓度最高;若吸收剂的用量增加,操作线的斜率就变大,操作线向远离平衡线方向偏离,此时操作线与平衡线距离加大,吸收的推动力加大,完成同样的生产任务,设备尺寸可以减小,但操作费用却增加。

根据以上的分析可知,若 $\frac{L}{V}$ 过大,则吸收剂的比用量太大,吸收液的浓度很稀,无论是用来输送吸收剂的费用或用于解吸的费用都要增加;而 $\frac{L}{V}$ 过小,则所需的吸收塔必将过高,用于建造吸收塔的投资将增大。一般设计吸收塔时,应在这两者(吸收剂用量和塔高)之间加以权衡,选择最佳的吸收剂比用量,使两者的和为最小。吸收剂的用量既不能过高也不能过低。确定的出发点还在于最小吸收剂用量,根据最小用量扩大一定的倍数后作为操作的实际用量。在实际操作中,为保证合理的吸收塔的生产能力,多取

$$L_{实际} = 1.1 \sim 2 L_{最小}$$

$L_{最小}$ 的值可以按式(4-35)计算:

$$\frac{L_{最小}}{V} = \frac{Y_1 - Y_2}{X_1^* - X_2}$$

$$L_{最小} = V\left(\frac{Y_1 - Y_2}{X_1^* - X_2}\right) \tag{4-35}$$

式中 X_1^* ——与 Y_1 平衡时液相中吸收质的平衡浓度。

若平衡关系可以用 $Y = mX^*$ 表达，则式（4-35）变为：

$$L_{最小} = V\left(\frac{Y_1 - Y_2}{Y_1/m - X_2}\right)$$

引入相平衡常数 m 后，可用上式计算最小吸收剂用量。此外，X_1^* 也可根据 Y_1 的数值来确定。

在实际应用中，吸收剂的用量还要通过校核喷淋密度的方式最终确定，目的在于保证填料的充分润湿以得到最大的传质面积。一般填料塔的喷淋密度为 5 ~ 12 $m^3/(m^2 \cdot h)$，但实际值比这个数值要大得多。目前，作为填料塔设计中应用的另一个方法是基于润湿率概念，所谓润湿率是单位填料周边长度的液体体积流量。填料层的周边长度在数值上等于单位体积填料层的表面积。为了保证比较充分润湿填料表面，一般规定的最小润湿率数值如下：一般填料为 0.08 $m^3/(m \cdot h)$，$\phi 76$ mm 以上的环形填料和板距 $\phi 50$ mm 以上的栅板填料为 0.12 $m^3/(m \cdot h)$。实际所用的吸收剂量应大于最小润湿率，如果限于生产条件，所采用的喷淋密度使润湿率低于上述规定数值，便要增高填料层作为补偿，即按正规方法算出的填料层高度要再除以一个填料表面有效程度分数 η，此值可由图 4-8 中查取。

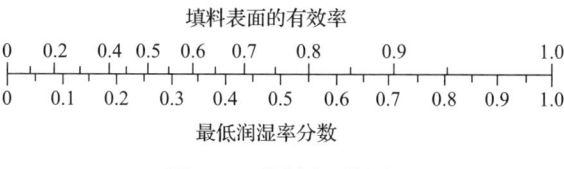

图 4-8　填料表面效率

图中最小润湿率分率为：

$$最小润湿率分率 = \frac{操作的润湿率}{规定的最小润湿率}$$

在填料塔设计中必须作最小润湿率的校核。

[**例 4-4**]　有一填料塔，用 20 ℃ 的水从空气和氨气混合气中吸收氨，氨的体积分数为 6%，气体入口流量为 1 400 m^3/h（0 ℃），经吸收后，98% 的氨被吸收。设进塔水中不含氨，平衡关系服从亨利定律 $Y = 1.68X$。求：（1）最小用水量；（2）实际用水量（$L = 1.38 L_{最小}$）；（3）氨水的最大浓度。

解：气体进口浓度 $Y_1 = \dfrac{0.06}{1-0.06} \approx 0.0638$（kmolNH$_3$/kmol 空气）

气体出口浓度 $Y_2 = Y_1(1-0.98) \approx 0.00128$（kmolNH$_3$/kmol 空气）

吸收剂进口浓度 $X_2 = 0$

混合气体中空气量 $V = \dfrac{1400}{22.4} \times (1-0.06) = 58.75$（kmol 空气/h）

(1) $L_{\min} = V\dfrac{Y_1-Y_2}{Y_1/m-X_2} = 58.75 \times \dfrac{0.0638-0.00128}{\dfrac{0.0638}{1.68}-0} = 96.7$（kmol/h）

(2) $L = 1.38 L_{\min} = 1.38 \times 96.7 = 133.4$（kmol/h）

(3) $X_{1\max} = X_1^* = \dfrac{Y_1}{m} = \dfrac{0.0638}{1.68} = 0.0380$（kmolNH$_3$/kmolH$_2$O）

[例 4-5] 某厂含 5%（体积分数）SO$_2$ 的废气用清水吸收，需处理的混合气量为 1000 m^3/h，吸收率为 90%，吸收水温为 20 ℃，操作压力为 101 kPa。试计算其用水量（$L = 1.5 L_{\min}$）。

已知 SO$_2$ 在 20 ℃下的溶解度数据如下：

SO$_2$(kgSO$_2$/100 kgH$_2$O)	1	0.7	0.5	0.3	0.2
液面上 SO$_2$ 分压(Pa)	7.87×10^3	5.16×10^3	3.47×10^3	1.88×10^3	1.12×10^3

解： $Y_1 = \dfrac{0.05}{1-0.05} \approx 0.0526$（kmolSO$_2$/kmol 空气）

$Y_2 = Y_1(1-0.9) = 0.00526$（kmolSO$_2$/kmol 空气）

$X_2 = 0$

吸收剂出口最大浓度 X_1^* 取与进口气相分压对应的平衡浓度。

进口气体分压 $p_{SO_2} = 101 \times 10^3 \times 0.05 = 5.05 \times 10^3$（Pa）

由已知数据，用内插法的 p_{SO_2} 为 5.05×10^3 Pa 时，SO$_2$ 的溶解度为 0.69 kg SO$_2$/100 kgH$_2$O

即 $X_1^* = \dfrac{0.69/64}{100/18} \approx 0.00194$（kmolSO$_2$/100 molH$_2$O）

混合气体中空气流量

$$V = \dfrac{1000}{22.4} \times \dfrac{273}{273+20} \times (1-0.05) \approx 39.5 \text{（kmol/h）}$$

则 $L_{min} = V \dfrac{Y_1 - Y_2}{X_1^* - X_2} = 39.5 \times \dfrac{0.0526 - 0.00526}{0.00194 - 0} \approx 964 \, (\text{kmolH}_2\text{O/h})$

$L = 1.5 L_{min} = 1.5 \times 964 \times \dfrac{18}{1000} \approx 26.0 \, (\text{t/h})$

第五节　化学吸收和非等温吸收

一、化学吸收

1. 概述

伴有显著化学反应的吸收过程为化学吸收，可以是被溶解的气体与吸收剂或与溶于吸收剂中的其他物质进行化学反应，也可以是两种同时溶进去的气体发生化学反应。如用各种酸溶液吸收 NH_3，用碱溶液吸收 SO_2、CO_2、H_2S 等过程，均属化学吸收。

由于发生了化学反应，使得化学吸收与物理吸收相比，具有以下优点：

（1）溶质进入溶剂后，因化学反应而消耗掉的单位体积溶剂能够容纳的溶质量增多。表现在平衡关系上是溶液的平衡分压降低，甚至可以降到零，从而使吸收推动力大大增加。

（2）如果化学反应进行很快，相界面附近溶入的气体将会很快地被消耗掉，则液膜吸收阻力大大降低，甚至降为零，致使吸收系数增大，吸收速率增加。

（3）化学吸收使得填料表面有效面积变大，因为物理吸收中部分液体在填料表面会停滞不动或缓慢流动，使其表面液体饱和，不能成为传质表面。

净化工程中应用的吸收操作，一般多为化学吸收。若进行的化学反应是可逆的，吸收剂用后仍可解吸回收。

2. 化学吸收机理

有关化学吸收机理，目前仍以双膜理论为依据。如前所述，物理吸收速率为吸收组分从气相主体通过气膜到界面和从界面通过液膜到液相主体的扩散速率。扩散阻力主要在气膜或液膜，或在二者均很显著。对于化学吸收，除考虑扩散速率外，还有化学反应动力学问题。

吸收操作中的化学反应有许多种。对于比较简单且有代表性的两分子反应即：$A + B \rightarrow C$，若反应产物仍然保留在液相中，其吸收过程要经历以下五步：（1）组分 A 从气相主体通过气膜向气液相界面扩散；（2）组分 A 在液膜向反应带扩散；

(3) 溶剂中的反应组分 B 从液相主体向反应带扩散；（4）组分 A 和组分 B 在反应带中进行化学反应；（5）反应产物 C 自反应带向液相主体扩散。

被吸收的气体组分和吸收剂（或它的活性组分）之间在液相进行反应，组分的一部分转变成化合态，致使液体中游离的组分浓度降低。由此导致了浓度梯度的增大，造成液相中的吸收速率大于物理吸收时的速率。化学反应速度越快，组分转变成化合态的速度也越快，液相中的吸收速率也就越大于物理吸收时的速率。

当反应速度很大时，组分达到气液相界面就参与反应，这时液膜阻力为零。反之，反应速度很慢时，化学吸收速率比物理吸收速率快得不多，甚至可以忽略不计，这时就如同物理吸收。

3. 化学反应对吸收的影响

图 4-9 所示是物理吸收与化学吸收的比较，从图中可以看出，被吸收组分 A 从气相主体扩散到气液相界面，其扩散机理与物理吸收是没有区别的。组分 A 到达相界面后与溶剂中的反应组分 B 进行化学反应，而 B 必须从液相主体扩散到界面或界面附近才能与 A 相遇。A 与 B 在什么位置上进行反应取决于反应速率与扩散速率的相对大小。反应进行得越快，A 消耗得越快，则 A 抵达气液界面后不用再扩散很远便会消耗干净；反之，A 也可能扩散到液相主体中仍有大部分未能参加反应。因此，化学吸收的液相吸收系数不仅取决于液相的物理性质与流动状态，而且取决于化学反应速度。由于化学反应速度不同，对液相吸收系数的影响也不同，即对吸收速率影响不同。

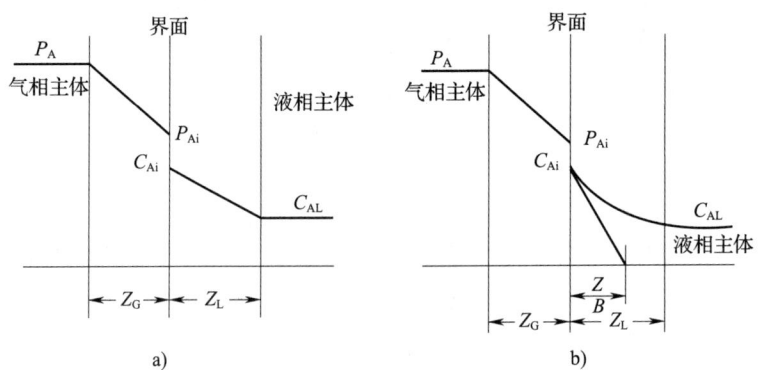

图 4-9 物理吸收和化学吸收的比较
a) 物理吸收 b) 化学吸收

二、非等温吸收

吸收过程多为放热过程,因此一般的吸收均为非等温吸收过程。吸收过程的热效应主要来源于三个方面。

(1) 溶解热。被吸收组分溶入吸收剂后产生的溶解热效应,又称混合热。它与温度、压强及溶液浓度有关。微分溶解热是指 1 kmol 溶质溶解于浓度为 X 的无限多量的溶液中时,所放出的热量。

在气体净化吸收中,一般所用吸收剂量足够大,可以认为符合这种情况,故放出热量可以通过微分溶解热求取。

(2) 反应热。吸收组分与吸收剂中活泼组分发生化学反应产生的反应热,多数为放热反应,具体数值可查阅有关资料。

(3) 潜热效应。气相的被吸收组分溶于吸收剂中放出的气化潜热效应。同时,吸收剂中具有挥发组分,自液相逸至气相,带走蒸发潜热。

在非等温吸收中,由于温度的变化而产生的影响主要有两个方面。

(1) 改变平衡线的位置。已知气液平衡关系是温度的函数,温度升高时,平衡线往上移动。假若操作线位置已定,则吸收推动力会因温度上升而减小。也可能由于平衡线上移使平衡线与操作线相交,使塔内吸收无法进行,或变成解吸过程。因此在非等温吸收中,应根据液相浓度和温度变化的情况定出实际平衡曲线,再由实际平衡曲线定出吸收剂的用量和操作线位置。这样吸收塔的计算便和等温吸收完全相同。

(2) 改变吸收速率。温度对于气相吸收分系数 k_G 和液相吸收分系数 k_L 影响各不相同。一般说温度上升,k_G 下降,而使吸收速率下降,故对气膜控制系统,宜在低温下操作。温度对 k_L 的影响比对 k_G 要大得多,且随温度的升高而增大,这是因为温度升高使液相中组分的扩散系数增大,同时减小了液相的黏度;当吸收伴有化学反应时,温度升高又增加了反应速率,所以对某些液膜控制的吸收过程,在较高温度下进行是有利于吸收操作的。

第六节 吸收设备主要尺寸的计算

一、塔形选择

目前现有的吸收设备类型繁多,就其结构形式和操作方法,基本上可分为两大类:一类为填料塔,另一类为板式塔,如图 4-10 所示。

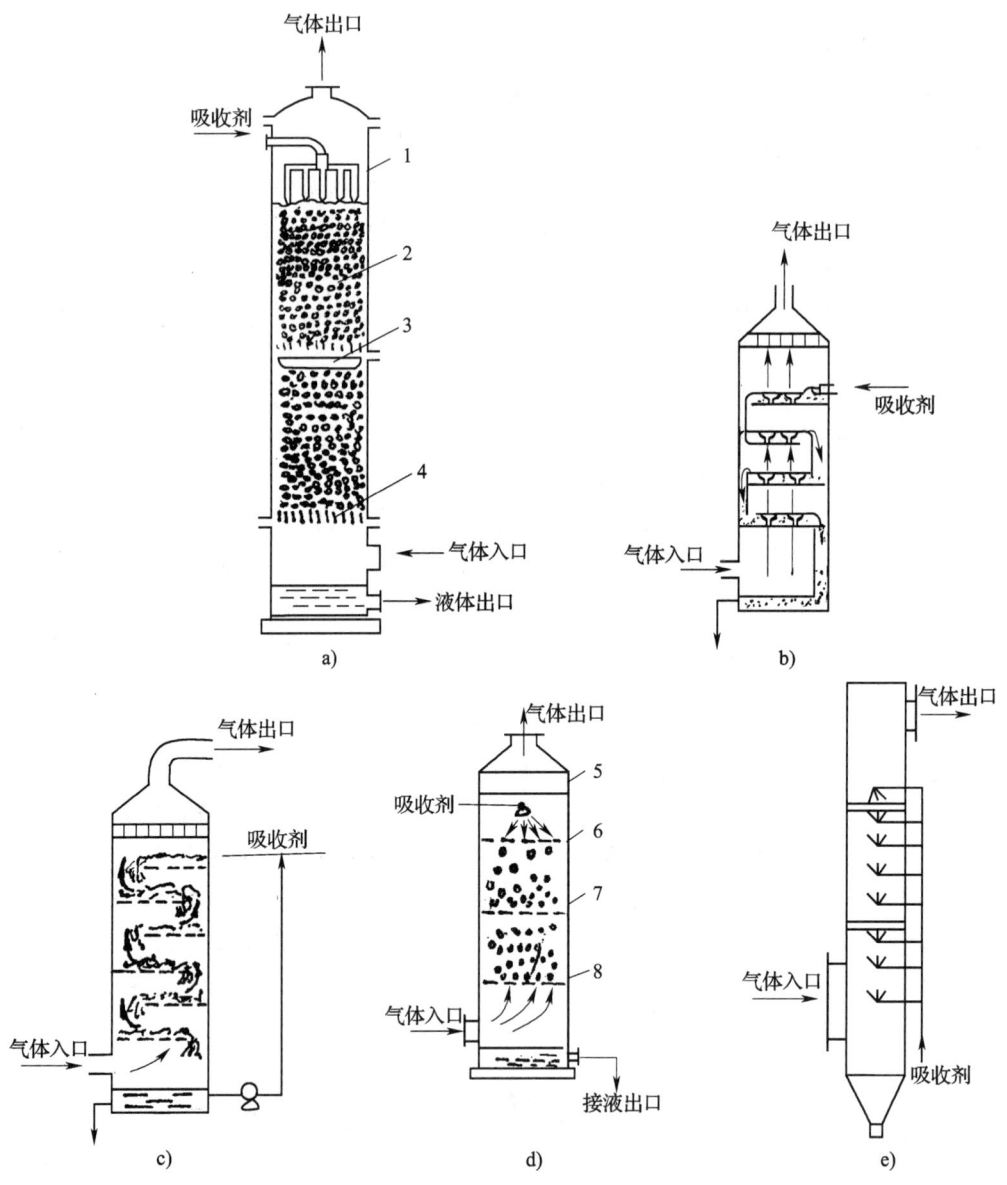

图 4-10 几种吸收塔示意图
a) 填料塔 b) 泡罩塔 c) 筛板塔 d) 湍球塔 e) 喷淋塔
1—液体分布器 2—填料 3—洗涤液再分布器 4—填料支承板
5—挡雾器 6—上栅板 7—球形填料 8—下栅板

填料塔广泛用于气体吸收或其他传质过程,以及气流和液流之间的反应过程,即填料塔在塔内装有一定高度的填料层,液体从塔顶沿填料表面呈膜状向下流动,气体则呈连续相由下向上同液膜逆流接触,或由上而下与液膜顺流接触,以发生传质过程。塔内气相与液相的组成是沿塔高连续变化的。

板式塔也广泛用于吸收、降尘、降温、干燥等操作。板式塔内装有若干层塔板,液体靠重力自塔顶流向塔底,并在塔板上保持一定液层厚度,气体以鼓泡或喷射形式穿过板上液层,在塔板上气液相进行传质及传热。根据板式塔的结构特点,可将其分为有溢流装置和无溢流装置两类。有溢流装置的板式塔又可分为鼓泡塔板(如泡罩塔、筛板塔、浮阀塔等)和喷射塔板(如舌形塔、浮动舌形塔等)。无溢流装置的板式塔在塔板上开有筛板或栅缝,气液两相逆流通过时,形成了气液的上下穿流,因此又称为穿流板塔。在板式塔内,气相和液相的组成是呈阶梯式变化的。

表4-8所示为填料塔与板式塔的对比,两种塔使用的场合,也可参见此表。

表4-8　　　　　　　　　　　填料塔与板式塔的对比

序号	填料塔	板式塔
1	ϕ800 mm以下,造价一般比板式塔便宜,直径大则造价昂贵	ϕ600 mm以下时,安装较为困难
2	用小填料时小塔效率高,塔的高度低。但直径增大,效率下降,所需填料高度急增	效率稳定,大塔板效率比小塔有所提高
3	空塔速度(生产能力)低	空塔速度高
4	大塔检修清理费用大	检修清理比填料塔易
5	压降小,对阻力要求小的场合较为适用(例如真空操作)	压降比填料塔大
6	对液相喷淋量有一定要求	液气比的适应范围较大
7	内部结构简单,便于非金属操作,可用于腐蚀较严重的场合	多数不便用非金属材料制作
8	持液量小	持液量大

选择塔形时,应从实现吸收过程所要求的基本条件以及经济上的合理性出发,如必要的传质单元数、液体和气体的体积流量比、阻力、液体的物性、生产规模、液体和气体负荷的变化范围、塔的强化程度等,以及设备的造价、辅助操作费用、运行费等。为使传质设备有较高的净化效率,应选用生产能力大、阻力小、操作弹性大,以及结构简单、维修方便的设备。因为设备结构能促使相际接触,或增加流体的湍动程度,从而提高传质系数及减小阻力,这些都将会提高传质速率,改善传质效果。

选择塔形的一般原则为：

1. 根据物料性质特点选型

对于易起泡沫、腐蚀严重、黏度大、热敏性物料宜用填料塔；对有悬浮固体颗粒或有淤渣的物料宜用板式塔，如筛板塔。

2. 根据吸收过程特点选型

对吸收过程中产生大量热，需移出的过程，或有其他物料需要加入或引出的过程，宜用板式塔；对于快速不可逆化学反应的吸收过程，则可用空塔或喷射式吸收塔。

3. 根据经济上的合理性选型

为节省动力消耗，减少金属材料，简化塔内部结构，易于制造安装，以及操作时要求压降小，操作规模不大时，则应采用空塔或填料塔；为了强化吸收，提高效率和处理量，以及便于日常维修、清洗等，宜采用板式塔。

选择塔形时，要根据每一种具体情况孤立选择其中某种类型是困难的，只有针对每一具体情况，与几种有竞争力的设备类型进行经济技术核算后，才能选定理想的设备类型。

填料塔是工业中最常用的气液传质设备之一。如上所述，它在某些方面显然优于板式塔，特别是在小直径塔，压降有一定限制，或有腐蚀的情况下。填料塔的结构形式很多，有立式和卧式，并流、逆流和错流，单层填料和多层填料之分。填料塔的填料层可以是固定床，也可以是移动床、流化床。这里仅以气体吸收中广泛应用的立式逆流操作的固定床填料塔为代表，讨论吸收设备的主要尺寸计算。

二、填料

填料是填料塔的重要构件，它的作用是分散气体和液体，形成和扩散传质面积。在填料完全润湿的情况下，它的表面积越大，两相传质面积越大。

工业填料塔所用的填料，大致可分为实体填料和网体填料两大类。实体填料包括拉西环及其衍生型、鲍尔环、鞍形填料、波纹填料等。网体填料包括由丝网体制成的各种填料，如 θ 网环填料、鞍形网填料等。工业填料也可以按填料的堆砌方法分为乱堆填料和整砌填料。各种颗粒型填料，如拉西环、鲍尔环、θ 网环、鞍形填料等属于乱堆型；而各种组合填料，如实体波纹板、波纹网、平行板等均属于整砌填料。乱堆和整砌均有各自的流体力学（压降、气液分布情况等）及传质规律。应特别提出，环形填料规则排列时为整砌填料，而散装时为乱堆填料。图4-11列出了几种填料的外形。

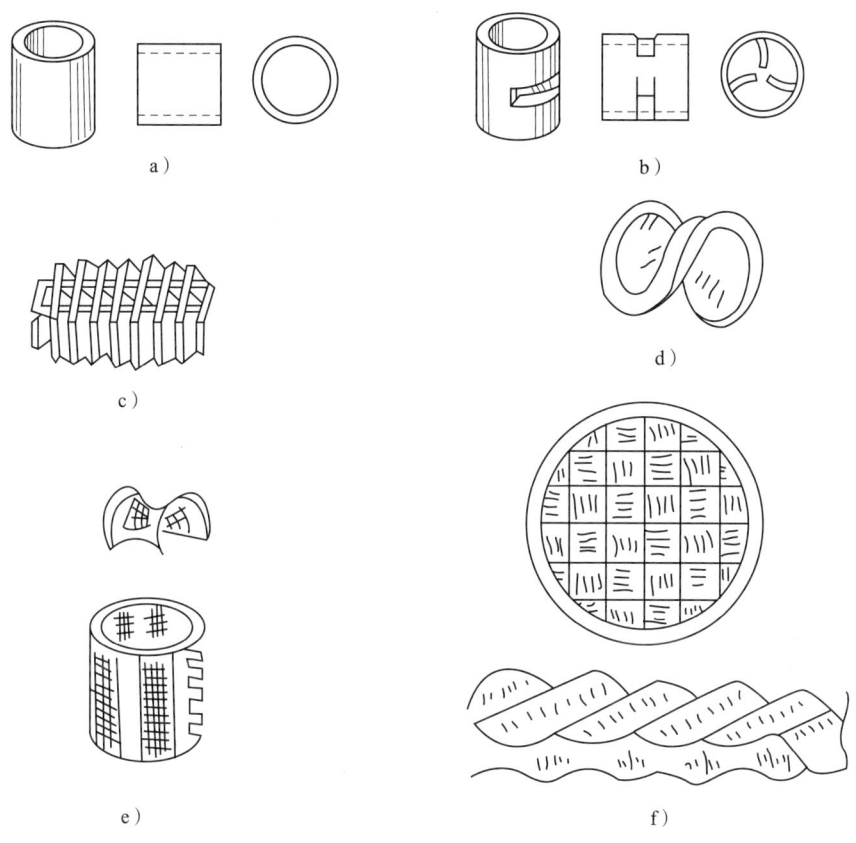

图 4-11 常用填料外形

a) 拉西环 b) 鲍尔环 c) 栅形填料 d) 鞍形填料 e) 金属网状填料 f) 波纹填料

此外,还有一些结构特殊的塔,如多管塔、湍球塔、乳化塔,也属于填料塔的范围。

填料的基本特性数据有以下几项。

1. 比表面积 a (m^2/m^3)

单位体积填料中的填料表面积称为比表面积。

2. 空隙率 ε (m^3/m^3)

单位体积填料所具有的自由空间,叫空隙率,又可称为自由体积。显然,空隙率越大,其压降越小。在操作时,由于填料壁上附有液层,故实际空隙率将小于上述干塔状态时的空隙率。

3. 填料个数 n（个/m³）

每立方米体积中填料的个数，用 n 来表示。对于乱堆填料来说，n 是一个统计数字，它与塔径、装填方法（干装填、充水装填等）、使用时间等因素有关。因此各种资料上的填料特性参数往往有出入，一般在 10%~15%。

若一个拉西环填料的表面积为 a_0（m²/个），环体体积为 V_0，则

$$a = na_0$$
$$\varepsilon = 1 - nV_0$$

若拉西环的外径为 d(m) 时，对缺乏数据的填料，n 可用下式求取近似值（适用于塔径 $D > 10d$ 时）。

对乱堆拉西环 $n = 0.77/d^3$
对整砌拉西环 $n = 0.98/d^3$

4. 干填料因子 a/ε^3（m⁻¹）

干填料因子 a/ε^3（m⁻¹）为表示填料流体力学特性的数群。

5. 填料因子 ϕ（m⁻¹）

填料因子 ϕ 为实测值。由于填料的有效面积随液体的持液情况和填料特性（如表面屏蔽、可湿性、支撑板的开孔率、器壁效应等）的不同而异，因此 a/ε^3 只是理论值，而不是真正的填料因子。

填料的材质多为陶瓷、金属或塑料。在选择填料时，应考虑填料具有较大的比表面积和较大的空隙率，对气流具有较小的阻力，并能很好地分布液体，而且对操作介质应具有耐腐蚀性。为减小对支撑装置和器壁的压力，填料的体积质量不应太大，还要求填料具有足够的强度和造价便宜等特性。一般小尺寸的填料，乱堆使得比表面积较大，但压降也大；各种组合型填料或大尺寸填料，通常费用较高，比表面积较小，但压降也小。

一些填料的特性数据见表 4-9、表 4-10、表 4-11、表 4-12 和表 4-13。

表 4-9   瓷制拉西环的特性数据（乱堆）

外径 d(mm)	高×厚 $H \cdot \delta$(mm)	比表面积 a(m²/m³)	空隙率 ε(m³/m³)	个数 n(个/m³)	堆积密度 $\rho_{堆}$(kg/m³)	干填料因子 a/ε^3(m⁻¹)	填料因子[3] ϕ(m⁻¹)
6.4	6.4×0.8	789	0.73	3 110 000	737[1]	2 030	3 200
8	8×1.5	570	0.64	1 465 000	600	2 170	2 500
10	10×1.5	440	0.70	720 000	700	1 280	1 500
15	15×2	330	0.70	250 000	690	960	1 020

续表

外径 $d(mm)$	高×厚 $H \cdot \delta(mm)$	比表面积 $a(m^2/m^3)$	空隙率 $\varepsilon(m^3/m^3)$	个数 $n(个/m^3)$	堆积密度 $\rho_{堆}(kg/m^3)$	干填料因子 $a/\varepsilon^3(m^{-1})$	填料因子[3] $\phi(m^{-1})$
16	16×2	305	0.73	192 500	730	784	1 020
25	25×2.5	190	0.78	49 000[2]	505	400	450
40	40×4.5	126	0.75	12 700	577	305	350
50	50×4.5	93	0.81	6 000	457	177	205
80[4]	80×9.5	76	0.68	1 910	714	243	280

注：①此值偏小，疑应为750~800。
②表中的数字为43 000，似偏小，暂改为49 000，以使所推算的其他数据比较合理。
③根据国产瓷环的参考推测。
④此规格不常用。

表4-10　　　　瓷制拉西环的特性数据（整砌）

外径 $d(mm)$	高×厚 $H \cdot \delta(mm)$	比表面积 $a(m^2/m^3)$	空隙率 $\varepsilon(m^3/m^3)$	个数[4] $n(个/m^3)$	堆积密度 $\rho_{堆}(kg/m^3)$	干填料因子 $a/\varepsilon^3(m^{-1})$
25[1]	25×2.5	241	0.73	62 000	720	629
40[2]	40×4.5	197	0.60	19 800	898	891
50	50×4.5	124	0.72	8 830	673	339
80	80×9.5	102	0.57	2 580[3]	962	564
100	100×13	65	0.72	1 060	930	172
125	125×14	51	0.68	530	825	165
150	150×16	44	0.68	318	802	142

注：①此规格不常用。
②此规格不常用。
③表样本所载数字，似偏大，应为2 000，因而推算出来的a可能偏大，ε可能偏小。
④本表的填料尺寸，n及堆积密度$\rho_{堆}$均为宜兴规格，其他企业稍有不同。

表4-11　　　　钢拉西环的特性数据（乱堆）[2]

外径 $d(mm)$	高×厚 $H \cdot \delta(mm)$	比表面积 $a(m^2/m^3)$	空隙率 $\varepsilon(m^3/m^3)$	个数 $n(个/m^3)$	堆积密度 $\rho_{堆}(kg/m^3)$	干填料因子 $a/\varepsilon^3(m^{-1})$	填料因子[1] $\phi(m^{-1})$
6.4	6.4×0.8	789	0.73	3 110 000	2 100	2 030	2 500
8	8×0.3	630	0.91	1 500 000	750	1 140	1 580
10	10×0.5	500	0.88	800 000	960	740	1 200
15	15×0.5	350	0.92	248 000	660	460	600

续表

外径 d(mm)	高×厚 $H\cdot\delta$(mm)	比表面积 a(m²/m³)	空隙率 ε(m³/m³)	个数 n(个/m³)	堆积密度 $\rho_{堆}$(kg/m³)	干填料因子 a/ε^3(m⁻¹)	填料因子① ϕ(m⁻¹)
25	25×0.8	220	0.93	55 000	640	290	390
35	35×1	150	0.93	19 000	570	190	260
50	50×1	110	0.95	7 000	430	130	175
76	76×1.6	68	0.95	1 870	400	80	105

注：①推测值。
②国内目前尚无钢拉西环统一的规格，本表系参照常用薄钢板的规格而编制的。

表 4-12 鲍尔环的特性数据（乱堆）

材料	外径 d(mm)	高×厚 $H\cdot\delta$(mm)	比表面积 a(m²/m³)	空隙率 ε(m³/m³)	个数 n(个/m³)	堆积密度 $\rho_{堆}$(kg/m³)	填料因子 ϕ(m⁻¹)
陶瓷	25	25×2.5	200	0.76	48 000	565	300
	40	40×4.5	140	0.76	12 700	577	190
	50	50×4.5	110	0.81	6 000	457	130
	76	76×9.5	66	0.74	1 740	654	100
	100	100×10	56	0.81	740	450	65
碳钢	16	16×0.4	364	0.94	235 000	467	230
	25	25×0.6	209	0.94	51 100	480	160
	38	38×0.8	130	0.95	13 400	379	92
	50	50×0.9	103	0.95	6 200	355	66
聚丙烯	16		364	0.88	235 000	72.6	320
	25		209	0.90	51 100	72.6	170
	38		130	0.91	13 400	67.7	105
	50		103	0.91	6 380	67.7	82
	76		67		1 600		53

表 4-13 鞍形填料的特性数据

类别	尺寸 d(mm)	厚度 δ(mm)	比表面积 a(m²/m³)	空隙率 ε(m³/m³)	个数 n(个/m³)	堆积密度 $\rho_{堆}$(kg/m³)	填料因子 ϕ(m⁻¹)
瓷制矩鞍形	6		993	0.75	4 170 000	677	2 400
	13	1.8	630	0.78	735 000	548	870
	20	2.5	338	0.77	231 000	563	480
	25	3.3	258	0.775	84 600	548	320
	38	5	197	0.81	25 200	483	170
	50	7	120	0.79	9 400	532	130

续表

类别	尺寸 $d(mm)$	厚度 $\delta(mm)$	比表面积 $a(m^2/m^3)$	空隙率 $\varepsilon(m^3/m^3)$	个数 $n(个/m^3)$	堆积密度 $\rho_{堆}(kg/m^3)$	填料因子 $\phi(m^{-1})$
瓷制 弧鞍形	6 13 20 25 38 50		907 470 271 252 146 106	0.60 0.63 0.66 0.69 0.75 0.72	4 020 000 575 000 177 500 48 100 20 600 8 870	902 870 774 725 612 645	2 950 790 560 360 213 148
钢制 弧鞍形	25 38		280 190	0.83 0.88	88 500 29 200	1 400 960	
塑料 矩鞍形	25 50 76						110 69 53

三、填料塔的液泛速度和直径

1. 填料塔的液泛速度

在气液两相逆流流动的填料塔内，正常操作情况下，气相是连续相，液相是分散相，并分散在填料表面上，气体在填料表面的液层上通过，与液相发生传质过程。由此要求填料有较大的比表面积，并能充分发挥填料的作用，增大气液两相间的接触面。在气液两相速度均较低的填料塔内，气液两相的接触面总是小于填料的几何表面积。当两相速度增加后，大部分填料的表面变为两相接触面。随着塔负荷的增加，气液两相的接触发展到填料的空隙间。在空隙处，气体分散在液体中，并以细小的漩涡与液体形成泡沫，这种状态称为乳化状态。

此时液体由原来的分散相变为连续相，而气体则由原来的连续相变为分散相。当沿填料层的全部高度都达到乳化状态后，再增加塔的负荷，填料层的上方就会出现液体的积累，液层很快增高，充满填料层后，被气体带出塔外，这种现象称为液泛现象。开始出现液泛现象的点称为泛点。泛点的气体速度称为液泛速度。填料塔出现液泛现象就失去了正常操作。因此，泛点是填料塔操作的最大极限。

填料塔内的气体速度越高，则塔内压力降也越大。这是由于气体通过干填料层时，与填料表面摩擦造成的。当有液体喷淋时，除气体与填料表面摩擦力外，还有气体与液体间的摩擦力，随着气体通道的减小，压降随着上升。气速增加到一定程度，出现持液现象，此点可称为载点。到达载点后，压降明显增加。当气速再增加时，压降增加更明显，出现了泛点。此时液体充满填料空间，气体则鼓泡穿过，并夹带大量液体出塔。

一般乳化状态时传质速率最高，有人称此时气速为转化点速度，但操作稳定性最差。所以一般填料塔的设计是以液泛速度为依据的，通常是先计算出液泛速度ω_f，然后乘以0.6~0.8的系数作为实际操作气速。

2. 填料塔直径的确定

填料塔的直径是由塔内实际操作气速确定的，计算公式如下：

$$D = \left(\frac{4V}{\pi\omega}\right)^{\frac{1}{2}} \tag{4-36}$$

式中　D——塔直径，m；

　　　V——气体的体积流量，m^3/s（应以全塔的最大体积流量为准）；

　　　ω——实际操作气速，m/s，$\omega = (0.6 \sim 0.8)\omega_f$。

求出的塔直径需要按《压力容器公称直径》标准加以圆整。

从式（4-36）可以看出，求塔直径的关键是求取实际操作气速ω，而实际操作气速又是由液泛速度ω_f确定的，所以必须先求出ω_f。

填料塔的液泛速度与物系的物性（如密度、黏度）、填料的特性（如比表面积、空隙率）、排列方式（整砌、乱堆）、气液负荷的大小等因素有关。图4-12是填料塔液泛速度与压降通用关联图，此图是以数群$\frac{L}{V}\left(\frac{\rho_g}{\rho_L}\right)^{\frac{1}{2}}$为横坐标，以$\frac{\omega_f^2 \phi \psi}{g}\left(\frac{\rho_g}{\rho_L}\right)\mu_L^{0.2}$为纵坐标绘制而成的。液泛速度可根据图中最上面的一条曲线（整砌填料）和第二条曲线（乱堆填料）求取。图中：

$\frac{L}{V}$——液体和气体的质量流速之比，$\frac{kg/h}{kg/h}$；

$\frac{\rho_g}{\rho_L}$——气体和液体的密度之比，$\frac{kg/m^3}{kg/m^3}$；

ω_f——求取塔内实际操作气速时，此即液泛速度，m/s；

ϕ——由实验测得的有效填料因子，m^{-1}；

ψ——水的密度与液体密度之比，$\frac{kg/m^3}{kg/m^3}$；

g——重力加速度，9.81 m/s^2；

μ_L——液体黏度，10^{-3} Pa·s；可以看成是液体黏度与20℃水黏度（$\mu_{H_2O} = 1 \times 10^{-3}$ Pa·s）之比。

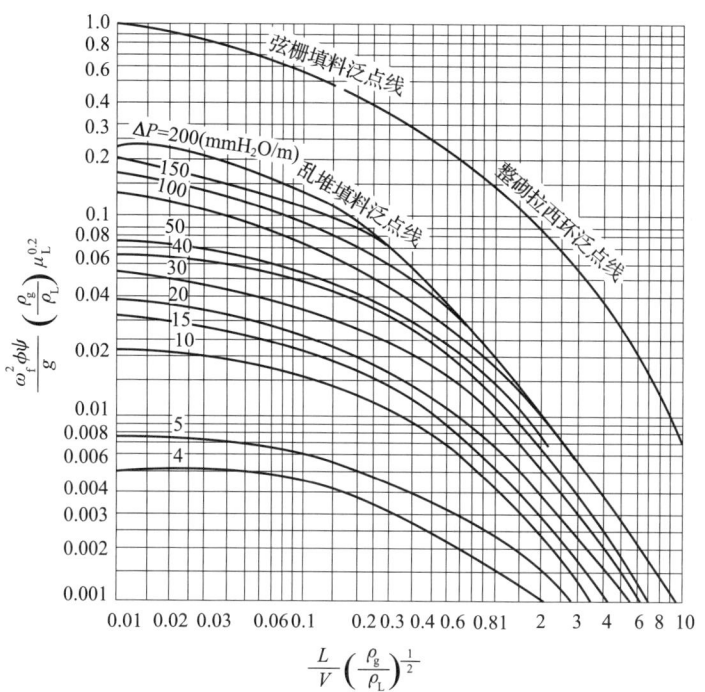

图 4-12　填料塔液泛速度及压降通用关联图
注：图中 1 mmH$_2$O = 9.8 Pa

由图 4-12 可知，填料的生产能力和填料因子 ϕ 的平方根成反比，这样可以从表 4-9 至表 4-13 中查得不同的填料因子，然后比较它们的生产能力。从表中还可以看出，一般较低的填料因子才有较高的生产能力，这也是推荐鲍尔环等填料代替拉西环的依据之一。

图 4-12 不仅用于拉西环，也可用于其他填料，但用于整砌拉西环泛点线时，纵坐标中有效填料因子 ϕ，应改用干填料因子 a/ε^3 值，这点必须加以注意。

填料塔的液泛速度除用上图求取外，还可用经验公式求取。

$$\lg\left[\frac{\omega_f^2}{g}\cdot\frac{a}{\varepsilon^3}\cdot\frac{\rho_g}{\rho_L}\cdot\mu_L^{0.16}\right]=b-1.75\left(\frac{L}{V}\right)^{\frac{1}{4}}\left(\frac{\rho_g}{\rho_L}\right)^{\frac{1}{8}}$$

上式中的 b 为常数值，用于拉西环时 $b=0.22$，用于弧鞍形填料时 $b=0.26$。

如前所述，为使液体喷淋均匀和填料表面润湿，应保证喷淋密度大于 5 m^3/(m$^2\cdot$h)，因此计算塔径后要根据吸收剂的用量校核喷淋密度。若不足时，应加以调整。

[**例 4-6**] 某厂用水吸收含 SO_2 的混合气体，每小时需处理混合气 $1\,000\text{ m}^3$，实际用水量为 $24\,600\text{ kg/h}$，塔内用 $50\text{ mm} \times 50\text{ mm} \times 4.5\text{ mm}$ 的瓷制拉西环乱堆，在 20 ℃、101 kPa 下进行操作，试计算其液泛速度及塔径。若以同规格的瓷制鲍尔环代替，试求其塔径。已知操作条件下 $\rho_g = 1.335\text{ kg/m}^3$，$\rho_L = 1\,000\text{ kg/m}^3$。

解：图 4-12 之横坐标

$$\frac{L}{V}\left(\frac{\rho_g}{\rho_L}\right)^{\frac{1}{2}} = \left(\frac{24\,600}{1\,000 \times 1.335}\right)\left(\frac{1.335}{1\,000}\right)^{\frac{1}{2}} \approx 0.67$$

由横坐标的 0.67 及图 4-12 中的乱堆填料泛点线，可读出纵坐标之值为 0.032，即

$$\frac{\omega_f^2 \phi \psi}{g}\left(\frac{\rho_g}{\rho_L}\right)\mu_L^{0.2} = 0.032$$

由表 4-9 中查得 $50\text{ mm} \times 50\text{ mm} \times 4.5\text{ mm}$ 的拉西环 $\phi = 205$，用水吸收则 $\psi = 1$，$\mu_L = 1$，则

$$\omega_f = \left(\frac{0.032}{\phi \psi \mu_L^{0.2}} g \frac{\rho_L}{\rho_g}\right)^{\frac{1}{2}} = \left(\frac{0.032 \times 9.81 \times 1\,000}{205 \times 1 \times 1^{0.2} \times 1.335}\right)^{\frac{1}{2}} \approx 1.07\ (\text{m/s})$$

实际气速

$$\omega = 0.6\omega_f = 0.6 \times 1.07 \approx 0.64\ (\text{m/s})$$

塔直径

$$D = \left(\frac{4V}{\pi\omega}\right)^{\frac{1}{2}} = \left(\frac{1\,000/3\,600}{0.785 \times 0.64}\right)^{\frac{1}{2}} \approx 0.74\ (\text{m})，圆整为 800 mm$$

若以鲍尔环代替，查表 4-12 可知 $\phi = 130$，则

$$\omega_f = \left(\frac{0.032 \times 9.81 \times 1\,000}{130 \times 1 \times 1^{0.2} \times 1.335}\right)^{\frac{1}{2}} \approx 1.34\ (\text{m/s})$$

$$\omega = 0.6\omega_f = 0.6 \times 1.34 \approx 0.80\ (\text{m/s})$$

$$D = \left(\frac{1\,000/3\,600}{0.785 \times 0.80}\right)^{\frac{1}{2}} \approx 0.67\ (\text{m})\quad 圆整为 700 mm$$

由上述计算可知在同样条件下，用鲍尔环代替拉西环可以减小塔直径。

校核喷淋密度

$$拉西环\ U = \frac{液体体积流量}{塔截面积} = \frac{24\,600/1\,000}{0.785 \times 0.8^2} \approx 48.96\ [\text{m}^3/(\text{m}^2 \cdot \text{h})]$$

鲍尔环 $U = \dfrac{24\,600/1\,000}{0.785 \times 0.7^2} \approx 63.95\ [\mathrm{m^3/(m^2 \cdot h)}]$

四、填料层压降的计算

填料层的压降可分为干填料和湿填料两种情况考虑。干填料实际属于流体通过多孔层的阻力问题，在湍流时，压降基本上与气流速度的平方成正比。当有液体喷淋时，由于填料表面覆盖了液膜层，所以其比表面积及空隙率均发生变化，情况比较复杂。常用的计算可以采用通用关联图。

在图4-12中，液泛线下面绘有多条等压降线，气体通过填料层的压降可用此图计算。应用时，先将横纵坐标数群算出，然后在图中找到一点，即可读出压降数值。

用图4-12求取填料层压降时，必须注意的是纵坐标中的 ω，应取塔内实际操作气速，而不应是液泛速度。

[例4-7] 在直径为800 mm的填料塔中充满了乱堆的 25 mm × 25 mm × 2.5 mm 的瓷制拉西环，填料层高为5 m，处理气体量为 1 200 m³/h，吸收剂流量为 4 m³/h，操作时的物性数据 $\rho_g = 1.3\ \mathrm{kg/m^3}$，$\rho_L = 850\ \mathrm{kg/m^3}$，$\mu_L = 8.0 \times 10^{-4}\ \mathrm{Pa \cdot s}$，试计算其通过填料层的压力降为多少？

解： 查表4-9得知 $\phi = 450\ (1/\mathrm{m})$

液相密度校正系数 $\psi = \dfrac{1\,000}{850} \approx 1.18$

$$\omega = \dfrac{4V}{\pi D^2} = \dfrac{4 \times 1\,200/3\,600}{3.14 \times 0.8^2} \approx 0.663\ (\mathrm{m/s})$$

则横坐标为：

$$\dfrac{L}{V}\left(\dfrac{\rho_g}{\rho_L}\right)^{\frac{1}{2}} = \dfrac{4 \times 850}{1\,200 \times 1.3}\left(\dfrac{1.3}{850}\right)^{\frac{1}{2}} \approx 0.085$$

纵坐标为：

$$\dfrac{\omega^2 \phi \psi}{g}\left(\dfrac{\rho_g}{\rho_L}\right)\mu_L^{0.2} = \dfrac{(0.663)^2 \times 450 \times 1.18}{9.81} \times \dfrac{1.3}{850}(0.8)^{0.2} \approx 0.035$$

由两坐标数值在图4-12中定出的点所在的等压线（用内插值）为 26.5 mmH₂O/m 填料层，即 260 Pa/m 填料层。

填料层总压降 $\Delta P = 5 \times 26.5 \approx 133\ \mathrm{mmH_2O} = 1\,304.7\ \mathrm{Pa}$

五、填料层高度的计算

填料层高度确定后，将最后决定塔的高度。整个塔的高度包括：填料层高度、填料段之间的空间高度（800 mm）、塔顶空间高度（1 000 mm）、塔底空间高度（1 500 mm）。以上尺寸的总和就构成了塔的总高度，这里关键是计算填料层高度，下面介绍计算的步骤和方法。

从单位时间的传质速率分析

$$G_A = K_Y F \Delta C = K_Y F(Y - Y^*) \tag{4-37}$$

设取填料层微分高度，其传质面积为 dF，则 $dG_A = K_Y(Y - Y^*)dF$

吸收过程中吸收质由气相传入液相，气相中组分浓度下降，其减少量为：

$$dG_A = VdY$$

所以

$$VdY = dG_A = K_Y(Y - Y^*)dF$$

变形后

$$\frac{dY}{(Y - Y^*)} = \frac{K_Y}{V}dF$$

在塔内：气体入塔前 $F = 0, Y = Y_1$

气体离塔后 $F = F$（全塔传质面积），$Y = Y_2$

将上式积分，有

$$F = \frac{V}{K_Y}\int_{Y_2}^{Y_1}\frac{dY}{Y - Y^*}$$

当填料全部润湿时，气液两相接触面积应为全部填料的表面积，所以

$$F = \frac{\pi}{4}D_T^2 \cdot Z \cdot a$$

式中 Z——填料层总高度，m；

D_T——填料塔直径，m；

a——单位体积填料具有的接触面积，对一般填料，其值为比表面积 a，m^2/m^3。

结合上面积分式，有 $F = \dfrac{\pi}{4}D_T^2 \cdot Z \cdot a = \dfrac{V}{K_Y}\int_{Y_2}^{Y_1}\dfrac{dY}{Y - Y^*}$

由此得出填料层高度

$$Z = \frac{4V}{K_Y a \pi D_T^2}\int_{Y_2}^{Y_1}\frac{dY}{Y - Y^*} \tag{4-38}$$

将上式右端分为两部分：令 $\dfrac{4V}{K_Y a \pi D_T^2} = H_{OG}(m)$

H_{OG} 称为气相传质单元高度，含义是：选取一段填料层，气体通过后浓度变化为 ΔY，此段内平均推动力为 $(Y - Y^*)_m$，而 ΔY 恰恰与平均推动力相等，$\Delta Y = (Y - Y^*)_m$，即 $\dfrac{\Delta Y}{(Y - Y^*)_m} = 1$。这样一段填料层称为一个传质单元。完成这个传质过程

的填料层高度称为传质单元高度。

$$又令 \int_{Y_2}^{Y_1} \frac{dY}{Y - Y^*} = N_{OG}$$

N_{OG} 称为气相传质单元数。

由 H_{OG} 和 N_{OG} 可以判断吸收效果，H_{OG} 大，吸收速率低；反之，吸收速率高。N_{OG} 代表积分值的大小，比值越大，组分越难吸收；反之，越易吸收。

综合上述内容，对于气相有：

$$Z = \frac{4V}{K_Y a \pi D_T^2} \int_{Y_2}^{Y_1} \frac{dY}{Y - Y^*} = H_{OG} \cdot N_{OG} \tag{4-39}$$

对于液相有：

$$Z = \frac{4L}{K_X a \pi D_T^2} \int_{X_2}^{X_1} \frac{dX}{X^* - X} = H_{OL} \cdot N_{OL} \tag{4-40}$$

式中　H_{OL} ——液相传质单元高度；

　　　N_{OL} ——液相传质单元数。

由上面的分析结果看出，由于 H_{OG} 值可从已知数据计算得出，所以填料层高度的求算关键是计算积分值的大小，也就是求 N_{OG}。

由于积分式中 Y 与 Y^* 在积分过程中均为变量，直接计算积分值很难，所以根据平衡线是直线还是曲线分别采用不同的方法求取 N_{OG} 的值，这包括图解积分法、倍克图解法、脱吸因数法及对数平均推动力法。

1. 图解积分法

图解积分法即由定义 $N_{OG} = \int_{Y_2}^{Y_1} \frac{dY}{Y - Y^*}$ 直接图解积分求取。

具体方法是：先将吸收操作线和平衡线绘于 $Y - X$ 图上（见图4-7），然后在 Y_1 与 Y_2 之间取若干个 Y 值，并找出相应的 $(Y - Y^*)$ 值。再计算 $\frac{1}{Y - Y^*}$ 值，并以 $\frac{1}{Y - Y^*}$ 为纵坐标，Y 为横坐标，取相应点做曲线，如图4-13所示。最后计算 $Y = Y_2$、$Y = Y_1$、$\frac{1}{Y - Y^*} = 0$，以及曲线所包围的面积，即为所求积分值 N_{OG}。

积分值的计算可以采用辛普森 $\frac{1}{3}$ 法（见图4-14），计算步骤如下：

（1）按给出的数学模型 $f(x)$，在坐标纸上绘出平滑曲线。

（2）在横坐标上标出积分上下限 x_1 和 x_2，以及曲线上相应两点 $A[f(x_1), x_1]$ 与

$B[f(x_2),x_2]$，将这两点连成直线。

(3) 求出积分上下限 x_1 与 x_2 的中间值，即 $\bar{x} = \dfrac{x_1 + x_2}{2}$，由横坐标上 $\bar{x}$ 点向上作垂线，分别与曲线和直线相交于 D、C 点。

(4) 将 CD 线三等分，由曲线上 D 点向上取 $\dfrac{1}{3}$ 处为 E 点。并由 E 点向 y 轴作水平线，交 y 轴于 F 点。该 F 点距原点为 $\bar{f}$，且 $\bar{f}$ 为 $f(\bar{x})$ 在 x_1 到 x_2 区间内的平均值。

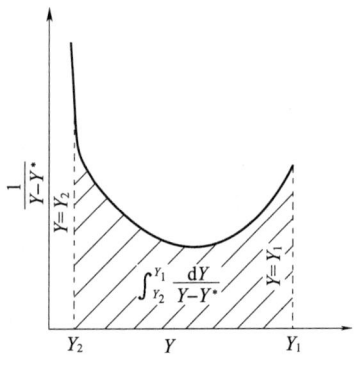

图 4-13 图解积分法

(5) 最后可求得积分值为 $I = \int_{x_1}^{x_2} f(x) = (x_2 - x_1)\bar{f}$，若曲线向下弯曲，仍然是在 CD 线上由曲线出发取 $\dfrac{1}{3}$ 处为 E 点。

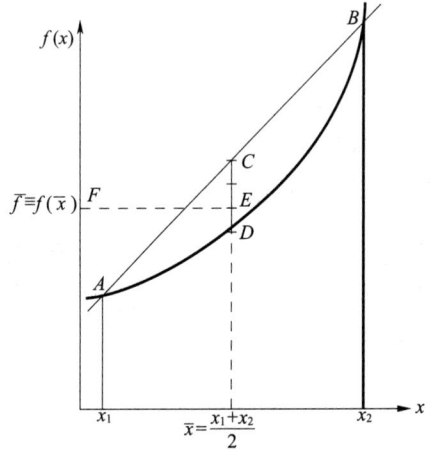

图 4-14 辛普森 $\dfrac{1}{3}$ 法示意图

[例 4-8] 已知函数 $f(x) = 100\,e^x$，由实验测得表 4-14 中一组数据，求 $x_1 = 0$ 到 $x_2 = 2.5$ 的积分值。

表 4-14　　　　　　　　　　例 4-8 数据表

x	0.0	0.4	0.8	1.2	1.6	2.0	2.5
$f(x) \times 10^{-3}$	0.1	0.149	0.223	0.332	0.495	0.740	1.22

解：积分式为 $I = \int_0^{2.5} f(x)\mathrm{d}x$

按辛普森 $\dfrac{1}{3}$ 法求解：第（1）、（2）步骤如前所述。

（3）计算 $\bar{x}$ 值

$$\bar{x} = \frac{x_2 - x_1}{2} = \frac{2.5 - 0}{2} = 1.25$$

将 $\bar{x}$ 值标绘在 x 轴上，并由此作垂线与直线 AB 及曲线相交，分别得 D、C 点。

（4）在 CD 线上由曲线向上取 $\dfrac{1}{3}$ 处为 E 点，并由 E 点向 y 轴作水平线，得 $\bar{f}$ 值为 4.50×10^2。

（5）求积分值

$$I = \int_0^{2.5} f(x)\mathrm{d}x = \bar{f}(x_2 - x_1)$$
$$= 4.50 \times 10^2 \times 2.5 \approx 1.13 \times 10^3$$

如果直接积分计算，其值为 1.12×10^3，相差 0.9%。

2. 倍克图解法

倍克图解法又称中点轨迹法，此法当平衡线近似于直线时才适用。

首先将操作线和平衡线绘于 $Y-X$ 图上，如图 4-15 所示。在操作线 AB 上选若干点，作表示推动力 $(Y-Y^*)$ 的垂线，连接这些垂线的中点，得到一条中点轨迹线 mn。然后从塔顶 A 点开始作平行于 X 轴的线与 mn 线相交于 D 点，延长至 G，并使 $AD = DG$，过 G 作垂线，与操作线相交于 F 点，则梯级 AGF 即为一个传质单元。从 F 继续作梯级直到 B 点为止，所得梯级数便是传质单元数 N_{OG}。

3. 数学分析法（或称脱吸因数法）

若平衡关系符合亨利定律，即平衡方程式 $Y = mX^*$，m 为平衡常数。由任意截面上物料衡算式，可消去积分分项中的 Y^*，则

$$N_{\mathrm{OG}} = \int_{Y_2}^{Y_1} \frac{\mathrm{d}Y}{Y - Y^*} = \int_{Y_2}^{Y_1} \frac{\mathrm{d}Y}{Y - mX}$$

在塔内任意截面的操作线方程为：

$$V(Y - Y_2) = L(X - X_2)$$
$$X = \frac{V}{L}(Y - Y_2) + X_2$$

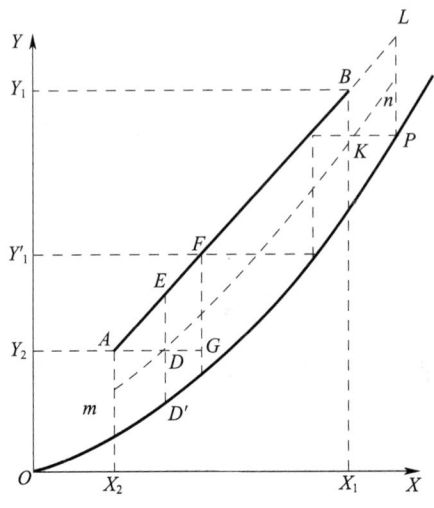

图 4-15 倍克图解法

代入上式，则
$$N_{OG} = \int_{Y_2}^{Y_1} \frac{dY}{Y - m\left[\dfrac{V}{L}(Y - Y_2) + X_2\right]}$$

经整理可得
$$N_{OG} = \int_{Y_2}^{Y_1} \frac{dY}{\left(1 - \dfrac{mV}{L}\right)Y + \left(\dfrac{mV}{L}Y_2 - mX_2\right)}$$

积分后可得
$$N_{OG} = \frac{1}{1 - \dfrac{mV}{L}} \ln\left[\left(1 - \dfrac{mV}{L}\right)\left(\dfrac{Y_1 - mX_2}{Y_2 - mX_2}\right) + \dfrac{mV}{L}\right] \tag{4-41}$$

令 $\dfrac{mV}{L} = A$，称为脱吸因数，则

$$N_{OG} = \frac{1}{1 - A} \ln\left[(1 - A)\left(\dfrac{Y_1 - mX_2}{Y_2 - mX_2}\right) + A\right] \tag{4-42}$$

脱吸因数 A 是平衡线斜率 m 和操作线斜率 L/V 之比，为无因次。

为求气相传质单元数，以 A 作为参数，标绘 N_{OG} 和 $\dfrac{Y_1 - mX_2}{Y_2 - mX_2}$ 为坐标的图线，如图 4-16 所示。

由图 4-16 看到，对一定的 $(Y_1 - mX_2)/(Y_2 - mX_2)$ 值，A 越大，N_{OG} 也越大，则填料层要求较高；若 A 值小，则吸收剂用量多，造成出口溶液浓度较低。在实际

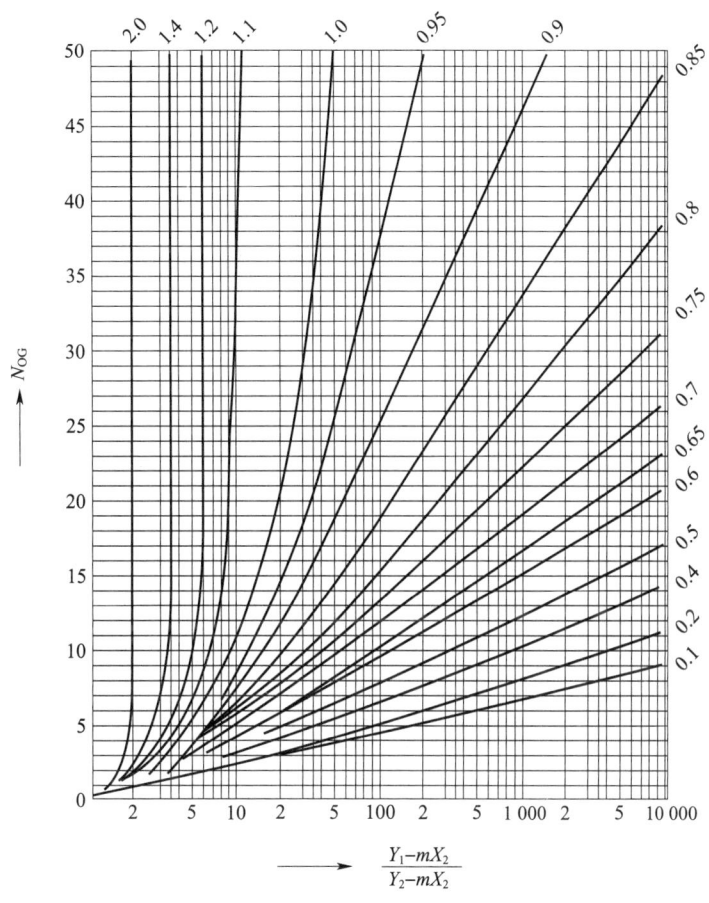

图 4-16　吸收塔的气相总传质单元数

操作中，A 值在 $0.5 \sim 0.8$ 之间最为经济。图 4-16 适用于

$$\frac{Y_1 - mX_2}{Y_2 - mX_2} > 20$$

$$\frac{mV}{L} < 0.75$$

若不在此范围内读数易出现误差。

4. 对数平均推动力法

若气液两相平衡关系符合亨利定律，即 $Y = mX^*$，或所用范围内平衡线为一直线，此时全塔内气液相平均传质推动力等于塔底与塔顶推动力的对数平均值，即

$$\Delta Y_{\mathrm{m}} = \frac{(Y_1 - Y_1^*) - (Y_2 - Y_2^*)}{\ln \dfrac{Y_1 - Y_1^*}{Y_2 - Y_2^*}} = \frac{\Delta Y_1 - \Delta Y_2}{\ln \dfrac{\Delta Y_1}{\Delta Y_2}} \qquad (4\text{-}43)$$

$$\Delta X_{\mathrm{m}} = \frac{(X_1^* - X_1) - (X_2^* - X_2)}{\ln \dfrac{X_1^* - X_1}{X_2^* - X_2}} = \frac{\Delta X_1 - \Delta X_2}{\ln \dfrac{\Delta X_1}{\Delta X_2}} \qquad (4\text{-}44)$$

当 $\Delta Y_1/\Delta Y_2 < 2$，$\Delta X_1/\Delta X_2 < 2$ 时，则平均浓度可取算术平均值。

由下列三式

$$F = \frac{V}{K_Y} \int_{Y_2}^{Y_1} \frac{\mathrm{d}Y}{Y - Y^*}$$

$$G = V(Y_1 - Y_2)$$

$$G = K_Y F \Delta Y_{\mathrm{m}}$$

可得到

$$\Delta Y_{\mathrm{m}} = \frac{Y_1 - Y_2}{\int_{Y_2}^{Y_1} \dfrac{\mathrm{d}Y}{Y - Y^*}} = \frac{Y_1 - Y_2}{N_{\mathrm{OG}}}$$

同理

$$\Delta X_{\mathrm{m}} = \frac{X_1 - X_2}{\int_{X_2}^{X_1} \dfrac{\mathrm{d}X}{X^* - X}} = \frac{X_1 - X_2}{N_{\mathrm{OL}}}$$

则

$$N_{\mathrm{OG}} = \frac{Y_1 - Y_2}{\Delta Y_{\mathrm{m}}} \qquad (4\text{-}45)$$

$$N_{\mathrm{OL}} = \frac{X_1 - X_2}{\Delta X_{\mathrm{m}}} \qquad (4\text{-}46)$$

求得平均推动力 ΔY_{m}、ΔX_{m}，即可求出传质单元数 N_{OG}、N_{OL}。

[例4-9]　在填料塔中，用清水吸收混合气体中的氨，混合气流量为 1 500 m²/h（0 ℃），氨的初浓度为 5%，塔的直径为 0.8 m，$K_G = 1.1 \times 10^{-5}$ kmol/(m²·Pa·h)，填料用 50 mm×50 mm×4.5 mm 瓷制拉西环乱堆。吸收剂用量为最小用量的 1.5 倍，已知该设备在 30 ℃、1.013×10^5 Pa 吸收率为 95%，设氨在水中的溶解度服从亨利定律。试求：(1) 吸收剂出塔浓度 X_1；(2) 吸收的平均推动力 ΔY_{m}；(3) 气相总传质单元数 N_{OG} 及传质单元高度 H_{OG}；(4) 填料层高度。(已知氨的亨利系数 $E = 3.21 \times 10^5$ Pa)

解：查 50 mm×50 mm×4.5 mm 乱堆拉西环的比表面积 $a = 93$

$$Y_1 = \frac{5}{95} \approx 0.0526 \ (\text{kmolNH}_3/\text{kmol 空气})$$

$$Y_2 = 0.0526 \times (1 - 0.95) = 0.00263 \ (\text{kmolNH}_3/\text{kmol 空气})$$

$$X_2 = 0$$

$$X_1^* = \frac{Y_1}{m} = \frac{Y_1}{E/P} = \frac{0.0526}{\frac{3.21 \times 10^5}{1.013 \times 10^5}} \approx 0.0166 \ (\text{kmolNH}_3/\text{kmolH}_2\text{O})$$

（1）求吸收剂出塔浓度

$$V = \frac{1500}{22.4} \times 95\% \approx 63.6 \ (\text{kmol 空气}/\text{h})$$

$$L_{\min} = V \cdot \frac{Y_1 - Y_2}{X_1^* - X_2} = \frac{63.6 \times (0.0526 - 0.00263)}{0.0166 - 0} \approx 191.5 \ (\text{kmolH}_2\text{O}/\text{h})$$

$$L = 1.5 L_{\min} = 1.5 \times 191.5 \approx 287.3 \ (\text{kmolH}_2\text{O}/\text{h})$$

$$X_1 = \frac{V(Y_1 - Y_2)}{L} + X_2 = \frac{63.6 \times (0.0526 - 0.00263)}{287.3} + 0$$

$$\approx 0.0111 \ (\text{kmolNH}_3/\text{kmolH}_2\text{O})$$

（2）求平均推动力 ΔY_m

$$Y_1^* = mX_1 = 3.17 \times 0.0111 \approx 0.0352 \ (\text{kmolNH}_3/\text{kmol 空气})$$

$$Y_2^* = 0$$

$$\Delta Y_1 = Y_1 - Y_1^* = 0.0526 - 0.0352 = 0.0174 \ (\text{kmolNH}_3/\text{kmol 空气})$$

$$\Delta Y_2 = Y_2 - Y_2^* = 0.00263 - 0 = 0.00263 \ (\text{kmolNH}_3/\text{kmol 空气})$$

$$\Delta Y_m = \frac{\Delta Y_1 - \Delta Y_2}{\ln \frac{\Delta Y_1}{\Delta Y_2}} \approx 0.00782$$

（3）求 N_{OG} 和 H_{OG}

$$N_{OG} = \frac{Y_1 - Y_2}{\Delta Y_m} = \frac{0.0526 - 0.00263}{0.00782} \approx 6.39$$

$$H_{OG} = \frac{4V}{K_Y a \pi D_T^2} = \frac{4V}{K_G \cdot Pa \pi D_T^2}$$

$$= \frac{4 \times 63.6}{1.1 \times 10^{-5} \times 1.013 \times 10^5 \times 93 \times 3.14 \times 0.8^2} \approx 1.22 \ (\text{m})$$

（4）求填料层高

$$Z = H_{OG} \cdot N_{OG} = 1.22 \times 6.39 \approx 7.80 \approx 8 \ (\text{m})$$

[例 4-10] 在塔径为 800 mm 的吸收塔内,用清水处理总量为 1 000 m³/h 含 SO_2 的混合气。塔内选用规格为 50 mm × 50 mm × 4.5 mm 瓷制拉西环乱堆。操作条件为 20 ℃、1.013×10^5 Pa 下,SO_2 回收率不低于 98%,已知传质总系数 K_Y = 0.793 kmol/(m²·h),试计算填料层高度(已知 SO_2 体积分数为 9%,$L = 1.2L_{\min}$)。

解:查得填料 $a = 93$

$$Y_1 = \frac{9}{91} \approx 0.099 \ (\text{kmolSO}_2/\text{kmol 空气})$$

$$Y_2 = 0.099 \times (1 - 0.98) = 0.001\ 98 \ (\text{kmolSO}_2/\text{kmol 空气})$$

$$X_2 = 0$$

由表 4-2 查得 $p_{SO_2} = 1.013 \times 10^5 \times 9\% \approx 9.12 \times 10^3$ Pa

内插求得 $X_1^* = 0.003\ 2 \ (\text{kmolSO}_2/\text{kmolH}_2\text{O})$

(1)用图解积分法求解

$$V = \frac{1\ 000}{22.4} \times \frac{273}{273 + 20} \times 91\% \approx 37.8 \ (\text{kmol 空气}/\text{h})$$

$$L_{\min} = \frac{V(Y_1 - Y_2)}{X_1^* - X_2} = \frac{37.8 \times (0.099 - 0.001\ 98)}{0.003\ 2 - 0} \approx 1\ 146 \ (\text{kmolH}_2\text{O}/\text{h})$$

$$L = 1.2L_{\min} = 1.2 \times 1\ 146 \approx 1\ 375 \ (\text{kmolH}_2\text{O}/\text{h})$$

$$X_1 = \frac{V(Y_1 - Y_2)}{L} + X_2 = \frac{37.8 \times (0.099 - 0.001\ 98)}{1\ 375} + 0$$

$$\approx 0.002\ 67 \ (\text{kmolSO}_2/\text{kmolH}_2\text{O})$$

至此,可在 $Y - X$ 图绘出操作线 AB,由例 4-5 中已知 SO_2 在水中溶解度,经换算绘出平衡线 OB,然后在 Y_1 和 Y_2 间取若干个 Y 值,进而求出相应的 Y^*,将 Y、Y^*、$(Y - Y^*)$ 及 $\frac{1}{Y - Y^*}$ 之值列于表 4-15 中,并绘出图 4-17 和图 4-18。将 $Y = Y_1$,$Y = Y_2$,$\frac{1}{Y - Y^*} = 0$ 及曲线所包围的值求出,得积分值 $\int_{Y_2}^{Y_1} \frac{\mathrm{d}Y}{Y - Y^*} = 7.8$。

表 4-15　　　　　　　　　　　　相对应的计算值

Y	Y^*	$Y - Y^*$	$\frac{1}{Y - Y^*}$	Y	Y^*	$Y - Y^*$	$\frac{1}{Y - Y^*}$
0.001 93	0	0.001 98	505	0.056 5	0.038 5	0.018 0	55.5
0.004 0	1.001 0	0.003 0	330	0.058 0	0.040 0	0.018 0	55.5
0.005 5	0.001 5	0.004 0	250	0.067 5	0.048 5	0.019 0	52.6

续表

Y	Y^*	$Y-Y^*$	$\dfrac{1}{Y-Y^*}$	Y	Y^*	$Y-Y^*$	$\dfrac{1}{Y-Y^*}$
0.015 0	0.006 5	0.008 5	118	0.074 0	0.054 5	0.019 5	51.3
0.020 0	0.009 5	0.010 5	95.2	0.083 5	0.063 5	0.020 0	50.0
0.038 5	0.023 0	0.015 5	64.5	0.092 5	0.073 0	0.019 5	51.3
0.042 0	0.026 0	0.016 0	62.5	0.097 5	0.078 0	0.019 5	51.3
0.045 0	0.028 5	0.016 5	60.5	0.099 0	0.079 5	0.019 5	51.3
0.053 0	0.035 5	0.017 5	57.1				

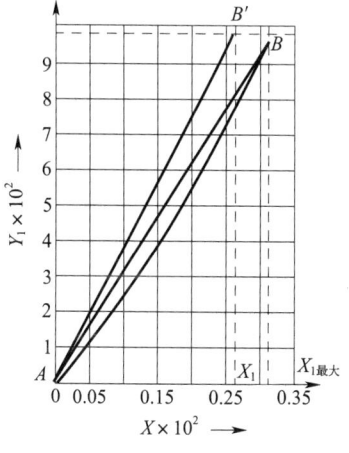

图 4-17 操作线、平衡线　　图 4-18 积分值

$$Z = \frac{4V}{K_Y a \pi D_T^2} \int_{Y_2}^{Y_1} \frac{\mathrm{d}Y}{Y - Y^*} = \frac{4 \times 37.8}{0.793 \times 93 \times 3.14 \times 0.8^2} \times 7.8$$
$$\approx 1.02 \times 7.8 \approx 8 \text{ (m)}$$

（2）用对数平均推动力法求解

$$\Delta Y_m = \frac{\Delta Y_1 - \Delta Y_2}{\ln \dfrac{\Delta Y_1}{\Delta Y_2}} = \frac{(0.099 - 0.079\ 5) - (0.001\ 98 - 0)}{\ln \dfrac{0.099 - 0.079\ 5}{0.001\ 98 - 0}} \approx 0.008$$

$$\int_{Y_2}^{Y_1} \frac{\mathrm{d}Y}{Y - Y^*} = \frac{Y_1 - Y_2}{\Delta Y_m} = \frac{0.099 - 0.001\ 98}{0.008} \approx 12.1$$

$$Z = \frac{4V}{K_Y a \pi D_T^2} \int_{Y_2}^{Y_1} \frac{\mathrm{d}Y}{Y - Y^*} \approx 1.02 \times 12.1 \approx 12.3 \text{ (m)}$$

(3) 用数学分析法求解

由图 4-17 求出平衡线的平均斜率 $m = 27$

$$\frac{Y_1 - mX_2}{Y_2 - mX_2} = \frac{0.099 - 0}{0.00198 - 0} = 50$$

$$\frac{mV}{L} = \frac{27 \times 37.8}{1375} \approx 0.74$$

从图 4-16 读出 $N_{OG} = 10$

$$Z = H_{OG} \cdot N_{OG} = 1.02 \times 10 = 10.2 \text{ (m)}$$

三种计算中以图解积分法求出的填料层最低，因为我们涉及的 SO_2 的水溶液不服从亨利定律，其平衡线不为直线，所以应以图解积分法为准。

本 章 小 结

有害气体吸收净化技术，是有害气体净化的基本技术之一。本章重点是讲授填料塔的物理吸收过程，主要掌握吸收的原理、分类、流程；工艺计算包括塔径、吸收剂用量、填料层高度等主要内容；对于化学吸收要求初步了解即可。

复习思考题

1. 简述吸收的基本理论。
2. 简述相平衡和双膜理论的主要观点。
3. 影响吸收的因素有哪些？
4. 简述解吸的定义及方法。
5. 化学吸收与物理吸收相比具有哪些优点？吸收的过程分为几个步骤？
6. 某厂含 7%（体积分数）SO_2 的废气用清水吸收，需处理的混合气量为 1 200 m³/h，吸收率为 90%，吸收水温为 20 ℃，操作压力为 101 kPa。试计算其用水量（$L = 1.5 L_{min}$）。

已知 SO_2 在 20 ℃下的溶解度数据如下：

SO_2 (kgSO_2/100 kgH_2O)	1	0.7	0.5	0.3	0.2
液面上 SO_2 分压(Pa)	7.87×10^3	5.16×10^3	3.47×10^3	1.88×10^3	1.12×10^3

7. 简述填料塔选型的基本原则。

8. 简述填料塔工艺设计的主要内容。

9. 在直径为 800 mm 的填料塔中充满了乱堆的 40 mm×40 mm×4.5 mm 的瓷制拉西环,填料层高为 5 m,处理气体量为 1 200 m³/h,吸收剂流量为 5 m³/h,操作时的物性数据 ρ_g = 1.3 kg/m³,ρ_L = 850 kg/m³,μ_L = 8.0×10⁻⁴ Pa·s,试计算其通过填料层的压力降为多少?

10. 简述气相传质单元数的计算方法。

第五章　有害气体的吸附净化

本章学习目标

1. 掌握吸附技术的基本概念、原理、分类和应用特点；
2. 掌握吸附理论的基本内容；
3. 掌握固定床吸附器的主要工艺计算内容和方法。

第一节　吸附的基本概念

吸附是一种在空气污染控制中日益获得重视的有效方法，吸附技术的多样性和应用的广泛性，特别增强了吸附作为一种气相污染控制方法的吸引力。一般来说，吸附在实用上和经济上优于湿法工艺（如洗涤法）主要有以下几个方面原因：(1) 干床层、非腐蚀性系统；(2) 良好的控制性和对过程变化的敏感性；(3) 没有化学品的处理问题；(4) 全自动、无人管理操作；(5) 能把生产过程气体中污染物的含量降到极低。吸附技术广泛应用于工业气体的净化，以及有毒气体的个人防护。

研究证实，在液体表面的分子力处于不平衡或不饱和的状态，这对固体表面也同样适用。固体表面的分子或离子，不可能通过与其他粒子结合而使它们所有的力都得到平衡，由于这种不饱和的结果，固体和液体会把所接触的气体或溶质吸引并保持在其表面上，从而使其残余力得到平衡。这种在固体（或液体）表面进行物质浓缩的现象，称为吸附。被吸附到表面的物质称为被吸附相或吸附质，它所依附的物质称为吸附剂。吸附与吸收不同，吸收的特点是物质不仅保持在表面，而且通过表面分布到整个相；吸附是一种或几种物质的原子、分子或离子附着在另一种物质表面的过程，换句话说，就是在界面上的扩散过程。

一、吸附应用的发展

据记载，早在公元前1550年，古埃及就将木炭用于医治疾病；古希腊将木炭用于治疗多种疾病；中国汉代将木炭用于墓穴中的防腐。16世纪后期，炭的应用日益广泛，主要用于食品工业的液相脱色。气相吸附的应用则是在第一次世界大战后迅速发展起来的。

第一次世界大战中（1914—1918年），德国军队在前线首次使用了毒气，当时俄国的学者展开了防毒气方法的研究工作。其中捷林斯基（1861—1953年）发明了第一个通用的木炭防毒面具，以防御敌军施放的毒气。捷林斯基认识到，需要寻找一种通用的吸收剂，以防御各种有毒气体。他挑中木炭作为这种通用的吸收剂，并深信木炭具有这种通用的吸附能力。木炭是一种疏水性的吸附剂，其吸附能力不因吸了空气中的水分而显著降低。研究了各种不同的木炭后，捷林斯基确定普通的木炭与活性炭两者的吸附能力有着很大的差别。活性炭是将用于脱除酒精中的微量杂醇油后的木炭重新经过煅烧产生的，它具有较高的吸附能力，或者说有较高的活性。捷林斯基进而开始研究提高木炭吸附能力，即使其活化的方法。活化就是利用高温及氧化方法将覆盖于表面的与堵塞孔隙的干馏产物除去，这样就显著地增加了炭粒的孔隙率。他首创了用水蒸气与有机物来活化炭的方法，并率先采用活性炭这一名词。炭防毒面具的研究工作引起了专家对吸附过程研究的兴趣，并促进了表面现象学说和气相吸附应用的辉煌发展。

在讨论吸附理论之前首先要掌握以下概念：

1. 吸附操作

吸附操作就是利用某些固体能够从流体中有选择地把某些组分凝聚到其表面上的能力来把不同的组分分离开。

2. 吸附现象

当气体与某些固体接触时，在固体表面上气体分子会或多或少变浓变稀的现象称为吸附现象。

二、固体的表面与孔

气体分子能够被固体表面所吸附，是因为固体表面的分子与其内部分子不同。内部分子受其周围分子引力的平均值在各个方向上都是相等的，而表面分子在一般情况下，受内层分子的引力与受外界的引力不平衡，形成表面自由力场（见

图 5-1）。因此，物质表面层分子的存在状况与内部分子不同。对一定量的某种物质来说，如果其表面积较小，则表面性质的影响较弱。但是，随着物质的分散程度或多孔性的增加，对于某一定量物质而言，其总表面积的增加可以达到很大的数字，例如有的活性炭比表面积达到 1 700 m²/g，这时表面性质的影响就不容忽视了。

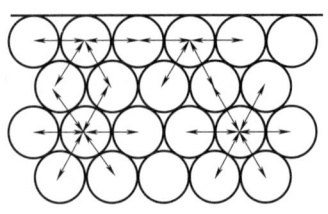

图 5-1　液体的表面层

1. 表面能

由于表层分子具有一种向内的引力差，因此，要把内层分子移到表层上来，就必须耗费一定的功，所消耗的功就变成了表层分子的位能，故表层分子总是比内层分子具有较高的能量。人们把物质表层分子较其内层分子所多余的能量称为表面能。显而易见，表面积越大，表面上的分子数越多，消耗的功越大，表面能也越大。增加单位表面积所需要的功，用 σ 表示，称为比表面能，其单位为 N/m。由此可以把它看作是作用于分界面上单位长度的力，故 σ 又常称为表面张力，所以表面能：

$$A = \sigma \Delta S \tag{5-1}$$

式中　A——表面能（表面功），J；

　　　σ——表面张力，N/m；

　　　ΔS——表面积的增值，m²。

由于表面能的存在，固体或多或少地具有吸附某种物质而降低其表面能的倾向，从而使其受力达到平衡状态，这种倾向导致了吸附的自发进行。换句话说，由于物质表面可以吸附那些能够降低其表面能量的物质，因此具有了吸附作用。还要注意，当固体物质被粉碎后，其表面积增加很多，表面能随之增加，相应的物理化学性质也会发生变化。

2. 固体的表面与孔

工业吸附剂要具有极大的表面积，多孔性固体的总表面积是外表面积和内表面积之和，而且内表面积占绝大部分。多孔性固体内的裂缝和毛细孔管壁的壁面形成了固体的内表面积，而吸附和催化现象的发生，主要在内表面进行。1 g 吸附剂所具有的表面积称为比表面积，单位是 m²/g，比表面积是吸附剂重要的性能指标之一，通常用它来判断吸附剂的吸附能力。

确定吸附剂能力的一个特别重要的概念，就是"有效"表面，也就是吸附质分子能进入的表面积。很明显，根据微孔尺寸分布数据，主要起作用的是有分子大小的微孔表面积。假设一个分子由于位阻效应，不易渗入一个比某一最小直径还要小的微孔，由此可引出分子被"筛分"的概念。这个最小直径，就是所谓临界直径，它代表了吸附质的特性与分子的大小有关。表5-1列出了某些常见分子的临界直径。因此，对于任何分子，吸附剂的有效表面积只存在于分子能进入的微孔中。如图5-2所示，在这里，溶剂（未示出）中的两种吸附质分子彼此争夺吸附剂表面。由于微孔和分子的形状都不规则，以及分子的不断运动，所以小的微孔不会被大的分子堵塞，小的分子仍然可以自由进入其中。作为起作用的因素，较小的分子具有较大的流动性，能够先于较大的分子扩散，并先渗入小的微孔中。

表5-1　　　　　某些常见分子的临界直径（数据仅供参考）

分　子	临界直径（nm）	分　子	临界直径（nm）
氦	0.20	丙烯	0.50
氢	0.24	1-丁烯	0.51
乙炔	0.24	反-2-丁烯	0.51
氧	0.28	1,3-丁二烯	0.52
一氧化碳	0.28	二氟一氯甲烷（氟利昂-22）	0.53
二氧化碳	0.28	噻吩	0.53
氮	0.30	异丁烷~异二十二烷	0.558
水	0.315	二氟二氯甲烷（氟利昂-12）	0.593
氨	0.38	环己烷	0.61
氩	0.384	甲苯	0.67
甲烷	0.40	对二甲苯	0.67
乙烯	0.425	苯	0.68
环氧乙烷	0.42	四氯化碳	0.69
乙烷	0.42	氯仿	0.69
甲醇	0.44	新戊烷	0.69
乙醇	0.44	间二甲苯	0.71
环丙烷	0.475	邻二甲苯	0.74
丙烷	0.489	三乙胺	0.81
正丁烷~正二十二烷	0.49		

3. 孔结构及其尺寸

如前所述，吸附剂是一种多孔的固体材料，不同的吸附剂孔结构可以相差很大，即使同一种吸附剂所含有的孔尺寸也不一样，通常用孔径代表孔的尺寸。炭的孔结构很不均匀，而硅胶和分子筛的孔可以制作得很均匀。具体到一种吸附剂，某一孔径所具有的体积占全部孔体积的份额称作孔径分布，用来表示该种尺寸的孔径所占比例的多少。至于孔型，有不同的划分方式。

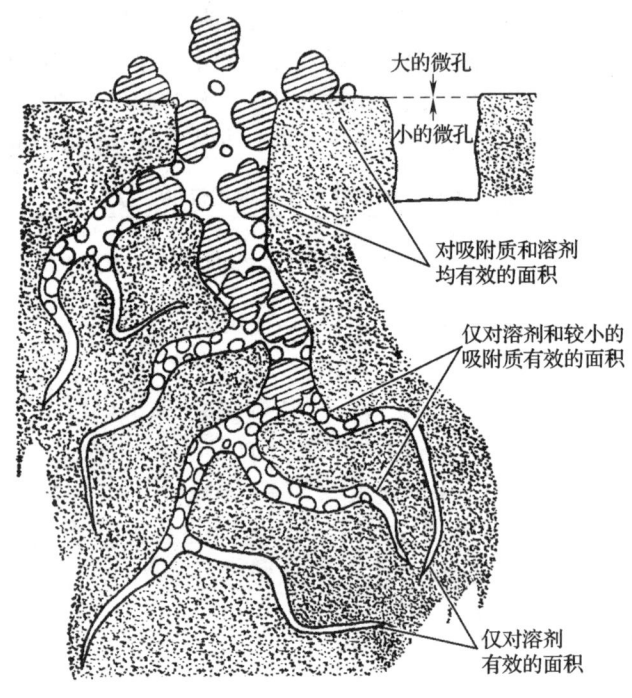

图 5-2　在小微孔中分子筛分的概念（直径范围 1~100 nm）

国际纯粹与应用化学联合会（IUPAC）在 1972 年对活性炭等固体物质的孔隙作出了表 5-2 所示的分类。

表 5-2　1972 年国际纯粹与应用化学联合会（IUPAC）关于孔隙的分类

孔　型	孔隙直径（nm）
微孔	<2
中孔	2~5
大孔	>5

还可用以下方法分类：
①孔宽 >50 nm，称大孔。

②孔宽 20~500 nm，称中孔。
③孔宽 <20 nm，称微孔。

三、毛细管凝聚现象

毛细管凝聚现象是指在细孔当中气体或蒸气的分子出现的凝结或液化现象，与蒸气的凝结相同。凝聚现象的本质与相平衡理论有关，其论点是：与液滴相平衡的蒸气压将比与平面液体的平衡的蒸气压大；与小空腔中液体相平衡的蒸气压将比与平面液体相平衡的蒸气压小。

因此，在固体的孔内，蒸气分子凝聚时的饱和蒸气压比在外部大平面上凝聚时的饱和蒸气压要小，也就是说在外部不能发生凝聚的条件下，在孔内部可能发生凝聚。而且孔半径越小，所需的平衡压力越小，越容易出现凝聚现象。开尔文公式很好地揭示了液滴半径与饱和蒸气压的关系，公式如下：

$$\ln \frac{P}{P_0} = \frac{2\sigma \cdot M}{d_{液} \cdot r \cdot R \cdot T} \tag{5-2}$$

式中 P, P_0 ——液滴和平面液体的饱和蒸气压；
σ ——液体与气体间的表面张力；
$d_{液}$ ——液滴密度；
M ——相对分子质量；
r ——液滴半径；
R ——气体常数；
T ——热力学温度。

对于凸液面，$r > 0$，方程右边为正，即凸液面的饱和蒸气压永远大于平面液体的饱和蒸气压；对于凹液面，$r < 0$，方程右边为负，即凹液面的饱和蒸气压永远小于平面液体的饱和蒸气压。实际上气体分子在微孔中发生吸附时，常有毛细管凝结现象发生，即对平面液体尚未达到饱和的水蒸气和其他液体的蒸气，在毛细管孔隙中可能已经开始凝结了。

开尔文公式解释了为什么细孔内的蒸气易于凝结，由于凝聚现象的发生，吸附剂孔内不仅存在分子在壁面上的吸附，而且孔腔内还充满了凝结的气体分子，这就使得吸附量大为增加。当然，凝聚现象的出现除了与孔结构有关外，还与吸附剂的种类、吸附质的种类以及吸附等温线的形状有关，并非在所有的条件下都发生凝聚现象。

四、物理吸附与化学吸附

根据被吸附的分子与固体表面分子之间作用力性质的不同，可以把吸附分为两类，即物理吸附和化学吸附。

1. 物理吸附

这类吸附无选择性，可以吸附各种气体（只是吸附量随不同的体系而有所不同）。这种吸附作用力较弱，可以是单分子层吸附，也可以是多分子层吸附。解吸也较容易，即过程是可逆的。吸附热与该气体的液化热相近（一般为几百至几千焦耳每摩尔），这说明此类吸附与气体在固体表面上凝聚很相似。另外，此类吸附的吸附速度与解吸速度都很快，即吸附过程几乎不需要活化。由以上现象可以看出，这种吸附实质上是一种物理过程，是由分子间引力（范德华力）的作用所引起的，故称为物理吸附。

2. 化学吸附

另一类吸附具有选择性，某种吸附剂只吸附某些气体，吸附热的数值很大，与化学反应热在同一数量级，而且都是单分子层吸附。吸附及解吸速度较慢，达到平衡的时间以小时甚至以天计算；随着温度的升高，吸附和解吸的速度加快。以上说明在这类吸附过程中需要一定的活化能，故称作化学吸附、活性吸附或者活化吸附。在发生化学吸附时，在吸附剂的表面会生成一种表面化合物，但是与一般的化学反应产物不同。

在物理吸附中，被吸附的气体可以很容易（特别是温度升高时）从吸附剂表面逸出，且不改变其原来的性质，为完全的可逆过程；而在化学吸附中，被吸附的气体通常需要在很高的温度下才能逸出，且所释出的气体往往已发生了化学变化，不再是原有性质，其过程大都是不可逆的。但是，化学吸附和物理吸附并无严格的界限，同时也不能认为某一吸附过程仅有化学吸附而没有物理吸附，反之亦然。同一物质，可能在低温下进行物理吸附，而在较高温度下所经历的往往是化学吸附，也可能同时发生两种吸附。

五、吸附剂的活性

活性是吸附剂性能的重要标志。活性用单位体积（或质量）吸附剂所能附着的吸附质体积（或质量）来表示。活性分为静活性和动活性。

1. 静活性

吸附剂的静活性是指气体混合物中吸附质在一定温度和一定浓度的情况下，达到吸附平衡时单位体积或质量吸附剂所能附着（或吸着）的最大量，静活性是在静态条件下测定的。

2. 动活性

当气体混合物流动并通过吸附剂床层，吸附剂的吸附能力即为吸附剂的动活性。在吸附过程的初始阶段，气体混合物中的吸附质被完全吸附，床层出口气体中吸附质浓度为零。过一段时间以后，从床层出来的气体中开始出现吸附质，而且其浓度逐渐增加，直至流出的气体浓度达到预定浓度（例如 $10\% C_0$）。此时认为床层失去吸附作用，操作停止，按床层质量的平均活性称为动活性。但是流动状态下床层的活性很难测定，通常以床层的吸附时间作为动活性的标志，称为保护作用时间或吸附持续时间。

动活性永远是小于静活性的，特别是动活性受具体操作条件的影响，因此在工业吸附器中，一般取动活性为静活性的一定百分数。动活性的选用值根据吸附剂和吸附质以及操作工艺要求的不同而变化，当将实验室的吸附装置放大为工业装置时，应考虑到放大效应。因为设备放大后，气流沿截面流动的不均匀性迅速增加；同时，吸附剂床层的装填也可能产生不均匀性，会产生沟流和短路现象。这样就使吸附床截面上气流分布不均匀，气流通过量最大的地方最容易穿透，从而使穿透时间比气流均匀分布时的穿透时间小。另外由于吸附剂反复使用会受到磨损与破坏，使吸附剂活性不断降低，也使穿透时间逐渐缩短。目前尚缺乏估算放大效应的方法，设计者一般将小试测得的穿透时间乘以 20%～30%，作为大设备设计时的穿透时间；由中试数据放大为工业装置时，有人推荐将动活性取为静活性的 30%～50%。更可靠的方法是测定操作条件相同的设备数据，作为设计数据使用。

在吸附过程中，气体混合物与吸附剂接触时，吸附剂往往只将其中的某一组分吸附下来，其他组分则不被吸附。这说明吸附过程和吸收过程一样，也具有选择性。因此，静活性的大小，恰好表示了吸附剂的选择特性。

六、吸附剂的种类

下面简单介绍一下工业上广泛使用的四种重要的吸附剂，即活性炭、活性氧化铝、硅胶和分子筛。前三种是具有不均匀内部结构的非晶态吸附剂。但分子筛却是晶状的，因而具有洞穴规则分布的内部结构，且洞穴中又有一定尺寸的互相连接的微孔。

1. 活性炭

活性炭是由各种含碳物质干馏后，经过特殊的炭化加工和活化处理而得到的。

炭化温度因原料的材质不同而异，一般炭化温度为300~700℃，升温速率为3~10℃/h，活化温度一般为850~900℃，活化时间为10~15 h。活化方式较多，除比较高级的脱色精制活性炭采用药品活化法以外，大多数情况都是用水蒸气活化法，采用的药剂有氯化锌、氯化镁、氯化钙或磷酸。目前国外出现了在炭化的同时使用微波进行活化的方法，从而简化了活性炭的制造工艺。

活性炭原材料的来源是广泛的，一般分为五大类。

（1）动物类，如动物的骨骼和血液。
（2）植物类，如各种木材、木屑、果壳（如椰壳、核桃硬壳）、果核。
（3）煤炭类，如泥煤、褐煤、沥青煤、无烟煤等。
（4）石油类，如渣油、石油焦、硫酚渣等。
（5）其他工业废物类，如纸浆废液、废合成树脂、有机废物、旧轮胎等。

活性炭的品质取决于原材料性质和活化条件，若原材料中的灰分含量较高，往往影响活性炭的品质，一般认为原料中的灰分以<6%为宜。活化程度的标志是烧去率，即烧去的碳占原材料中碳的百分数。烧去率过高会引起活性炭强度与堆密度的下降及总孔隙度与微孔容积的提高，在一般情况下，烧去率在50%左右可以获得满意的活性炭。表5-3所示为某球形活性炭的特性与烧去率的关系。

表5-3　　　　某球形活性炭的特性与烧去率的关系

烧去率 （%）	堆密度 （g/cm^3）	总孔容积 （cm^3/g）	孔隙容积（cm^3/g）		
			微孔	中孔	大孔
37.5	0.68	0.50	0.26	0.06	0.19
49.5	0.47	0.80	0.40	0.09	0.31
63.0	0.42	0.91	0.40	0.16	0.35
71.7	0.41	1.04	0.41	0.24	0.39

吸附用的活性炭可以是1~7 mm大小的颗粒（柱状、球状或粒状），也可以是粉末。近年来，我国已能生产各种牌号的活性炭。

活性炭的缺点是它具有可燃性，因此使用温度一般不能超过200℃，在个别情况下，即有气流的掩护下，操作温度可达500℃。

2. 活性氧化铝

活性氧化铝（水合氧化铝）是由沉淀或天然氧化铝或铝土矿，经过特殊的热处理制成的。它呈粒状或片状，主要用于气体干燥，尤其在压力下干燥气体更有效。

3. 硅胶

硅胶的制造方法如下：用稀无机酸混合硅酸钠进行中和，对形成的凝胶进行洗涤，把中和反应时生成的盐除去，接着进行干燥、焙烧和分级。"凝胶"这一名称的由来，是由于在硅胶制取过程的一个工序中物料段呈胶状。虽然硅胶也有珠状的，但一般都使用粒状的。虽然在气体脱硫和净化中也用硅胶，但它主要还是用在气体干燥中。

4. 分子筛

与活性炭、活性氧化铝及硅胶等非晶态吸附剂不一样，分子筛是晶状的，实质上是一种脱水沸石，即铝硅酸盐，其原子按一定的形式排列。复杂的分子筛结构单元，在其中心有洞穴，靠微孔或窗孔沟通。某些类型的晶状沸石中微孔的直径极为均匀。由于它们具有晶状疏松结构，且其微孔直径极为均匀，故它们只对尺寸很小和形状适于通过微孔进入洞穴的分子才产生吸附现象。其基本结构单元，是四个氧阴离子围绕一个较小的硅或铝阳离子而成的四面体。钠离子或其他阳离子的作用是补充铝氧四面体正电荷的不足。四个氧阴离子的每一个电子，又都分别被另一硅氧或铝氧四面体所共用，使晶格作三维延伸。由此产生的晶体很独特，有较大的洞穴，呈蜂窝状，每个洞穴经隙缝或微孔与六个相邻的洞穴连接。分子筛的吸附力极强，主要是由于晶格中有暴露的阳离子。这些阳离子起着局部强正电荷格点的作用，对极性分子的阴端进行静电吸引。分子的偶极矩越大，被吸引和吸附得就越牢。极性分子通常是含有氧、硫、氯、氮原子的分子，并且是不对称的。例如，分子筛吸附一氧化碳比吸附氩好。在阳离子上的局部强正电荷的影响下，分子会受到电感应而产生偶极。然后，由于阳离子的静电吸引作用，极化分子便紧紧地被吸附。分子越不饱和，它就越可能极化和被吸附得越牢。因此，分子筛可以很有效地从烯烃中把乙炔除去、从饱和碳氢化合物中把乙烯或丙烯除去。分子筛的制备，是先使铝硅酸盐凝胶进行水热晶体成长，再经特殊的热处理达到脱水后制得。

此外，在吸附剂的研制上，十分注重把不同的吸附剂组成复合吸附剂。例如，将活性炭的微粒分散在各种多孔性基体材料上，或是把活性炭纤维组合到其他单体中，制成各种复合吸附剂，可供多种用途；炭分子筛和硅碳以及把活性炭作为催化剂载体使用的方法，也得到应用。总之，吸附技术正在开拓更加广泛的应用领域。各种吸附剂的主要工业用途和物理性质见表5-4和表5-5。

表 5-4　　　　　　　　各种吸附剂的主要工业用途

吸附剂	主要工业用途
气体吸附炭	溶剂回收、气体提纯、脱臭、防毒面具
液体吸附炭	捕集重金属及有毒金属、三废处理、水处理
脱色炭	糖液脱色、油脂及蜡精炼、水和其他溶液脱色
骨炭	糖的精制
分子筛	气液脱色、深度干燥、气体分离净化、石油脱蜡、催化剂载体、吸附农药及有毒气体、液自由基的储藏剂
氧化铝	气体干燥、液体脱水
硅胶	空气及其他气体的干燥、石油制品的精炼、催化剂载体

表 5-5　　　　　　　　吸附剂的物理性质

吸附剂	比表面积（cm²/g）	小孔容积（cm³/g）	大孔容积（cm³/g）	体积密度（g/L）	真密度（g/cm³）	表观密度（g/cm³）
粒状炭（用于气体）	1 000~1 500	0.6~0.8	0.5~0.8	300~450	约2.0	约0.6
粒状炭（用于水）	500~800	0.3~0.6	0.3~0.4	300~550	约2.0	约0.6
粉状炭（用于脱色）	700~1 400	0.45~1.2	0.5~1.9	250~500	约2.0	—
微孔硅胶	600~850	0.35~0.45	0.1	700~800	约2.2	约1.1
大孔硅胶	250~350	0.30~0.45	0.05~0.1	400~800	约2.2	约1.1
活性氧化铝	300~350	0.40	约0.1	700~800	约3.0	约1.2
分子筛	500~1 000	0.25~0.30	0.35~0.4	600~900	约2.6	约1.1~1.5

第二节　吸　附　理　论

一、吸附等温线

关于吸附的大量实验数据是表达平衡关系的，即吸附达到平衡时，吸附量与温度及平衡浓度或分压之间的关系，可以表示为：

$$a = f(p, T)$$

式中　a——吸附量；

　　　p——平衡时吸附质的气相分压；

　　　T——平衡时的温度。

在恒温条件下，考察吸附量与平衡压力的关系，可以得到吸附等温线，如图 5-3 所示，这是一条比较典型的吸附等温线。从图 5-3 中可以看出，随着气体压力的升高，吸附量也逐渐增加。但是在吸附等温线的不同部分，压力的影响是不同的。低压部分，压力的影响特别显著，并且吸附量与压力成正比（线段Ⅰ）；当压力继续升高时，被吸附的气体的量也增加，但增加的程度逐渐变小（线段Ⅱ）；最后，曲线接近一条平行于横坐标的直线（线段Ⅲ），此时相当于吸附剂的表面逐渐饱和的情况，即使平衡压力继续增大，吸附量已接近饱和吸附量 a_m。

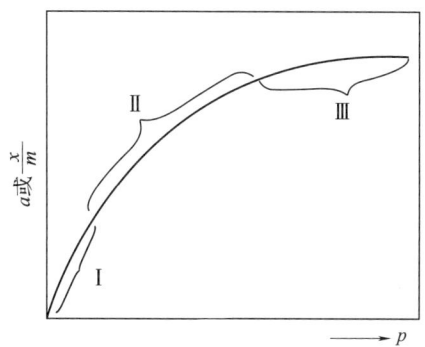

图 5-3　典型的吸附等温线

1. 弗兰德利希（Freundlich）吸附等温式

通过归纳总结实验结果，弗兰德利希提出了一个被广泛应用的经验公式：

$$X = \frac{x}{m} = k \cdot p^n \tag{5-3}$$

式中　$X = \frac{x}{m}$——单位吸附剂质量的吸附量；

　　　x——被吸附的组分量，kg；

　　　m——吸附剂的质量，kg；

　　　p——平衡时被吸附组分的分压，Pa；

　　　k,n——由试验确定的常数，n 在 0~1 之间。

此式只适用于第一类等温线中压部分的等温吸附，而不适用于低压和高压部分。

当对上式两边取对数后，方程变为：

$$\lg \frac{x}{m} = \lg k + n \lg p \tag{5-4}$$

再以 $\lg \dfrac{x}{m}$ 对 $\lg p$ 作图，可得到一条直线，其斜率是 n，截距是 $\lg k$，由此可以求得 n 和 k 值。

另外，实验表明 n、k 都与温度有关，且随着温度的增加 k 值降低（在压力相同的情况下），所以温度越高其吸附量越小，对吸附越不利。

2. 朗格缪尔（Langmuir）吸附等温式

朗格缪尔根据固体表面存在着表面能的观点指出，由于固体表面存在着不饱和力场，表层原子具有某种剩余价键力，若气体分子碰撞到固体表面，就有可能被此价键力所吸附。他认为这种吸附与普通化学反应并无不同，只是一种较松懈的化学反应，被吸附的气体分子与表面的作用力可以看成化合价键力的剩余价键力。此力的作用范围大约在分子直径的范围内，即在 10^{-8} cm 左右。因此固体表面的吸附作用，只能是单分子层的吸附，所以此理论又称为单分子层吸附理论。

从动力学的观点出发，朗格缪尔提出过一个关于气体吸附的理论，其中心内容如下：气体分子碰撞固体表面时，可以是弹性的，即碰撞后分子立刻自表面弹回，无能量交换。而通常的碰撞是非弹性的，即分子将在表面停留一些时间，然后离去。吸附现象就是这种暂时停留造成的。吸附达到平衡时，吸附的速率与自固体表面逃逸的速率相等。

朗格缪尔在推导公式的过程中，作了如下假设：

（1）只有撞在空白表面上的分子才会被吸附，倘若撞在一个已被吸附的分子上，则是弹性碰撞。也就是说，吸附是单分子层的。

（2）分子从表面逃逸的概率不受周围环境和位置的影响。也就是说，相邻的被吸附分子之间无作用力，而且表面是均匀的。

设 θ 代表某一瞬间已吸附的固体表面积对固体总面积的比值，$(1-\theta)$ 代表未吸附的面积对总面积之比。因气体的解吸速度与 θ 成正比，即解吸速度 $= k_1 \cdot \theta$；同理，气体的吸附速度和未吸附的面积成正比，并且和气相中的分压成正比，即吸附速度 $= k_2 \cdot p(1-\theta)$。吸附达到平衡时，解吸速度等于吸附速度，即 $k_1\theta = k_2 p(1-\theta)$，因此：

$$\theta = \dfrac{k_2 p}{k_1 + k_2 p}$$

如果用 a 表示某一定量吸附剂上吸附气体的摩尔数（又叫作平衡静活性），而 N_0 为一定量的吸附剂所能吸附分子的最大数目，N 为阿伏加德罗常数，则这一定量吸附剂所能吸附的气体的最大摩尔数 $A = N_0/N$，A 又称作饱和吸附量。未饱和时，被吸附的气体的摩尔数 a 与吸附面积分数 θ 成正比，所以：

$$a = \frac{N_0}{N} \times \theta = A \times \frac{k_2 p}{k_1 + k_2 p}$$

若用 B 表示 k_2/k_1，上式可改写为：

$$a = \frac{ABp}{1 + Bp} \tag{5-5}$$

当用吸附的质量表示吸附量时，又可写成：

$$a = \frac{a_m bp}{1 + bp} \tag{5-6}$$

式中 a 和 a_m 分别是平衡吸附量及单分子层饱和吸附量。

对于第一类吸附等温线，当气体压强很低时，$1 + bp \approx 1$，上式可简化为 $a = a_m bp$，此时 a 与 p 呈直线关系；当气体压强很高时，$1 + bp \approx bp$，上式可简化为 $a = a_m$，即在高压范围内，吸附量达恒定值，与压强无关，这又是吸附为单分子层的假定所导致的必然结果。但实际上吸附可以是多分子层的，因此最后的吸附量不都接近于一个常数。总之，如果固体表面很均匀，吸附又是单分子层的，朗格缪尔吸附等温式能很好地代表实验结果，但是其他四类等温线都不能用朗格缪尔吸附等温式来表示。

以上所讨论的朗格缪尔的单分子层吸附理论，对化学吸附比较适用。因为，发生化学吸附时，吸附质分子与吸附剂表层原子发生了化学反应，因而只能形成单分子层吸附。而物理吸附则不同，尤其是当气体压力较高时，气体分子可在固体表面形成多分子层吸附。因此单分子层等温吸附式就不能很好地与实验数据相符。

3. BET 方程式

后来布鲁诺、埃默勒、特勒三人在朗格缪尔理论的基础上提出了多分子层吸附理论。他们接受了朗格缪尔的一个假定，而放弃了另一个假定，即认为：（1）固体表面是均匀的，且分子逃逸时不受周围其他分子的影响。（2）在物理吸附中，固体和气体是依靠范德华引力而发生吸附的，但是被吸附的分子对外也有引力，在第一吸附层之上，还可以吸附第二层、第三层……即不只是单分子层吸附，还可以是多分子层吸附；而且，并不一定等到第一层吸满了之后再吸附第二层。在固体表面空白点上的吸附与第一层被吸附分子的逃逸之间有一个动平衡。同样，在第一层与第二层之间，第二层与第三层之间也存在这种平衡关系。不过第一层分子被吸附是靠固-气分子的引力，而其余各层分子被吸附是靠气体分子之间的引力，两类引力不同，所以吸附热也是不同的。在多层吸附的情况下，气体吸附量等于各层吸附量的总和。根据这个原则可导出：

$$a = \frac{a_m c p}{(p_0 - p)\left[1 + (c-1)\dfrac{p}{p_0}\right]} \tag{5-7}$$

这就是二常数的 BET 方程，式中 a 代表在平衡压强 p 时的吸附量，a_m 代表表面被一层分子盖满时所需的气体量，p_0 是平衡温度下吸附质的饱和蒸汽压，c 是与吸附热有关的常数。

BET 方程也可以写成如下形式：

$$\frac{p}{V(p_0 - p)} = \frac{1}{V_m \cdot c} + \frac{c-1}{V_m \cdot c} \cdot \frac{p}{p_0} \tag{5-8}$$

式中　V——平衡时吸附气体的体积；
　　　V_m——单分子层饱和吸附体积。

朗格缪尔吸附等温式只能符合图 5-3 的第一类型等温线，而 BET 方程的应用范围较广，在一定条件下，有可能符合其他类型的等温线。BET 理论比朗格缪尔理论更进了一步，但其假定仍不完全与实际情况相符，新的发展应当是同时考虑到表面的不均匀性和前后左右分子间的相互作用。为了解释吸附过程的实质，还有人提出过若干其他的理论，但都有一定的局限性。多层分子吸附示意图如图 5-4 所示。

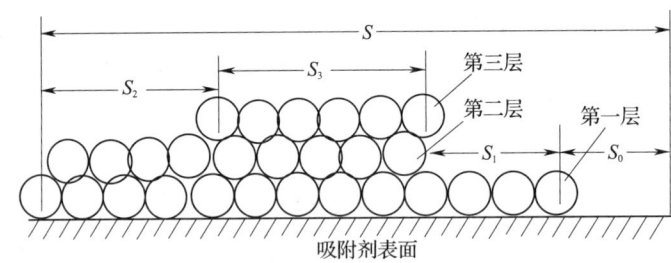

图 5-4　多层分子吸附示意图

BET 方程的作用之一是用来计算多孔固体的比表面积，方法如下：

在恒温下测得不同分压下的吸附体积 V，所得的实验数据以 $\dfrac{p}{V(p_0 - p)}$ 对 $\dfrac{p}{p_0}$ 作图，这样得到一条直线，如图 5-5 所示。

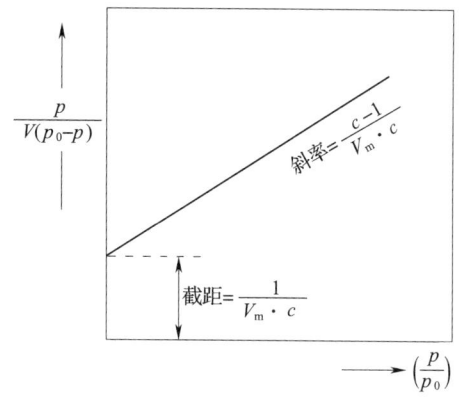

图 5-5 $p/V(p_0-p) - p/p_0$ 图

直线的斜率 $a = \dfrac{c-1}{V_m c}$；直线的截距 $b = \dfrac{1}{V_m c}$；由斜率和截距可以计算单分子层饱和吸附量：

$$V_m = \frac{1}{a+b}$$

若每个气体分子的横截面积为已知，就可用下式求出该吸附剂的比表面积：

$$S_g = NA_m \frac{V_m}{V} = \frac{NA_m V_m}{22\,400 W} \tag{5-9}$$

式中　S_g——比表面积；

　　　V——吸附气体的摩尔体积，在标准状态（101 kPa、0 ℃）下为 22 400 mL；

　　　N——阿伏加德罗常数；

　　　A_m——吸附质分子的横截面积；

　　　W——吸附剂样品的质量。

这就是著名的 BET 测定吸附剂和催化剂比表面积的方法，它在研究吸附剂和催化剂表面性质上占有很重要的地位。大量的实验结果表明，BET 公式在相对压力 $p/p_0 = 0.05 \sim 0.35$ 的范围内是比较准确的。该实验数据的获取要用比表面积测定仪来完成，以 N_2 分子在液氮温度（-196 ℃）下吸附来测定平衡数据，N_2 分子的横截面积为 0.162 nm^2。

使用 BET 的氮吸附法所测得的比表面积数据一般是比较准确的，因此氮吸附法被称为经典的方法，也被以后出现的其他方法证明是可靠的。

4. 关于等温线的讨论

通过对大量实验结果的分析,气体与蒸气的物理吸附等温线可归纳为五种类型,如图 5-6 所示。

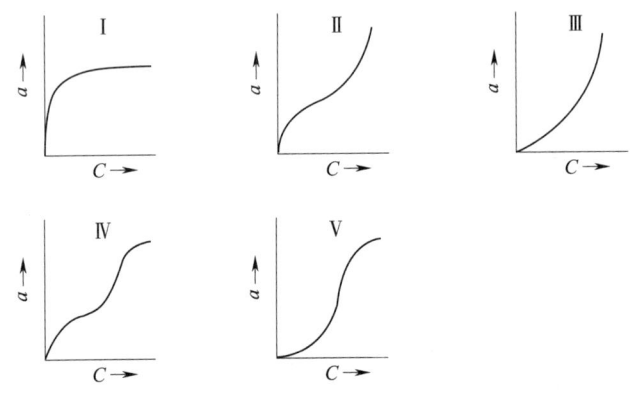

图 5-6 吸附等温线的五种类型

吸附等温线对固体表面与孔的研究、吸附微观状态的研究及吸附的工程设计有重要的作用。下面讨论等温线在吸附器的设计应用中对操作过程的影响。

在吸附操作中,混合气体通过吸附剂床层时,以吸附剂上流体内吸附质的平衡浓度与气流主体内吸附质浓度的关系绘制成的吸附等温线就表示了等温条件下的吸附平衡关系。而这种关系按其对吸附床性能的影响,可分为以下三种情况:

(1) 优惠型吸附等温线。这种等温线的形状是向上凸的,而等温线的斜率随流体浓度 C 的增加而降低(见图 5-7a)。在吸附操作中,优惠型在床层中的浓度分布,沿流动方向的浓度梯度显得比较陡,传质区短,因此可以适当缩短床层高度,或提高床层的利用率。

(2) 线型吸附等温线。线型吸附等温线为一条直线,曲线斜率不随气流浓度而变化(见图 5-7b)。表现在床层中,操作的传质区长度是固定不变的。

(3) 非优惠型吸附等温线。这种等温线是向下凹的,即斜率随 C 的增加而加大,而在床层中沿流动方向的浓度梯度很陡(见图 5-7c),即传质区较长,床层利用率低。

在这五种等温线中,每条线都可按三种类型分成若干段,有的属于优惠型,有的属于线型,有的属于非优惠型,在操作中应尽量使条件处于优惠型段内进行。

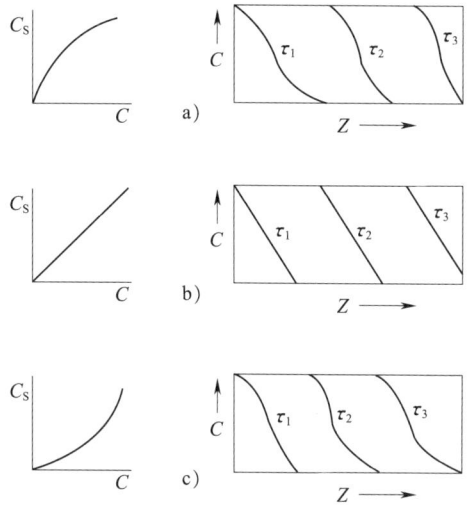

图 5-7 三种不同吸附等温线对吸附波的影响
a) 优惠型吸附等温线 b) 线型吸附等温线 c) 非优惠型吸附等温线

二、吸附势理论

吸附具有势能的概念,首先是由俄国学者爱坚与波辽尼等人提出来的,他们认为:吸附时吸引力的作用范围相当大,因此吸附剂的表面能吸留若干层吸附质分子。由于外层吸附质分子的吸引力及压力逐层降低,离吸附剂表面越远,则该多分子层的密度越低。因此,最紧密的吸附层是直接与吸附剂表面接触的第一层。在吸附空间内,被吸附的分子相互间的作用力与它们在自由状态下的相互作用力是相同的,即气体在被吸附时与自由时的状态方程式是相同的。因此,对于被吸附的气体可采用范德华状态方程式。吸附质所具有的密度和聚集状态,将与吸附容积内的压力相对应。吸附层上每一点都有其相应的所谓吸附势,而吸附势为该点至吸附剂表面距离的函数。

爱坚首先将吸附力视为分子力位势的梯度,波辽尼用定量公式表示位势理论。波辽尼把吸附势 ε 定义为吸附力将一个分子从无限远(吸附力不再起作用的地方),吸到与吸附剂表面的距离为 x 的一点上所做的功。

$$\varepsilon = \varphi(x)$$

图 5-8 所示是按照吸附势理论表示吸附剂上吸附层的分布。在吸附剂表面上的吸附势为 ε_0,而吸附势相等的其他各个等势面上的吸附势为 ε_1、ε_2、ε_3 等。吸附质分

子间相互不发生影响,即每一点的吸附势并不因该点与吸附剂表面之间有无分子而变。各等势面与吸附剂表面之间的容积以 W_1、W_2、W_3 等表示。整个吸附空间的总容积 W 最大的界限为两个表面:一个为吸附剂表面;另一个为吸附层与吸附力不再发生作用的空间交界面,即吸附势等于零的地方;最高的吸附势就在吸附剂的表面上,在该处 $W=0$。

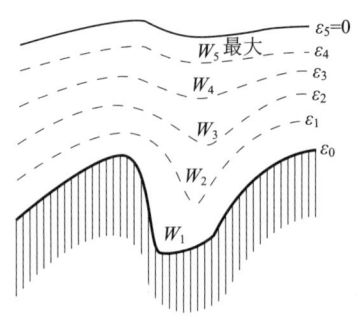

图 5-8 吸附层的分布情况

在吸附空间中,吸附势的分布曲线 $\varepsilon = f(W)$ 称为特性曲线,如图 5-9 所示。按照吸附势理论,特性曲线与温度无关,仅取决于吸附质的种类。当两个不同物质的吸附空间容积相等时,其吸附势之比(特性曲线纵坐标之比)是恒定的,并以 β_a 表示,如图 5-10 所示。人们把纵坐标具有恒定比值的特性曲线称为亲和特性曲线,β_a 称为亲和系数。

$$\frac{\varepsilon_1}{\varepsilon_2} = \frac{\varepsilon_3}{\varepsilon_4} = \cdots = \beta_a$$

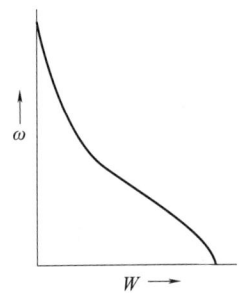

图 5-9 特性曲线 $\varepsilon = f(W)$

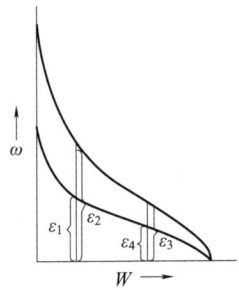

图 5-10 亲和特性曲线

这两条曲线特性方程式的区别仅在于固定的系数 β_a,如果表示第一个物质的特性曲线为:

$$\varepsilon_1 = \varphi(W)$$

则对于第二个物质为:

$$\varepsilon_2 = \beta_a \cdot \varphi(W)$$

或

$$\frac{\varepsilon_1}{\varepsilon_2} = \beta_a$$

取近似值可认为：
$$W = a \cdot V \qquad (5\text{-}10)$$
式中　a——单位吸附剂所吸附物质的摩尔数，mol；

V——吸附质的摩尔体积，cm³/mol。

1. 亲和系数的计算

吸附势概念的引入，有可能利用某种物质在某一温度下的吸附等温线而把其他物质在任何温度下的吸附等温线求出来。按照杜宾宁和季莫费叶夫的意见，蒸气态物质的亲和系数用下式计算，可得到近似值：

$$\beta_a = \frac{V}{V_0}$$

式中　V——被研究物质的液态摩尔体积，cm³/mol；

V_0——标准物质（一般为苯）在同样条件下的摩尔体积，cm³/mol。

但对于气态物质，该式是不适用的。

有关某些物质的亲和系数的实验值和分子容积比值列于表5-6中（以苯为标准）。

表5-6　以苯为标准的 β_a 值和摩尔容积比

蒸　气	β_a（实验值）	V/V_0（苯）
C_6H_6	1	1
C_5H_{12}	1.12	1.28
C_6H_{12}	1.04	1.21
C_7H_{16}	1.50	1.65
$C_6H_5CH_3$	1.28	1.19
CH_3Cl	0.56	0.59
CH_2Cl_2	0.66	0.71
$CHCl_3$	0.88	0.90
CCl_4	1.07	1.09
C_2H_5Cl	0.78	0.80
CH_3OH	0.40	0.46
C_2H_5OH	0.61	0.65
$HCOOH$	0.60	0.63
CH_3COOH	0.97	0.96

续表

蒸 气	β_a（实验值）	V/V_0（苯）
$(C_2H_5)_2O$	1.09	1.17
CH_3COOH_3	0.88	0.82
CS_2	0.70	0.68
CCl_3NO	1.28	1.12
NH_3	0.28	0.30
CH_3Br	0.57	—
C_3H_6	0.78	0.85
$n-C_4H_{10}$	0.90	1.13
$n-C_6H_{14}$	1.35	1.47

2. 等温线的换算

在实际应用中，当对所研究的物质缺乏应有的吸附平衡数据或等温线时，可借助已有的某物质的吸附等温线通过换算来求得所研究物质的吸附等温线。

位势论认为，在恒温条件下，吸附力将1摩尔蒸气自吸附力实际上不再起作用的地方吸至吸附剂表面所做的功，等于将1摩尔蒸气自体积V恒温压缩至V_s所做的功，即有

$$\varepsilon = R \cdot T \cdot \ln\frac{V}{V_s}$$

式中 V——气相中被吸附蒸气的摩尔体积，m^3/mol；

V_s——饱和状态被吸附蒸气的摩尔体积，m^3/mol。

由于体积与压力成反比，所以

$$\varepsilon = R \cdot T \cdot \ln\frac{p_s}{p}$$

式中 p——气相被吸附物质的分压，Pa；

p_s——被吸附物质的饱和蒸气压，Pa。

应用公式时曾假设理想气体状态方程式的适用范围一直达到饱和压力，不过一直到接近临界温度为止，用以修正蒸气与理想气体两者性质差异的修正系数在这里都不大，可不予以考虑。

如果某一种物质的吸附势

$$\varepsilon_1 = R \cdot T_1 \cdot \ln\frac{p_{s-1}}{p_1}$$

而任何其他物质的吸附势

$$\varepsilon_2 = R \cdot T_2 \cdot \ln\frac{p_{s-2}}{p_2}$$

于是

$$\frac{\varepsilon_2}{\varepsilon_1} = \beta_a = \frac{R \cdot T_2 \cdot \ln\frac{p_{s-2}}{p_2}}{R \cdot T_1 \cdot \ln\frac{p_{s-1}}{p_1}}$$

或是

$$\lg p_2 = \lg p_{s-2} - \beta_a \cdot \frac{T_1}{T_2} \cdot \lg\frac{p_{s-1}}{p_1} \tag{5-11}$$

按照克莱普朗（Clapeyron）公式，浓度与压力成正比，即

$$C = \frac{p}{RT}\ (\text{kg/m}^3)$$

则式（5-11）变成以下形式：

$$\lg C_2 = \lg C_{s-2} - \beta_a \cdot \frac{T_1}{T_2} \cdot \lg\frac{C_{s-1}}{C_1}$$

式中 下标 1——已知物质的数据（通常用苯）；
　　　下标 2——所求物质的数据；
　　　p——气相中吸附质的分压，Pa；
　　　p_s——吸附质的饱和蒸气压，Pa；
　　　T——热力学温度，K；
　　　C——吸附质蒸气的质量浓度，kg/m³；
　　　C_s——吸附质蒸气饱和质量浓度，kg/m³。

由式（5-11）可以从已知物质在某一温度下的吸附平衡分压，换算出另一物质在任意温度下的吸附平衡分压，这是等温线换算的第一个公式。

根据位势论，吸附空间容积可以表示为：

$$W = a \cdot V^*$$

式中 a——单位吸附剂吸附物质的摩尔数，mol/g；
　　　V^*——吸附质在吸附状态的摩尔体积，cm³/mol。

当两种物质吸附空间容积相等时，即

$$W_1 = W_2$$

则

$$a_1 \cdot V_1 = a_2 \cdot V_2 \tag{5-12}$$

或

$$a_2 = \frac{a_1 \cdot V_1}{V_2}$$

这样，从式（5-11）和式（5-12）即可由标准物质在某一温度下的吸附等温线求出其他任何物质在任何温度 T 时的吸附等温线来。

三、活性炭的结构形式与分类

有的研究者认为，如果吸附速度主要决定于被吸附分子进入微孔的通路孔的结构，若将炭粉碎，相应增加其表面积，其吸附速度可大大提高；另一些研究者指出，吸附能力只与微孔的结构有关，粉碎炭以增加其外部表面积，只能稍微增加其吸附能力。所以活性炭的合理分类法是按其结构来分，并且有两种极端的结构形式。

第一种是适度活化的炭，其烧去率通常不超过50%。这种炭的孔较细，小孔可按最简单的形式表示为缝隙（见图5-11），而各等势面以虚线表示，缝隙内每一点的吸附势为相对的两壁的吸附势之和。随着深入缝隙的内部，吸附势增长，孔越小或缝隙越窄，吸附势的增长越多。因此，吸附势值决定于炭的结构，第一种结构形式的炭的细孔中，吸附势较高。

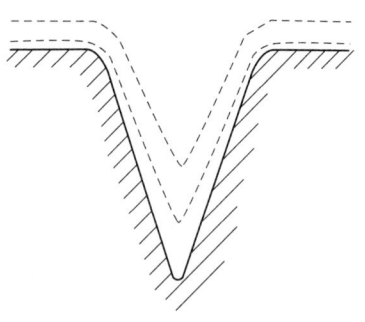

图5-11 缝隙中的等势面

第二种结构形式的炭为极度活性化炭，其烧去率在75%以上，这种炭的孔隙很大，以至于吸附势的增长在这种炭上实际不能察觉出来。

在这两种极端之间有一种混合型式的活性炭，其烧去率介于50%与75%之间，这种炭中两种极端的结构形式按不同的比例共存。

由以上的分析可以看出，炭的加工制备过程可以理解为造孔的过程，即使用同样材料制备的炭，由于孔隙结构不同，其功能和应用方向也不一样。吸附气体、难以液化的蒸气以及分离气体混合物的炭，一般属于第一种结构形式；溶液的净化与脱色大多采用第二种结构形式的炭，因为此类吸附时分子总是很大的；回收用炭一般具有混合型结构。

四、混合蒸气的吸附

在实际应用中，经常遇到混合蒸气或气体的吸附，这时的吸附状况就会变得复杂了。当混合气体的成分及组成比例不同时，吸附等温线都会发生变化。目前对混合气体或蒸气吸附的计算有一些方法可以应用，但往往缺乏相关的数据，准确地计算存在困难。以下是一些基本公式，提供参考。

1. 一些研究者根据朗格缪尔理论导出下面的公式

对于两种物质的吸附有：

$$a_1 = \frac{A_{1\infty} \cdot B_1 \cdot C_1}{1 + B_1 C_1 + B_2 C_2}$$

$$a_2 = \frac{A_{2\infty} \cdot B_2 \cdot C_2}{1 + B_1 C_1 + B_2 C_2}$$

式中 a_1，a_2——两种物质的吸附量；

C_1，C_2——两种物质在气相中的浓度；

$A_{1\infty}$，$A_{2\infty}$——在吸附剂完全饱和的情况下，吸附剂中两种物质各自的吸附量；

B_1，B_2——常数。

上式在应用中的关键是求出常数 B，一般是凭经验及试算求出常数，然后计算吸附量。

2. 按杜宾宁的微孔容积充填理论也可导出混合蒸气的计算公式

$$a_{12} = \left(\frac{W_0}{V_{12}}\right)\left\{\exp\left[-B\left(\frac{T^2}{\beta_{12}^2}\right)\cdot\left(\lg\frac{p_s}{p_{12}}\right)^2\right]\right\}$$

使用时要求出常数 W_0 及 B，此外 a_{12}、p_{12}、V_{12}、β_{12} 都要分别计算，此外还要知道每一组分的吸附方程式，应用起来比较复杂。

3. 实验与经验计算结合

当缺乏混合气体的吸附等温线及有关数据时，可以通过实验并靠近似计算来求得吸附量。按照朗格缪尔的理论，当有其他物质存在时，一种物质的吸附量总会减少，而在计算中以吸附量较小的物质为依据，经适当的技术处理后，以这种物质的等温线，并围绕这种物质进行计算，这样可以求出近似的吸附持续时间或保护作用时间。

五、吸附传质速率

因吸附剂和吸附质在性质上的不同，传质上的差异极大，可以是百分之几秒，也可能需经过几十小时才能达到吸附平衡。流体主体中的组分必须先借扩散作用以到达固体的表面，才能为固体表面所吸附。因此吸附速率分为传质速率（也称扩散速率）和吸附的绝对速率两种。

吸附速率即单位时间内被单位体积吸附剂所吸附的物质量，可按吸附动力学方程式求得：

$$\frac{\mathrm{d}a}{\mathrm{d}\tau} = \beta \cdot (c - y) \tag{5-13}$$

式中　a——单位吸附剂吸附的组分量，kg/m^3；

　　　c——吸附质在气体中的质量浓度，kg/m^3；

　　　y——与单位体积或质量吸附剂所吸附的物质量平衡的气体质量浓度，kg/m^3；

　　　τ——吸附时间，s；

　　　β——动力学系数或质量传递系数。

动力学系数又称为从气流到吸附剂表面的质量传递系数，当 $\tau = 1$ s，$(c - y) = 1$ kg/m^3 时，$a = \beta$。因此动力学系数 β 是指，当浓度差为 1 kg/m^3 时，在 1 s 内从气流传递到 1 m^3 吸附层的物质量（kg），1 kg/m^3 的浓度差应当是气流中吸附质的含量与和吸附剂平衡的气体浓度之差，质量传递系数的单位是 s^{-1}。

吸附过程由下列步骤组成：

（1）外扩散，即吸附质分子从气流到吸附剂颗粒外表面的扩散。

（2）内扩散，即吸附质分子沿着吸附剂的孔深入至吸附剂表面的扩散。

（3）在吸附剂表面的吸附。

假设吸附本身进行得极快，实际上几乎是瞬间完成，其吸附动力学取决于内扩散与外扩散的速度。若外扩散动力学系数以 β_1 表示，内扩散动力学系数以 β_2 表示，则总动力学系数 β 与数值 β_1 和 β_2 具有下列关系：

$$\frac{1}{\beta} = \frac{1}{\beta_1} + \frac{1}{\beta_2}$$

有关这方面的大量研究都是要说明哪一种扩散是主要的，但实际上在吸附过程的不同阶段和在不同的条件下，外扩散或是内扩散都可能是主要的。动力学系数或质量传递系数，与很多变量，如吸附质和吸附剂的种类、物理性质、气流运动的性质等有关。这种复杂关系不可能以一个通式来表示，同时质量传递系数要根据不同的情况以实验方法求得，并以准数方程来表示。

$$Nu' = f[Re, Pr']$$

对于用一般粒度的活性炭吸附蒸气的过程作近似的计算时，可取

$$Nu' = 1.6 Re^{0.54} \tag{5-14}$$

上式是当 $Re < 40$ 时，用活性炭吸附乙醚蒸气的实验数据得出的。

式中　Nu'——努塞尔扩散准数，$Nu' = \dfrac{\beta \cdot l^2}{D}$。

　　　其中：l——取吸附剂颗粒直径 d 为定性长度，m；
　　　　　　D——扩散系数，m^2/s。

　　　Re——雷诺数，$Re = \dfrac{d \cdot \omega}{\nu}$，$\nu = \dfrac{\mu \cdot g}{\rho}$。

　　　其中：ω——混合气体流速，m/s；
　　　　　　ν——气体的动黏度，m^2/s；
　　　　　　μ——气体的黏度，$kg \cdot s/m^2$；
　　　　　　ρ——气体的密度，kg/m^3；
　　　　　　g——重力加速度，m/s^2；
　　　　　　d——吸附剂颗粒直径，取为定性长度，m。

将 Nu' 和 Re 代入式（5-14）

$$\frac{\beta \cdot l^2}{D} = 1.6 \left(\frac{d \cdot \omega}{\nu}\right)^{0.54}$$

则动力学系数

$$\beta = 1.6 \frac{D \cdot \omega^{0.54}}{\nu^{0.54} \cdot d^{1.46}} \tag{5-15}$$

第三节　吸附过程的计算

计算吸附过程是指确定吸附剂的需要量、吸附过程的持续时间、吸附器的尺寸以及能量的消耗等主要内容。

一、吸附的流程及特点

吸附流程包括以下三个步骤：
（1）使流体和固体吸附剂进行接触，使吸附质吸附在吸附剂上。
（2）将未被吸附的流体从已吸附了吸附质的吸附剂上分开。
（3）吸附剂的再生或更换。

吸附器按吸附剂和流体的接触方式不同可分为填充式吸附和其他形式吸附两种。其中填充式吸附又分为固定床吸附、移动床吸附和流化床吸附。

使用移动床和流化床吸附装置的虽然相当多，但是在车间空气净化方面，多数还是固定床吸附装置。由于吸附新工艺的不断出现,各种新技术的不断发展,使吸附工艺更加丰富,下面重点介绍一些基本流程。

1. 填充床式吸附

(1) 活性炭固定床吸附。活性炭固定床吸附是工业上应用最广泛的一种吸附操作,可以有不同的特点和工艺流程,图5-12所示是典型的固定床吸附装置的流程之一。

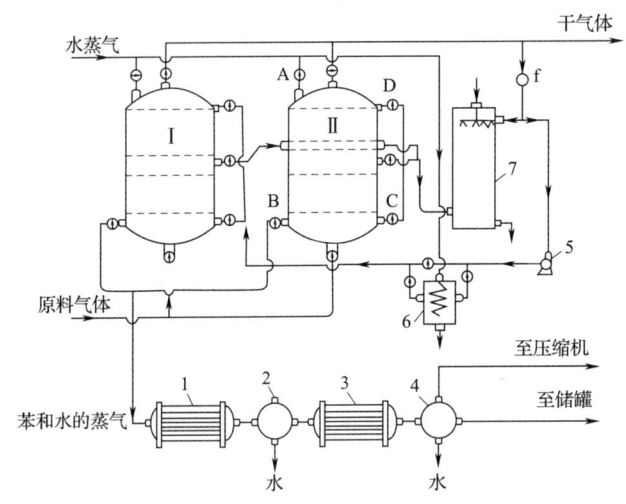

图5-12 固定床吸附装置的流程
1、3、7—冷凝器 2、4—分离器 5—鼓风机 6—预热器

活性炭的吸附过程由四个步骤(循环)所组成:用活性炭自混合物中吸附气体,自活性炭中将气体吹出(解吸),活性炭的干燥及冷却,吸附剂经冷却后重新用来吸附气体。为适应操作的连续性要求,固定床吸附装置就需要几个吸附器,在吸附过程中轮换使用,通常一套装置有2个、3个甚至4个吸附器。

图5-12所示为固定床吸附装置的流程,该装置用于吸附回收混合气体中的有机溶剂蒸气,在吸附器Ⅰ中进行吸附,同时在吸附器Ⅱ中进行解吸、干燥与冷却。气体自吸附器Ⅰ进入分配管。图中所示的吸附器Ⅱ正在进行解吸,所以阀门A及B打开,通蒸气入吸附器Ⅱ之中,被逐出的碳氢化合物随水蒸气进入冷凝器1,将大部分水蒸气冷凝,所形成的冷凝水在分离器2中析出,而碳氢化合物蒸气及残余的少量水蒸气又在冷凝器3中冷凝,冷凝水在分离器4中析出。冷凝的碳氢化合物则引入储罐,尚未冷凝的碳氢化合物蒸气或引出压缩使之冷凝,或引去燃烧。

当解吸完毕时，关闭阀门 A 及 B，打开阀门 C、D、f，并开动鼓风机 5。在此以前先送水蒸气入预热器 6。气体在器内预热，经阀门 C 及 D 通入吸附器 Ⅱ。气体自吸附器 Ⅱ 流出，进入冷凝器 7，再用鼓风机 5 抽出。经过若干时间后，当吸附器 Ⅱ 中经解吸后所残存的水蒸气排出残尽，而又在冷凝器 7 中冷凝后，则关闭闸门 5，并使气体经鼓风机、预热器 6、吸附器 Ⅱ 及冷凝器 7 再转至鼓风机 5 作循环流动，于是在吸附器 Ⅱ 中，被气体所带出的水分就在冷凝器 7 中冷凝。当干燥结束时，停止输送蒸气入预热器 6，使气体自其旁路通过，此时即开始吸附器 Ⅱ 的冷却循环，在冷却结束时，停止鼓风机 5 的运转，并变换闸门开关的方向，以使吸附器 Ⅱ 用于吸附，而吸附器 Ⅰ 改变为解吸。此种活性炭吸附器的构造如图 5-13 所示。

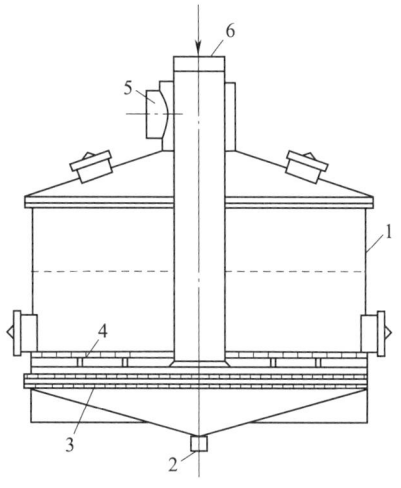

图 5-13　活性炭吸附器的构造
1—外壳　2—水分出口　3—蒸气分散器　4—花板　5—气体出口　6—混合气体进口

另外，为了车间空气净化的需要，开发了小型吸附器，它采用了吸附和再生的二段操作，如图 5-14 所示。在活性炭吸附有机溶剂呈饱和状态后，通过活性炭床向上送入低温蒸气进行吹脱和再生，在冷凝器中回收有机溶剂，一般是吸附 1 h，再生 45 min，冷却 15 min。该装置制作成轻便式移动成套设备，两个吸附器交替使用。回收的溶剂如果不是水溶性的可直接分出，如果是水溶性的可用分馏柱进行分离回收。

（2）移动床吸附。近年来移动床吸附的方法得到了发展。其吸附剂层为流动的移动床吸附，与流体作逆向运动并接触。这种方法与吸附剂层静止不动的间歇式操作的固定床吸附比较起来，其特点是生产能力很高，同时将气体混合物分离的效能也较大。

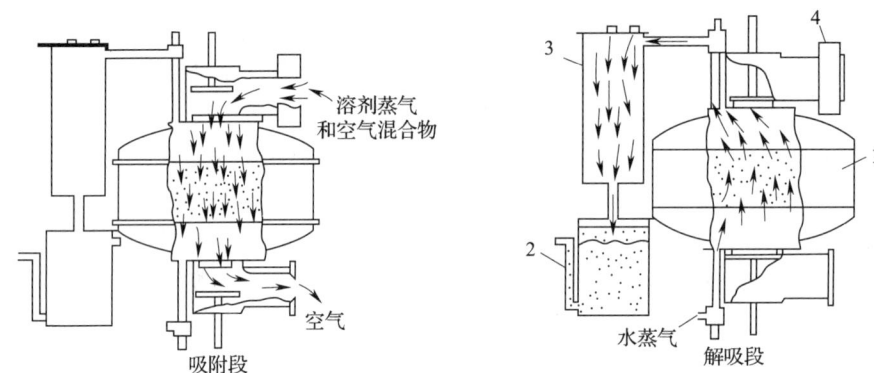

图 5-14 溶剂回收吸附器剖面图
(吸附时显示溶剂蒸气—空气流动模式,解吸时显示蒸气流动模式)
1—吸附罐　2—分离器　3—冷凝器　4—鼓风机

最简单的移动床吸附流程如图 5-15 所示。这种装置的主要设备是气体分离塔,塔分为几段。固体的粒状吸附剂在重力的作用下在塔内自上而下地移动,其速度由卸料机构 2 来调节。所用的吸附剂为活性很高的活性炭。需要分离的气体混合物经特殊的分配塔板 4 送入塔内,与吸附剂移动的方向相反,通过塔的吸附段 5,其中易被吸附的物质为吸附剂所吸附;未被吸附的气体则经过冷却段 8 用水冷却,从塔顶作为产品被引出。

被吸附气体的解吸过程是在塔中单独解吸段 7 内用间接蒸气来进行的,并用过热蒸气直接吹出吸附质。蒸气与被解吸组分(塔底产品)一起引出,然后用冷凝的方法将其分离。在该塔的精馏段 6 中,解吸出来的组分作为塔侧产品引出。也可用"回流"的办法提高塔侧及塔底产品的纯度。经过解吸后不含吸附气体的吸附剂用鼓风机 11 借气体提升管自塔的下部再送回储料槽 3,由储料槽再落入塔内,这样就完成了一个连续的循环。

为了不降低活性炭的活性,把由气体提升管送回储料槽的吸附剂分出一部分,使它通过再活化器 10,在再活化器中更高的温度下进行蒸气洗涤。再活化器用炉气加热。吸附质直接用蒸气吹出,引自储料槽上部。由于这样的再活化,吸附剂的活性在长期操作中也不会下降。这种装置是完全的自动操作,因此能够得到纯度为 99% 的产品。每一次循环,吸附剂的损失率在 0.001% 到 0.000 5%。

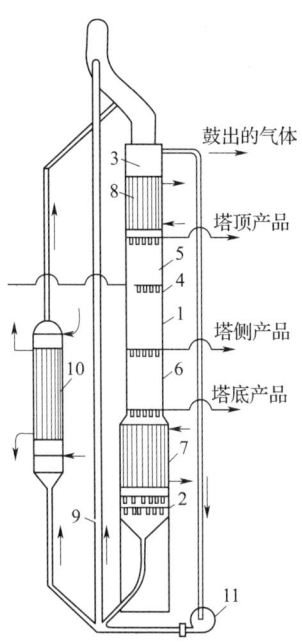

图 5-15 用移动床方法连续分离气体混合物的流程
1—气体分离塔 2—卸料机构 3—储料槽 4—分配塔板 5—吸附段
6—精馏段 7—解吸段 8—冷却段 9—气体提升 10—再活化器 11—鼓风机

(3) 流化床吸附。近来,流化床吸附逐渐为工业上所采用,它比固定床吸附有如下优点:

1) 吸附剂在吸附器中处于流态化,颗粒不断运动,没有"用过的"吸附层。

2) 由于吸附剂的剧烈运动,使得整个吸附层中温度分布比较均匀,避免了吸附剂局部过热燃烧的危险。

3) 吸附剂层对气流的阻力较小。

4) 吸附剂处于流态化,易于从一个设备输送至另一个设备。

流化床的不足之处有以下几方面:

1) 在流化床中,"用过的"和"未用过的"吸附剂混在一起,离开吸附剂的气流就会与"用过的"吸附剂接触,因而可能引起解吸,对混合物的分离精度起了不良的影响。

2) 吸附剂磨损大,要求具有较高的机械强度。

3) 吸附器壁的磨损较严重。

2. 其他类型的吸附装置

随着吸附技术的发展，出现了各种吸附与催化、催化燃烧、吸收相结合的联合装置，这里仅介绍一种旋转式固定床吸附设备，如图 5-16 所示。吸附剂被固定在转鼓上，当污染空气透过转鼓时，有害气体被吸附剂吸附，而被净化了的气体用引风机抽出。在转鼓的下方用水蒸气直接吹扫进行解吸，用冷凝器回收污染物质，此操作是连续的。

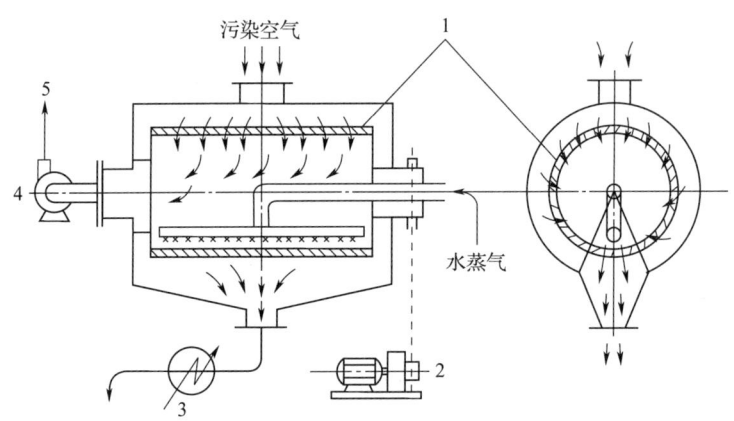

图 5-16　旋转式固定床吸附设备
1—吸附过滤器　2—变速箱　3—冷凝器　4—风机　5—净化空气

二、有机溶剂的蒸发量计算

计算有机溶剂的蒸发量，即散发量，是计算吸附工作量以及吸附回收率的基础。但是目前尚无精确的计算公式。散发量可用马札克推导的有害物质敞露存放时散发量的公式计算：

$$G = \frac{(5.38 + 4.1W) p_{饱} \cdot F \cdot \sqrt{M}}{133.3} \tag{5-16}$$

式中　G——有机溶剂蒸发量，g/h；
　　　W——车间内风速，m/s；
　　　$p_{饱}$——有机溶剂在室温时的饱和蒸气压，Pa；
　　　F——有机溶剂敞露面积，m^2；
　　　M——有机溶剂的相对分子质量。

[例 5-1] 设有一盛苯容器,其敞露面积为 0.1 m²,苯的温度接近于室温为 20 ℃,室内风速为 0.2 m/s,求苯的散发量。

解: 先求温度为 20 ℃时苯的饱和蒸气压。

据公式: $p_{饱} = 133.3 \times 10^{\left(\frac{-0.05223A}{T}+B\right)}$

查得 $A = 34\,172$,$B = 7.962$

已知 $T = 273 + 20 = 293$ K

$$p_{饱} = 133.3 \times 10^{\left(\frac{-0.05223 \times 34\,172}{293}+7.962\right)} \approx 133.3 \times 10^{1.871} \approx 9.90 \times 10^3 \text{ (Pa)}$$

将求得的 $p_{饱}$ 和已知的 W、F、M 代入式 (5-16),即可算出苯的散发量:

$$G = \frac{(5.38 + 4.1W)\,p_{饱} \cdot F \cdot \sqrt{M}}{133.3}$$

$$= \frac{(5.38 + 4.1 \times 0.2) \times 9.90 \times 10^3 \times 0.1 \times \sqrt{78}}{133.3}$$

$$\approx 407 \text{ (g/h)}$$

在实践中,还可用以下方式计算:

1. 用相对挥发度作某些可能的近似计算

在使用马札克公式缺乏数据时,可借助相对挥发度做一些近似的计算。相对挥发度为蒸发速度的倒数。在表 5-7 中乙醚的相对挥发度被假定为 1.0,表中数字表示某一液体在相同情况下比乙醚蒸发得慢多少倍。

表 5-7　　　　　一些有机液体相对挥发度

物质名称	相对挥发度	物质名称	相对挥发度
乙醚	1.0	乙醇(94%)	8.3
二硫化碳	1.8	正丙醇	11.1
丙酮	2.1	醋酸异戊酯	13
醋酸甲酯	2.2	乙苯	13.5
氯仿	2.5	异丙醇	21
醋酸乙酯	2.9	异丁醇	24
四氯化碳	3.0	正丁醇	33
苯	3.0	二乙醇-甲醚	34.5
汽油	3.5	二乙醇-乙醚	43

续表

物质名称	相对挥发度	物质名称	相对挥发度
三氯代乙烯	3.8	戊醇	62
二氯乙烷	4.1	十氢化萘	94
甲苯	6.1	乙二醇-正丁醚	163
醋酸正丙酯	6.1	1,2,3,4-四氢化萘	190
甲醇	6.3	乙二醇	2 625

[**例 5-2**] 在例 5-1 的条件下，若容器中装的是二硫化碳，求二硫化碳的散发量。

解：已知上题苯的散发量为 407 g/h，查表 5-7 得：

苯的相对挥发度 $\alpha_{苯}=3.0$，二硫化碳的相对挥发度 $\alpha_{CS_2}=1.8$。

所以 $\alpha_{苯}=\dfrac{1}{G_{苯}}=3.0, \alpha_{CS_2}=\dfrac{1}{G_{CS_2}}=1.8$

即：$\dfrac{G_{苯}}{G_{CS_2}}=\dfrac{1.8}{3.0}, G_{CS_2}=407\times\dfrac{3.0}{1.8}\approx 678$（g/h）

2. 按实际的溶剂消耗量来计算

例如，油漆使用溶剂，如果工件不移出室外，则油漆所含溶剂及稀料全部要在车间内散发出来。这样，从油漆的消耗量可以算出溶剂和稀料的消耗量，也就是有机溶剂在车间的蒸发量。例如，某厂的甲苯回收设备，在 5 个月的统计中，甲苯和二甲苯的消耗量为 47.5 t，而吸附回收了 34.5 t，从而计算出回收率为 72.6%。

公式如下：

$$G=\frac{aAmn}{100} \tag{5-17}$$

式中　a——每名工人的生产率，m^2/h；
　　　A——油漆消耗量，g/m^2；
　　　m——油漆中溶剂含量（质量分数），%；
　　　n——工人数。

三、间歇操作的吸附器的工艺计算

这一部分的内容主要围绕固定床吸附器的计算进行，包括吸附剂的用量、吸附的持续时间、吸附器的尺寸等。吸附持续时间是设计中要求得的关键参数，这里将介绍根据经验公式的近似计算方法和图解计算方法。要指出的是，吸附过程受很多因素影响，特别是吸附剂的影响。随着操作周期的延长，吸附性能会发生很大变化，设计中采用的计算数据也会偏离以后的操作状况。因此，对运行中的吸附装置的重要工艺参数定期进行测定，对于提高运行水平是很重要的。

1. 吸附持续时间的计算

（1）希洛夫方程。当气体流过吸附剂厚度为 L 的间歇式固定床吸附器时，吸附剂层逐段饱和，吸附质完全被吸附的一段吸附剂层高度 L_0 称为吸附剂的工作高度（或吸附带长度）。从吸附开始，到吸附器出口开始出现微量吸附质的这一段时间称为吸附层的保护作用时间（或穿透时间）。而吸附剂的动活性就是以开始"逸出"微量吸附质为标志的，这两者之间是相互关联的。

当达到穿透点时，吸附带以前的吸附剂层均已达到饱和，所以可以假定吸附过程符合朗格缪尔等温线的第三段，即平衡静活度 a 不再与气流浓度（或压力）有关，并假定吸附速度无穷大，所以在穿透时间 τ 内的吸附量为：

$$X = a \cdot S \cdot (L - L_0) \cdot \rho_{堆}$$

另外
$$X = W \cdot S \cdot C_0 \cdot \tau$$

式中　X——在时间 τ 内的吸附量，kg；

　　　a——平衡静活度值，质量分数；

　　　S——吸附层的截面积，m²；

　　　L——吸附层厚度，m；

　　　$\rho_{堆}$——吸附剂松密度，即堆积密度，kg/m³；

　　　L_0——吸附带长度，m；

　　　W——气流速度，m/s；

　　　C_0——气流中吸附质的初浓度，kg/m³。

由以上两式可得

$$a \cdot S \cdot (L - L_0) \cdot \rho_{堆} = W \cdot S \cdot C_0 \cdot \tau$$

$$\tau = \frac{a \cdot \rho_{堆}}{W \cdot C_0}(L - L_0)$$

令
$$\frac{a \cdot \rho_{堆}}{W \cdot C_0} \cdot L_0 = \tau_0$$

$$\tau = \frac{a \cdot \rho_{堆}}{W \cdot C_0}L - \tau_0$$

式中　τ_0——保护作用时间损失。

令 $k = \dfrac{a \cdot \rho_{堆}}{W \cdot C_0}$，并称为吸附层的保护作用系数。

则上式可变为希洛夫方程式：
$$\tau = k \cdot L - \tau_0 \text{ 或 } \tau = k \cdot (L - L_0) \tag{5-18}$$
式中 L_0——吸附带长度，m，在吸附层中未被利用，也称为"死层"。

由于吸附初始层的再吸附现象，"作用过"层的静活性和整个层的平均活性都随着层厚度的增加而增加，因此，实际上"作用过"层的活性只有由于再吸附的结果才会趋近于平衡静活性值。静活性的增大引起保护作用系数 k 值的增大，τ 与 L 的关系实际上也不是直线关系。虽然，希洛夫方程式仅能近似地确定吸附层的保护作用时间，但因其简单方便，至今在计算中仍被广泛采用。

[例 5-3] 设一活性炭吸附罐，活性炭装填厚度为 1 m，活性炭对苯的平均静活性值为 10%，松密度为 425 kg/m³，并假定其死层为 0.3 m，气流通过的速度为 0.2 m/s，含苯浓度为 2 000 mg/m³。求该吸附罐活性炭层对含苯空气的保护作用时间。

解：保护作用系数 $k = \dfrac{a \cdot \rho_{堆}}{W \cdot C_0} = \dfrac{0.1 \times 425}{0.2 \times \dfrac{2\,000}{1\,000 \times 1\,000}} = 106\,250 \text{ (s/m)}$

$\tau = k(L - L_0) = 106\,250 \times (1 - 0.3) = 74\,375 \text{ (s)} \approx 20.66 \text{ (h)}$

[例 5-4] 由实测得知，含四氯化碳蒸气 15 g/m³ 的蒸气-空气混合气，以 5 m/min 的速度通过粒径为 3 mm 的活性炭层，吸附持续时间如下：

层厚 $L = 0.1$ m 时，$\tau = 220$ min；
层厚 $L = 0.2$ m 时，$\tau = 505$ min。

试求炭层的保护作用系数 k，保护作用时间损失 τ_0。

解：(1) 计算求解

将实测数值代入吸附动力学方程式有：
$$220 = 0.1 \cdot k - \tau_0$$
$$505 = 0.2 \cdot k - \tau_0$$

由此解得：$k = 2\,850$ (min/m)，$\tau_0 = 65$ (min)。

(2) 作图求解

以两点 (0.1 m, 220)、(0.2 m, 505)。作图 5-17，得到一条直线。由该图可以求出保护作用系数：

$$k = \dfrac{220}{0.077} = 2\,857 \text{ (min/m)}$$

而 τ_0 值为直线在纵轴负方向的截距，由图 5-17 查得：

$\tau_0 = 65 \ (\text{min})$

所得结果以解析法更为准确。

（3）物料恒算求保护作用时间。吸附过程每次间歇操作的持续时间，还可以根据实测吸附层的平均吸附量，用物料平衡来确定。每次间歇操作被吸附的物质数量为：

$$G = W \cdot S \cdot (C_0 - C_残) \cdot \tau \quad (5-19)$$

式中　W——按吸附层截面积计算的气流速度，m/s；

　　　S——吸附层截面积，m^2；

　　　C_0——气流的初浓度，kg/m^3；

　　　$C_残$——出吸附器后气流的残留浓度，kg/m^3；

　　　τ——吸附持续时间，min。

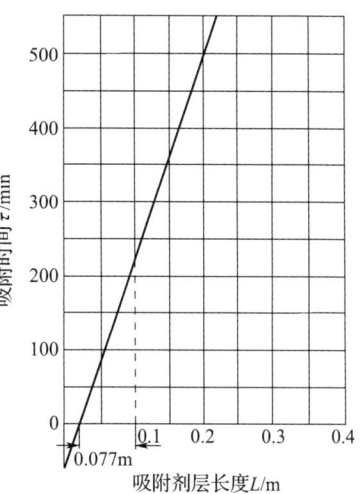

图 5-17　τ、L 坐标图

另一方面，被吸附物质的量又可按下式确定：

$$G = G_剂 (A_终 - A_初)$$

式中　$G_剂$——吸附剂质量，kg；

　　　$A_终$——吸附终了时，吸附剂吸附的吸附质的百分数，即相当于吸附剂的平均活性值；

　　　$A_初$——解吸后在吸附剂中仍然存在的吸附质的百分数。

以上二式联立，整理后得

$$\tau = \frac{G_剂 (A_终 - A_初)}{W \cdot S (C_0 - C_残)} \quad (5-20)$$

[例 5-5]　在直径为 $D = 1.4$ m 的立式吸附器中，装有松密度 $\rho_堆 = 220 \ kg/m^3$ 的活性炭，炭层厚度 $L = 1.00$ m，含苯蒸气的空气以 $W = 14$ m/min 的速度通过活性炭，苯蒸气的初浓度 $C_0 = 39 \ g/m^3$。设苯蒸气被活性炭完全吸附，炭层对苯的平均动活性为 7%，解吸后苯对炭层的残留吸附量为 0.8%。求每次间歇操作的吸附持续时间，以及每次处理的空气混合物的体积。

解： 装炭质量 $G_剂 = 0.785 D^2 \cdot L \cdot \rho_堆 = 0.785 \times 1.4^2 \times 1 \times 220 \approx 338 \ (\text{kg})$

吸附持续时间 $\tau = \dfrac{338 \times (0.07 - 0.008)}{14 \times 0.785 \times 1.4^2 \times (0.039 - 0)} \approx 25 \ (\text{min})$

每次处理的空气量 $V = \dfrac{\pi}{4} D^2 \cdot W \cdot \tau = 0.785 \times 1.4^2 \times 14 \times 25 \approx 539 \ (m^3)$

2. 用希洛夫公式进行吸附近似计算的设计程序

以上介绍了有关吸附的近似计算公式,这些公式往往可以完成吸附设计的大部分有关计算问题,满足一般应用。但如果有条件,通过实验或实测取得相似操作条件下的有关数据,将使设计计算工作更为可靠。特别是当对有些吸附剂、吸附质的相互关系及操作特性不明了时,不要随意套用某些关系式或经验数据,最好是通过实验探明有关操作特性并获取有关数据。下面介绍用希洛夫方程进行吸附近似计算的设计程序。

(1) 选定吸附剂和操作条件,如温度、压力、气体流速等。对于气体净化,空床流速一般取 0.1~0.6 m/s,可根据已给处理气量选定。

(2) 根据净化要求,定出穿透点浓度。在载气速率 G_s 一定的情况下,选取不同的吸附剂床层高度 $Z_1、Z_2\cdots Z_n$ 做实验,可测得相应的穿透时 $\tau_{B1}、\tau_{B2}\cdots\tau_{Bn}$。

(3) 以 Z 为横坐标,τ_B 为纵坐标,标出各测定值,可得一直线(见图 5-18)。则其斜率为 K,截距为 τ_0。

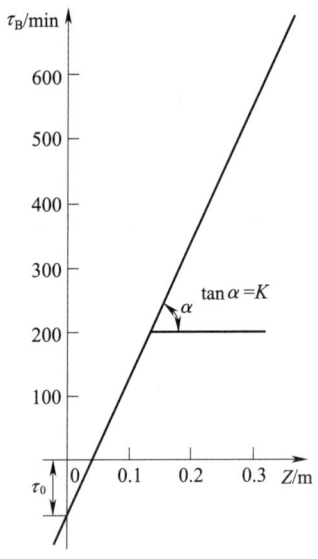

图 5-18 例题 [例 5-6] 中所得到的希洛夫线

(4) 根据生产中计划采取的脱附方法、脱附再生时间、能耗等因素确定操作周期,从而确定所要求的穿透时间 τ_0。

(5) 用希洛夫公式计算所需吸附剂床层高度 Z。若求出 Z 太高,可分为 n 层布

置或分为 n 个串联吸附床布置。为便于制造和操作，通常取各床层高度相等，串联床数 $n \leqslant 3$。

(6) 由气体质量流量 G (kg/s) 与气流速率求床层截面积 A (m²)：
$$A = \frac{G}{G_s} \text{ (m}^2\text{)}$$

若 A 太大，可分为 n 个并联的小床，则每个小床的截面积
$$A' = \frac{A}{n} \text{ (m}^2\text{)}$$

由床层截面积 A 或 A' 可求出床层直径 D（圆柱形床）或边长 B（正方形床）。

(7) 求所需吸附剂质量。每次吸附剂装填总质量 m 可由下式算出：
$$m = AZ\rho_{堆} = nA'Z\rho_{堆} \text{(kg)}$$

其中每个小床或每层吸附剂的质量：
$$m' = A'Z\rho_{堆} \text{(kg)}$$

考虑到装填损失，每次新装吸附剂时需用吸附剂量为 $(1.05 \sim 1.2)m$。

(8) 核算压降 Δp。若 Δp 值超过允许范围，可采取增大 A 或减小 Z 的办法使 Δp 值降低。Δp 值可用下式估算：
$$\frac{\Delta p}{Z} \cdot \frac{\varepsilon^3 \, d_p \rho_G}{(1-\varepsilon) G_s^2} = \frac{150 \times (1-\varepsilon)}{Re_P} + 1.75 \qquad (5-21)$$

式中　Δp ——气流通过床层的压降，Pa；

　　　ε ——床层空隙率；

　　　d_p ——吸附剂颗粒平均直径，m；

　　　ρ_G ——气体密度，kg/m³；

　　　Re_P ——气体围绕吸附剂颗粒流动的雷诺数（$Re_P = d_p G_s / \mu_G$，其中 μ_G 为气体黏度，Pa·s。

(9) 设计吸附剂的支承与固定装置、气流分布装置、吸附器壳体、各连接管口及进行脱附所需的附件等。

[例5-6] 某厂产生含四氯化碳废气，气量 $Q = 1\,000$ m³/h，质量浓度为 $4 \sim 5$ g/m³，一般均为白天操作，每天最多工作 8 h。拟采用吸附法净化，并回收四氯化碳，试设计需用的固定床吸附器。

解：

(1) 四氯化碳为有机溶剂，沸点为 76.8 ℃，微溶于水。可选用活性炭作吸附剂进行吸附，采用水蒸气置换脱附，脱附气冷凝后沉降分离回收四氯化碳。根据市

场供应情况,选用粒状活性炭作吸附剂,其直径为 3 mm,堆积密度为 300~600 g/L,空隙率为 0.33~0.43。

(2) 选定在常温常压下进行吸附,维持进入吸附床的气体在 20 ℃以下,压力为 101 kPa。根据经验选取空床流速为 20 m/min。

(3) 将穿透点浓度定为 50 mg/m³。以含四氯化碳 5 g/m³ 的气流在 (1)(2)(3) 所指出的条件下进行动态吸附试验,测定不同床层高度下的穿透时间,得到以下实验数据:

床层高度 Z(m)	0.1	0.15	0.2	0.25	0.3	0.35
穿透时间 τ_B(min)	109	231	310	462	550	651

(4) 以 Z 为横坐标、τ_B 为纵坐标将实验数据标出,联结各点得一直线(见图 5-18)。直线的斜率为 K,在纵轴上的截距为 τ_0。

由图 5-18,图解得到:

$$K = \frac{650 - 200}{0.35 - 0.14} \approx 2\,143 \;(\text{min/m})$$

$$\tau_0 = 95 \;(\text{min})$$

(5) 根据该厂生产情况,考虑到每周脱附一次,床层每周吸附 6 天,每天按 8 h 计,累计吸附时间为 48 h。得到床层高度:

$$Z = \frac{\tau + \tau_0}{K} = \frac{48 \times 60 + 95}{2\,143} \approx 1.388 \;(\text{m})$$

取 $Z = 1.4$ m。

(6) 采用立式圆柱床进行吸附,其直径为:

$$D = \sqrt{\frac{4Q}{\pi w}} = \sqrt{\frac{4 \times 1\,000}{\pi \times 20 \times 60}} \approx 1.03 \;(\text{m})$$

取 $D = 1.0$ m。

(7) 所需吸附剂质量:

$$m = AZ\rho_{堆} = \frac{\pi}{4} \times 1.0^2 \times 1.4 \times \frac{300 + 600}{2} \approx 494.8 \;(\text{kg})$$

$$m_{\max} = \frac{\pi}{4} \times 1.0^2 \times 1.4 \times 600 \approx 659.7 \;(\text{kg})$$

考虑到装填损失,取损失率为 10%,则每次新装吸附剂时需准备活性炭 545~726 kg。

(8) 核算压降。已知 $Z = 1.4$ m;空隙率 ε 取平均值,为 0.38;$d_p = 3$ mm =

0.003 m；查得 20 ℃、101 kPa 下空气密度为 1.2 kg/m³，则

$$G_s = \frac{1\,000}{3\,600} \times 1.2 \div \left(\frac{\pi}{4} \times 1^2\right) \approx 0.425 \text{ kg/(m}^2 \cdot \text{s)}$$

查得 20 ℃ 时干空气的黏度 $\mu_G = 1.81 \times 10^{-5}$ Pa·s，则

$$Re_P = \frac{d_p G_s}{\mu_G} = \frac{0.003 \times 0.425}{1.81 \times 10^{-5}} \approx 70.4$$

$$\Delta p = \left[\frac{150 \times (1-\varepsilon)}{Re_P} + 1.75\right] \times \frac{(1-\varepsilon) G_s^2}{\varepsilon^3 d_p \rho_G} \times Z$$

$$= \left[\frac{150 \times (1-0.38)}{70.4} + 1.75\right] \times \frac{(1-0.38) \times 0.425^2}{0.38^3 \times 0.003 \times 1.2} \times 1.4$$

$$\approx 2\,437\,4 \text{ (Pa)}$$

此压降可以接受，不必再对吸附器床厚作调整。

（9）设计吸附器壳体及附属装置（略）。

3. 吸附热对操作的影响

用活性炭吸附物质时，通常放出一定的吸附热，这个热量会使床层升温，其影响的结果是床层的操作温度高于设计的温度，从而使活性炭的吸附能力降低，而基于设计温度的吸附量及吸附持续时间的计算值会与实际操作的情况产生偏差，往往是使吸附量及实际操作时间降低。

为避免上述情况，一是通过理论设计估计床层的温升，二是用温度计或热电偶测定操作中床层的温度，把吸附量及吸附持续时间根据实际操作温度加以调整计算，这样可以避免一定的操作误差。

4. 吸附时水蒸气的消耗量

用活性炭吸附回收有机溶剂时，通常采用高温水蒸气使吸附的溶剂脱附。而脱附时水蒸气的消耗量是要通过计算确定的。

脱附水蒸气的消耗量由以下几项构成：

（1）加热水蒸气消耗量 D_1。这一项是用于加热整个系统，包括活性炭吸附器、绝热材料、吸附质、水分等，使它们升温到解吸温度，还包括补偿散热损失及解吸吸附质的水蒸气，统称为加热水蒸气。

（2）动力水蒸气消耗量 D_2。当吸附质被加热到解吸温度后，还要用水蒸气将吸附质从炭层中吹脱出来，这部分水蒸气称为动力水蒸气。根据经验，每吹脱 1 kg 吸附质要消耗动力水蒸气约 2.5 kg。

（3）补偿炭为水润湿的负润湿热的蒸气消耗量 D_3。当水蒸气在炭层中凝结并

润湿炭层时要消耗热量,即润湿热为负值,而这部分热量要靠加入额外的水蒸气来补偿,这一部分水蒸气的消耗也要单独计算。

由以上分析得出,脱附水蒸气的总消耗量 $D = D_1 + D_2 + D_3$。

所用蒸汽来自锅炉的直接水蒸气,减压至 121.2 kPa 绝对压力后通入吸附器供脱附使用。

四、活性炭的吸附热

用活性炭吸附物质时,通常放出相当数量的热,放出来的热使炭层和气流升温,对继续进行吸附有不良影响。若干有机物质为活性炭吸附的吸附热值见表 5-8。

吸附热分为积分吸附热和微分吸附热两种。计算吸附过程时,往往需要的是积分吸附热,人们常把积分吸附热简称为吸附热,并以 q 来表示。所谓的积分吸附热是指纯净的吸附剂在吸附吸附质时所放出来的全部热量。而微分吸附热是指分别在各个吸附阶段放出的热量。以 q_0 表示,如果吸附质的总量为 A,则

$$q_0 = \frac{\partial q}{\partial A}$$

表 5-8　　　　若干有机物质为活性炭吸附的吸附热值

有机物	分子式	吸附热 kJ/kmol	吸附热 kJ/kg
氯乙烷	C_2H_5Cl	50 160	777.5
二硫化碳	CS_2	52 250	688.0
甲醇	CH_3OH	54 758	1 711.3
溴乙烷	C_2H_5Br	58 100	533.4
碘乙烷	C_2H_5I	58 520	375.4
氯仿	$CHCl_3$	60 610	507.0
甲酸乙酯	$HCOOC_2H_5$	60 610	816.8
苯	C_6H_6	61 450	787.9
乙醇	C_2H_5OH	62 700	1 363.1
四氯化碳	CCl_4	63 950	417.6
乙醚	$(C_2H_5)_2O$	64 790	875.7
甲烷	CH_4	18 810	1 175.8
氯甲烷	CH_3Cl	38 460	761.6
汽油	—	50 160	627.0

续表

有机物	分子式	吸附热	
		kJ/kmol	kJ/kg
二氯甲烷	CH_2Cl_2	51 830	609.9
氯代异丙烷	$CH_3CHClCH_3$	54 760	697.6
2-氯-2-甲基丙烷	$(CH_3)_3CCl$	56 850	614.5
2-氯丁烷	$CH_3CHClC_2H_5$	60 190	650.8
氯代正丙烷	$CH_3(CH_2)_2Cl$	61 030	777.5
氯代正丁烷	$CH_3(CH_2)_3Cl$	65 210	704.7
丙醇	$CH_3(CH_2)_2OH$	68 550	1 142.4

吸附时放出的总热量一部分消耗于加热混合气、炭层、砾石、吸附器及绝缘材料，而一部分热则散失于周围介质。大部分吸附热为混合气所吸收，可假定吸附热全部为混合气所吸收。

第四节 化 学 吸 附

在化学吸附中，吸附质分子被吸附剂原子的剩余价键力固着在表面上，这种力和分子中束缚原子的力有着相同的性质。这些力的强度要大大超过范德华引力，放出的热量与化学反应放出的热量是相当的。

一、化学吸附的三个特点

1. 化学吸附都是单分子层吸附

在表面已盖满一个单分子层的吸附质分子后，这个表面实际上已经饱和，再多一点的化学吸附也就无从发生。因此，化学吸附是单分子层吸附。许多实验也证明了这一点。

由于一切化学吸附都是单分子层吸附，因此，朗格缪尔的理想吸附模型适用于化学吸附。

2. 化学吸附过程要求具有足够的活化能，因此有时过程可能十分缓慢

活化能的数值可以根据不同温度时的化学吸附速度计算出来。使用时可查阅有关文献。虽然在纯净表面（未产生氧化物或其他类似化合物的表面）吸附第一部分吸附质时，往往产生化学吸附，但在一般情况下，特别是表面附有氧化物时，活

化能是比较高的。因此低温时以物理吸附为主,因为它需要很少的活化能。而在高温时,以化学吸附为主,随着温度的升高,活化能的降低,吸附速率增加,因此吸附总量也有了增加。在化学吸附中,有的类型需要较高的活化能,从而在所考查的温度下,吸附速率较慢,通常被称为活化吸附。

3. 化学吸附在不同的表面位置常常有迥然不同的吸附能力

吸附剂表面原子通常表现出不同的吸附力,对于这种表面不均匀性,最初以为是,吸附作用首先发生在处于表面的尖锋上的原子及晶体边缘的原子上,并认为这些位置上的原子比平面上的原子要活泼一些,形成了某些活性中心。这种活性中心学说在近年来的研究中又得到如下的补充,现在的活性中心学说认为:虽然处于某些位置的原子活性大一些,但活性中心主要是由于某些类型的晶格缺陷而形成的。并且活性中心在表面上的位置并不固定,随着激发电子在晶格中的移动而移动,活性中心是不断地生成和消亡的。

二、化学吸附在气体净化方面的应用

1. 吸附剂在许多情况下可导致催化反应的发生

(1) 分解反应。例如,活性炭可导致过氧化物、臭氧、肼的分解;异丙苯在裂化剂表面进行高温吸附时分解为苯和丙烯等。

(2) 转化反应。例如,在用酸浸渍过的活性炭上胺、氨、腐胺发生转化;在用碱浸渍过的活性炭上盐酸、二氧化硫等可发生转化;氰化物、氨、光气则在浸渍铜盐的活性炭上发生转化反应等。

(3) 水解反应。在水汽存在时,活性炭可水解剧毒的光气和硫酸二甲酯,并使它们变为无毒。

(4) 氧化反应。例如,硫醇在碱浸渍过的活性炭上可氧化为二硫化物,由于相对分子质量变大,从而可被吸附。

(5) 聚合反应。某些气体中常含有可聚合的化合物,如苯乙烯、氯乙烯、酚和甲醛等,这些化合物是容易被吸附的,在有水汽存在的情况下,会在活性炭表面上发生聚合反应,聚合物的产生将覆盖孔隙使活性炭等吸附剂的吸附作用急剧下降。

2. 吸附与化学反应相结合将提高吸附效率

在吸附剂表面浸渍某些特定的盐类,可以使污染物质在吸附剂表面发生化学反应,再除去反应生成物,既可提高吸附效率,也缩短了处理时间。许多常见的化合物,如氨、硫醇、光气、乙烯、盐酸、硫化氢、汞、氰氢酸、胺等,使用单纯的吸附作用（一般情况下多为物理吸附），只能消除一小部分，而且一般情况下吸附的活性值很低。但是，如果活性炭用某种有机物或无机盐（通过实验确定）浸渍，则可大大提高分离污染物的效果。浸渍常用的物质为铜、锌、银、铬、钴、锰、钒、钼的化合物或它们的混合物，浸渍卤族元素对汞蒸气的吸附也有显著的效果。碱和酸的浸渍也是有作用的。

浸渍物有时起化学作用，有时起催化作用。浸渍物在起催化作用时，一般不需要经常补充浸渍物。而浸渍物在起化学作用时，浸渍物的消耗量完全符合化学计算当量，因此每次再生后均需要重新进行浸渍。

（1）浸渍物的催化作用。在单纯吸附作用下，活性炭对硫化氢的负荷只能达到1%（质量分数），而用专门浸渍过的活性炭负荷可高达100%（质量分数）。

粘胶丝厂的废气中含有硫化氢和二硫化碳。最初的处理过程是先用洗涤法除去硫化氢，然后用活性炭吸附二硫化碳。但洗涤操作存在废水处理问题，另外，要想回收的硫具有一定的纯度，还必须经过熔化、萃取、蒸馏、结晶等步骤。在往后发展的一种方法中，将分离硫化氢和回收二硫化碳集中在一个单元操作中，简化了操作，提高了经济效益。

该方法的原理是利用碘浸渍的大孔活性炭，先催化分解硫化氢，然后吸附单体硫。其反应如下：

$$H_2S + \frac{1}{2}O_2 \longrightarrow H_2O + S$$

对CS_2进行物理吸附，要用细孔活性炭。因此，在一个吸附床中分层装上这两种炭。

在上述的完全条件下，用二硫化碳从活性炭上萃取硫是没有困难的。催化剂碘的消耗量很低，二硫化碳萃取至少10次以上，活性炭才需重新浸渍催化剂。

（2）浸渍物的化学作用。多数浸渍物在吸附剂的表面上与吸附质起化学反应，使吸附质转化为易于吸附的生成物，并且浸渍物的消耗量符合化学计算当量。

如乙烯在常温下，由于它相对分子质量小、沸点低，因此难以吸附。但是用溴处理过的活性炭可将乙烯转变为容易吸附的1,2-二溴甲烷。特别应该指出的是，我国创造了用氯气处理过的活性炭进行吸附汞蒸气的方法。

国外以前是用软锰矿法清除汞蒸气。活性氧化锰（MnO_2）具有吸附汞蒸气的特点，所生成的$Hg \cdot MnO_2$在420 ℃以下是稳定的。软锰矿吸附剂层厚为150～850 mm，气流速度不超过0.25 m/s时，净化效率可达97%～100%。我国推荐使用的经氯处理过的活性炭在吸附汞蒸气时，是与氯反应生成易被吸附的氯化汞

（$HgCl_2$），实验结果列于表5-9中。表中以$CuSO_4 \cdot 5H_2O$和KI溶液浸渍过的活性炭的防护性能最好，但成本偏高，故用于防汞蒸气的面具、口罩的滤毒罐中。而氯气处理的活性炭成本较低，处理也方便，防护性能和工艺条件均优于软锰矿法。实验资料表明，活性炭吸附Cl_2量为8.43%～10.98%，在汞蒸气浓度为0.075 mg/L的情况下，活性炭颗粒的平均静活性值可达17.2～46.9 kg/m^3，防护作用时间可达4 677～9 377 min。不同粒度活性炭对汞蒸气吸附量的影响见表5-10。

表5-9　　　　　各种吸附剂防护性能的比较

吸附剂名称	试样体积（L）	试样质量（g）	汞浓度（mg/L）	防护时间（min）
$CuSO_4 \cdot 5H_2O$ 和 KI 溶液浸渍的活性炭	30	20.6	0.099	9 863
Cl_2 处理的活性炭	30	15.8	0.099	6 369
I 处理的活性炭	30	15.7	0.099	5 421
多硫化钠溶液浸渍的活性炭	30	16.8	0.099	3 310
软锰矿	30	51.9	0.099	460
$Na_2S \cdot 9H_2O$ 溶液浸渍的活性炭	30	16.8	0.099	22

注：通过吸附层断面的风速 $v = 0.5$ m/s，流量为 4 L/min。防护时间即保护作用时间。

表5-10　　　　　不同粒度活性炭对汞蒸气吸附量的影响

序号	活性炭颗粒		试样		每一试样吸附的 Cl_2 量		汞浓度（mg/L）	防护时间（min）	吸附量（kg汞/m^3活性炭）
	直径 ϕ（mm）	长度 L（mm）	体积（mL）	质量（g）	质量（g）	百分比（%）			
1	3.5～4.5	6～9	1 220	82.5	7.2	8.73	0.075	4 677	17.2
2	2～3	2.8～7	60	26.8	2.945	10.98	0.075	9 099	45.5
3	1.2～2.5	1～4	60	28.5	2.5	0.88	0.075	9 379	46.9

注：通过活性炭断面的风速 $W = 0.3$ m/s。

实践证明，用氯气处理的活性炭吸附效果可达99.9%以上，对于汞浓度超过卫生标准（0.01 mg/m^3）数百倍的汞蒸气，经净化后可低于 0.000 3 mg/m^3。

某汞蒸气吸附罐的工艺尺寸和操作条件列于表5-11，仅供参考。结构图如图5-19所示。

表 5-11　　　　某汞蒸气吸附罐的工艺尺寸和操作条件

排风量	m³/h	3 000	每层装炭量	kg	450
断面风速	m/s	0.19	堆积密度	kg/m³	450
床层厚度	mm	450	充氯质量分数	%	14
吸附器直径	m	1.70	炭层压降 实测总压降	Pa	1 314.5 1 805
吸附器全高	mm	2 543	活性炭含水质量分数	%	<10
活性炭颗粒直径	mm	3.0~3.5	活性炭苯吸附率	%	>30
活性炭颗粒长度	mm	3~8	操作温度	℃	常温

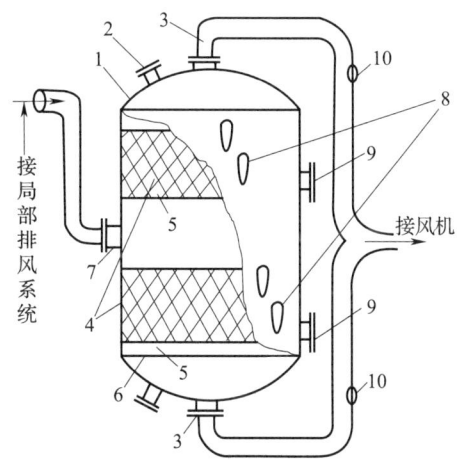

图 5-19　汞蒸气净化器结构
1—净化器　2—视孔　3—排气孔　4—吸附剂层　5—托篦
6—角钢　7—进气孔　8—汞蒸气指示孔　9—卸料孔　10—净化器排出孔

对于活性炭去汞与再生从原则上讲是可以的，一般是将吸附汞蒸气后的活性炭，放入热水中煮两三次，再清洗几次。经干燥与氯气处理后仍可再用，再生率在 90% 左右。而废水的二次污染与汞的回收还需要作进一步的探索和研究。

第五节　吸附剂再生

吸附剂在吸附饱和后，需要采用某种方法进行解吸，才能恢复其吸附性能。使吸附剂重复使用的方法称为再生。对于用量很小而又难以再生的吸附剂可以不考虑再生，在一般情况下都应考虑吸附剂的再生，否则吸附技术在经济上是不可行的。吸附剂再生的质量主要从两方面来衡量：一是经多次再生后吸附效果应能保持或接近原来的水平，二是再生过程中不应有过多的损耗。目前，吸附剂的再生技术主要有吹脱法、热力法、化学法和生物法等几种。

热力再生法是现阶段唯一普遍使用的方法。热力再生法的明显优点是，它是一个一般的过程，适用于所有吸附剂的再生。可以使几乎所有的吸附质进行脱附，如果需要的话，还可靠燃烧将污染物转变为二氧化碳和水分。然而它对卤族元素化合物有引起二次污染的可能。热力再生法的缺点是，消耗能量较大，吸附剂在再生过程中的损失较大。

化学再生法和生物再生法虽然弥补了热力再生法的缺点，但在使用的广泛性上尚不如热力再生法，还有待于进一步的探索和完善。

在吸附剂的表面上有的是覆盖多层吸附质分子的物理吸附，其作用力是较弱的范德华力，其分子的吸附在原则上讲可以改变位置。进行单层覆盖的化学吸附，分子作用力是化合价键力，而这种键黏合的分子则不易改变位置。

需要再生的吸附剂，其表面已经达到动力平衡态，也就是说，这时吸附速度与解吸速度在同一量级上。而平衡态的性质取决于吸附质分子的水溶性，即亲水性和疏水性，以及吸附质分子本身的性质，如分子的大小、流变性、对称性等。因此，只有改变平衡状态，使新的平衡态利于吸附质的脱附，才能达到恢复吸附性能的目的。由此可知，新的平衡态趋向于液相。

一、蒸气、烟道气或惰性气吹脱法再生

对于大多数的吸附力可以看成为各个参与吸附作用的原子力的净和，所以吸附力是相对分子质量的函数。可以看出物质的摩尔容积越小，即分子越小，沸点越低，吸附力就越小，从而更利于解吸。

对于难以回收或无回收价值的污染物，则可以采用在150 ℃左右用烟道气解吸，通过热力燃烧或催化燃烧的办法加以净化。此时吸附床相当于一个浓缩器，它将长时间内的微量污染物集中起来，变成短时间内高浓度污染物而被放出焚化（见图5-20）。图中吸附器Ⅰ处于工作状态，而吸附器Ⅱ正在用150 ℃的烟道气再生。吸附器排出气流分成两部分，一部分回流入吸附器，另一部分经过热交换器而进入焚化炉。从焚化炉排出的气流温度在720 ℃以上，一部分放空，另一部分回流入吸附器。经过热交换器、气体冷却器，并与从吸附器出来的循环气混合后，温度

下降至 150 ℃。焚化器必须送入足量空气，以烧尽污染物，此时须将浓度控制在低于爆炸下限的 25% 以下。对于可燃性污染物，在开始焚化和焚化结束时，应补充热量，才能维持燃烧的必要温度。

在此种流程中也可以使用催化燃烧，必要时也可以增设二次吸附器。

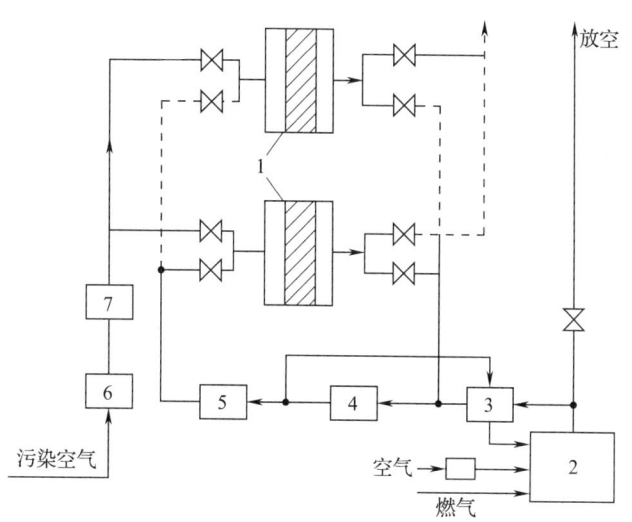

图 5-20 烟道气再生和焚化流程
1—吸附器 2—焚化炉 3—热交换器 4、6—鼓风机 5—冷却器 7—过滤器

二、热力再生法

热力再生法是利用高温，使吸附质分子振动能增加到足以克服吸附引力，从而离开表面进入气相。热力再生法是在专门的再生炉中进行的。在高温作用下，各种有机吸附质被氧化，最后生成各种气体，如二氧化碳、一氧化碳、氢、水蒸气及氮的氧化物等从炉中排出。

热力再生法可分为以下三个过程。

1. 干燥

炉中温度在 100~110 ℃ 左右，将吸附剂毛细管中吸附的水分脱去，有的吸附剂含水量高达 50%，因此干燥过程耗热量较大。

2. 氧化

当温度上升到 700 ℃ 左右，吸附剂表面的吸附质开始氧化为二氧化碳和水蒸气等组分。

3. 活化

当温度为 700～900 ℃时，水蒸气将残留在吸附剂表面上的残炭氧化为一氧化碳，使吸附剂获得良好的活性。

而这三个过程一般都是在同一座再生炉中完成。考虑到吸附剂（如活性炭）高温下的氧化作用，因此再生炉炉内气体的含氧量一般控制在 1% 以下，通入炉内的蒸气与吸附剂之比一般在 1:1 左右。

再生炉的形式很多，我国现阶段大都采用外热式回转炉和多床炉两种形式。

三、其他再生方法

化学再生法也是应用前面曾提到的两个原理，且只有一个条件，即只能使用中等程度的热量。根据第一原理产生的化学再生法有：吸附物离子法，改变水溶性的化学作用，以及变换溶剂而改变水溶性。根据第二原理的化学再生法有：用强氧化剂进行完全或部分氧化。

其他再生方法的研究在国外比较多，其中以微生物再生法最受人们的注意。微生物再生法的原理是筛分和驯化特殊的嗜氧细菌，利用它的胞外酶降解或氧化有机吸附质，使之转化为小分子或二氧化碳和水，用以达到再生的目的。生物再生法简单易行，运行费用低。但生物再生法有很大的局限性，对微生物有毒的化合物无法进行再生。另外，大分子转化为小分子的化合物有可能被吸附剂再吸附，从而使再生受到限制。微生物再生法在一些特定场合已取得了很好的使用效果，扩大使用还有待于进一步的研究。

本 章 小 结

吸附净化技术是有害废气净化的基本技术之一，由于其工艺方法的特殊性，在气体净化技术领域占有重要的地位。本章着重讲授吸附原理和工艺计算方法，包括吸附的定义及吸附技术发展历史都是学生应该掌握或了解的。

复习思考题

1. 简述吸附的定义、原理和分类方法。
2. 吸附理论的主要内容有哪些？
3. 简述吸附传质速率的计算方法。

4. 吸附过程的工艺计算内容是什么?
5. 简述吸附的流程及特点。
6. 吸附剂的种类包括哪些?
7. 简述化学吸附的主要特点。
8. 简述吸附剂再生技术的主要方法。
9. 设有一盛苯容器,其敞露面积为 0.2 m²,苯的温度接近于室温为 20 ℃,室内风速为 0.3 m/s,求苯的散发量。
10. 某厂产生含四氯化碳废气,气量 $Q = 800$ m³/h,质量浓度为 3~4 g/m³,一般均为白天操作,每天最多工作 6 h。拟采用吸附法净化,并回收四氯化碳,试设计需用的固定床吸附器。

第六章　工业防毒技术的现状与发展

本章学习目标

1. 掌握冷凝净化的原理和工艺设备类型；
2. 掌握废气生物净化的原理和分类方法；
3. 了解绿色化学的发展趋势。

工业防毒技术在我国形成和发展已有几十年的历史，为我国的职业安全和职业卫生工作做出了贡献，并于1975年经国内第一代安全工程专家编纂成大学教材《工业防毒技术》，同时用于国内安全工程专业（职业卫生方向）的教学。自此，我国工业防毒技术形成了较完整的理论和技术体系，并适应我国工业环境治理和职业卫生工作的发展不断完善。近年来随着我国工业规模和工业技术的发展，新的防毒技术不断出现，并且正在形成新的技术模式。除前述章节外，本章对已有成熟的防毒净化技术和近年形成的绿色化学技术进行简要介绍，便于学生初步了解。

第一节　有害蒸气的冷凝回收

冷凝回收只适用于蒸气状态的有害物质，多用于从空气中回收有机溶剂蒸气。冷凝法本身可以达到很高的净化程度，但净化要求越高则所需冷却温度越低，冷凝操作的费用也就越高。因此，只有当空气中所含蒸气浓度比较高时，冷凝回收才是比较经济的。而对于一般冷却水的温度来说，冷凝净化的程度是有一定限制的。

冷凝回收的优点是所需设备和操作条件比较简单，而回收的物质比较纯净，因而冷凝回收往往用作吸附、燃烧等净化技术的前处理措施，以减轻这些设施的负荷。冷凝操作还可以预先除去影响操作、腐蚀设备的有害组分，或预先回收可以利用的纯物质。需要指出的是，在净化工艺中单独使用冷凝方法是不易达到工业卫生要求的。另外，操作过程中，进入冷凝装置的蒸气浓度可能在爆炸上限以上，而自冷凝装置出来的蒸气浓度又可能在爆炸下限以下，因而在冷凝器中蒸气的浓度恰好是在爆炸上限与下限之间，这是一个不利于安全的因素。

一、冷凝原理

1. 饱和蒸气压与温度的关系

冷凝回收的方法，就是将蒸气从空气中冷却凝结成液体并加以回收利用。从空气中冷凝蒸气的方法，可以是移去热量，即冷却；也可以是增加压力，使蒸气在压缩时凝结出来。而在空气净化方面，压缩的方法未见实用，通常只用冷却的方法。

以冷却的方法使空气中的蒸气凝成液体，其极限就是冷却温度下的饱和蒸气压。图 6-1 所示为部分有机溶剂的饱和蒸气压与温度的关系曲线。

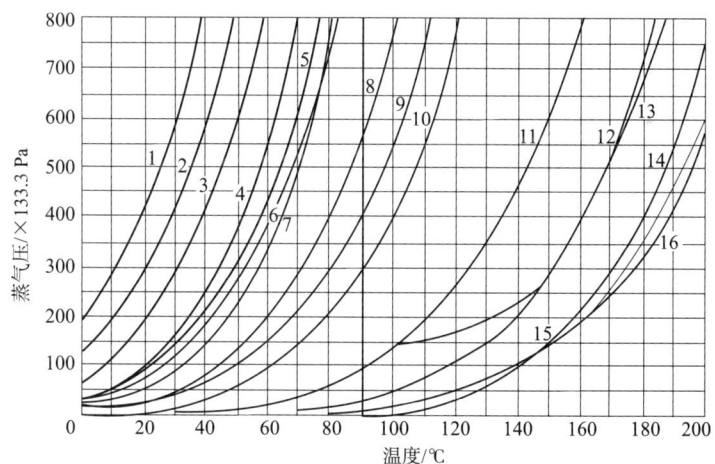

图 6-1　部分有机溶剂（没有与水混合的）的饱和蒸气压与温度的关系
1—乙醚　2—二硫化碳　3—丙酮　4—甲醇　5—四氯化碳　6—苯
7—乙醇　8—蚁酸　9—甲苯　10—醋酸　11—松节油　12—酚
13—苯胺　14—硝基苯　15—甲酚　16—硝基甲苯

此外，某些有机溶剂的饱和蒸气压也可以按下式计算：

$$p_{饱} = 133.3 \times 10^{\left(\frac{-0.052\,23A}{T}+B\right)} \tag{6-1}$$

式中　$p_{饱}$——热力学温度 T 时的饱和蒸气压，Pa；

T——有机液体的热力学温度，K；

A,B——常数,见于表6-1。

[例6-1] 求苯、甲苯和二硫化碳在室温20℃时的饱和蒸气压。

解:从表6-1中查A、B值后按式(6-1)计算

苯:$A = 34\,172, B = 7.962$

$$p_{饱} = 133.3 \times 10^{\left(\frac{-0.052\,23 \times 34\,172}{273+20}+7.962\right)}$$

$$\approx 133.3 \times 10^{1.871} \approx 9\,904 \text{ (Pa)}$$

甲苯:$A = 39\,198, B = 8.330$

$$p_{饱} = 133.3 \times 10^{\left(\frac{-0.052\,23 \times 39\,198}{273+20}+8.330\right)}$$

$$\approx 133.3 \times 10^{1.343} \approx 2\,937 \text{ (Pa)}$$

二硫化碳,查图6-1,20℃时$p_{饱}$为39 990 Pa。

表6-1　　　　　　　　一些常见有机溶剂的A、B值

物质名称	分子式	A	B
苯	C_6H_6	34 172	7.962
甲烷	CH_4	8 516	6.863
甲醇	CH_3OH	38 324	8.802
醋酸甲酯	CH_3COOCH_3	46 150	8.715
四氯化碳	CCl_4	33 914	8.004
甲苯	$C_6H_5CH_3$	39 198	8.330
醋酸乙酯	$CH_3COOC_2H_5$	51 103	9.010
乙醇	C_2H_5OH	23 025	7.720
乙醚	$C_2H_5OC_2H_5$	46 774	9.163

2. 冷凝的极限与适用范围

如果已知空气中某种有机蒸气的分压(蒸气压),对应于此分压数值的饱和蒸气压下的温度即为该混合气体的露点温度。例如,空气中二硫化碳蒸气分压为79 980 Pa时,查图6-1中的第二曲线,可知其露点温度为40℃,对于这样的混合气体只有将它冷却到露点温度以下,才能将蒸气冷凝出来。然而,空气中能够凝结出来的有机蒸气,只是高于冷却温度下饱和蒸气压的那一部分,而对应于冷却温度下为饱和蒸气压的有机蒸气仍然留在气相中不能凝结出来,这就是前面所提到的,冷凝净化程度以冷却温度下的饱和蒸气压为极限。

如果已知混合气体在温度t时所含蒸气的分压,则空气中该蒸气的浓度可按下

式计算：

$$C = \frac{0.12Mp}{273 + t} \tag{6-2}$$

式中　C——空气中有害蒸气质量浓度，g/m^3；
　　　p——空气中有害蒸气的分压，Pa；
　　　t——混合气体的温度，℃；
　　　M——蒸气的摩尔质量，g/mol。

[例6-2]　按例6-1条件，试计算苯、甲苯和二硫化碳在20℃时饱和蒸气压的浓度。

解： 按式（6-2）计算，三种物质的相对分子质量为：$M_{苯} = 78$、$M_{甲苯} = 92$、$M_{二硫化碳} = 76$，而20℃的饱和蒸气压由例6-1得到，由此：

$$C_{苯} = \frac{0.12 \times 78 \times 9904}{273 + 20} \approx 316 \ (g/m^3)$$

$$C_{甲苯} = \frac{0.12 \times 92 \times 2937}{273 + 20} \approx 111 \ (g/m^3)$$

$$C_{二硫化碳} = \frac{0.12 \times 76 \times 39990}{273 + 20} \approx 1245 \ (g/m^3)$$

这就是说，将空气与有害蒸气的混合物冷却至20℃时，空气中还有苯316 g/m^3，或者甲苯111 g/m^3，或者二硫化碳1245 g/m^3凝结不出来，去除不掉。这些数据表明，以冷凝法将废气冷却到20℃，不仅距离工业卫生标准的要求太远，而且也达不到废气排放标准。按照废气排放标准，如果以120 m高的烟囱排放二硫化碳，容许排放量为110 kg/h，而冷却到20℃的空气中仍有二硫化碳1245 g/m^3，在此条件下容许排放的废气量约为 $\frac{110 \times 1000}{1245} \approx 88.4 \ m^3/h$。可见，如果冷却到20℃，即使120 m高的烟囱也只能排放88.4 m^3/h的废气，这距离排放要求还是很远的。这就是冷凝回收法一般只能作为高浓度废气的前处理，而不作为最后净化措施的原因所在。需指出的是，如果废气浓度很低，在冷却温度下有害蒸气的蒸气压并未达到饱和程度，则冷凝净化技术是根本无效的。

由上述可见，冷凝回收技术的关键是冷却温度，冷却温度越低，净化程度就越高。为了强化冷却，可以使用水、冷冻混合物、固体二氧化碳（干冰）及其他制冷方法。加冰冷却水的温度不能低于0℃，浓度为20%的盐水可达到-15℃左右。通常使用自来水做冷却剂，依季节不同水温在4~25℃范围内变化，而地下水平均水温为8~15℃。将液氮用于工业气体（产品气）的净化，液氮的温度为-196℃，当然具有极好的净化作用，但是一般的工艺装备无法承受这样低的工作温度。

冷凝回收还适用于处理含有大量水蒸气的高湿废气，在这种情况下，废气中部分有机物质或其他有害组分可以溶解在冷凝液体中。冷凝液以及冷却水可以起洗涤气体的作用，特别是由于大量水蒸气的凝结，大大减小了气体流量，这对于下一步的燃烧、吸附、袋滤、高烟囱排放等净化措施，都是十分有利的。例如，有的人造纤维厂对于纺丝工序排放的含有大量水蒸气及 CS_2、H_2S 的废气，就是用直接水冷却后经烟囱排放的。

用于冷凝回收的冷却方法，可分为直接法与间接法两种，直接冷却法使用的是接触冷凝器；间接冷却法则使用表面冷凝器，通常是间壁式换热器。

二、冷凝装置

在冷凝操作中所使用的设备称为冷凝器，按照流体流动方式的不同，冷凝器分为直接接触式冷凝器与间壁式换热器两大类，下面分别加以介绍。

1. 直接接触式冷凝器

在这类冷凝器中，冷热两流体是以直接混合的方式进行热量交换的。这对于工艺上允许两种流体可以混合的情况下，是较为方便有效的，所用设备也比较简单，安装、操作均很方便，常用于气体的冷却或含大量水蒸气的高湿度废气的冷凝。在直接冷凝操作中，多以冷水为冷却剂，凝结的液体或溶解在水中，或形成与水不相溶的液体。对于前者，凝液被水稀释，而后者则可以设置分离器加以回收。直接冷凝操作用水量大，一般用于有害物质不必回收，或冷却水中有害物质不需专门处理即可排放的场合。

（1）设备类型。直接冷凝设备类型较多，依结构不同可分为填料塔、喷淋塔、泡沫冷却器、文丘里冷却器等。图6-2所示为部分直接接触式冷凝器的示意图。

（2）直接接触式冷凝器的传热及计算原理。在直接接触式冷凝器中，混合气体的显热是靠传导和对流来传递的。而混合气体中蒸气冷凝潜热的传递是和传质同时进行的，是借扩散和对流来传递热量的。

接触冷凝器的有关热计算可以用简单的热量衡算来解决，即假设冷凝过程中蒸气冷凝放出的潜热和冷凝液进一步冷却放出的显热完全由冷却水吸收，从而计算出冷却水的需要量。而管道、设备等的有关尺寸应按最大的液体流量（冷却水量及凝液量）来确定。

2. 间壁式换热器

间壁式换热器的特点是冷热两流体间由传热壁面隔开，以使两种流体不相混合

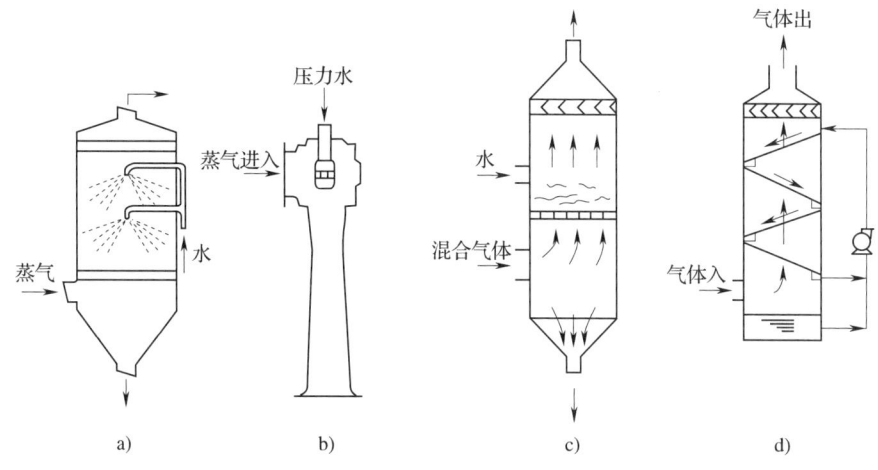

图 6-2　直接接触式冷凝器示意图
a) 喷淋式　b) 喷射式　c) 泡沫冷却式　d) 网膜式

而完成热量传递的。当换热器用于冷凝操作时，则称为冷凝器。间壁式换热器种类较多，结构较简单的有夹套式、沉浸蛇管式、喷淋蛇管式、套管式等。间壁式换热器中尤以列管式换热器的应用最普遍，它又称为管壳式换热器，其最突出的特点是单位体积设备所能提供的传热面积大、传热效果好、结构坚固、适应性强、操作弹性大，我们将重点介绍列管式换热器。

列管式换热器主要由壳体、管束、管板和顶盖（又称封头）等部件组成，如图 6-3 所示。管束安装在壳体内，两端固定在管板（花板）上，顶盖用螺栓与壳体两端的法兰相连。进行换热时，一种流体由顶盖的进口接管进入，通过平行管束的管内从另一端顶盖出口接管流出，称为管程。另一流体则由壳体的接管进入，从壳体与管束间的空隙处流过，而由另一接管流出，称为壳程，管束的表面积即为传热面积。

3. 其他类型换热器

（1）螺旋板换热器。螺旋板换热器是一种板式换热器，具有传热系数高、结构紧凑、加工简单等特点。螺旋板换热器由两张平行的薄钢板卷制而成，构成一对互相隔开的螺旋形通道。冷热两流体以螺旋板为传热面分开流动，两板间焊有定距撑以维持流道间距并增强螺旋板的刚度。换热器的中心设中心隔板，以使两个螺旋通道分开。在换热器的顶部和底部分别焊有盖板或封头，以及两种流体的进出口接管。换热器结构如图6-4所示,通常有一对进出口设在圆周边上,而另一对设在圆鼓的轴心上。螺旋板换热的直径一般在1.5 m以内,板宽200~1 200 mm,板厚2~4 mm。两板间的距离5~25 mm,常用碳钢或不锈钢制作。

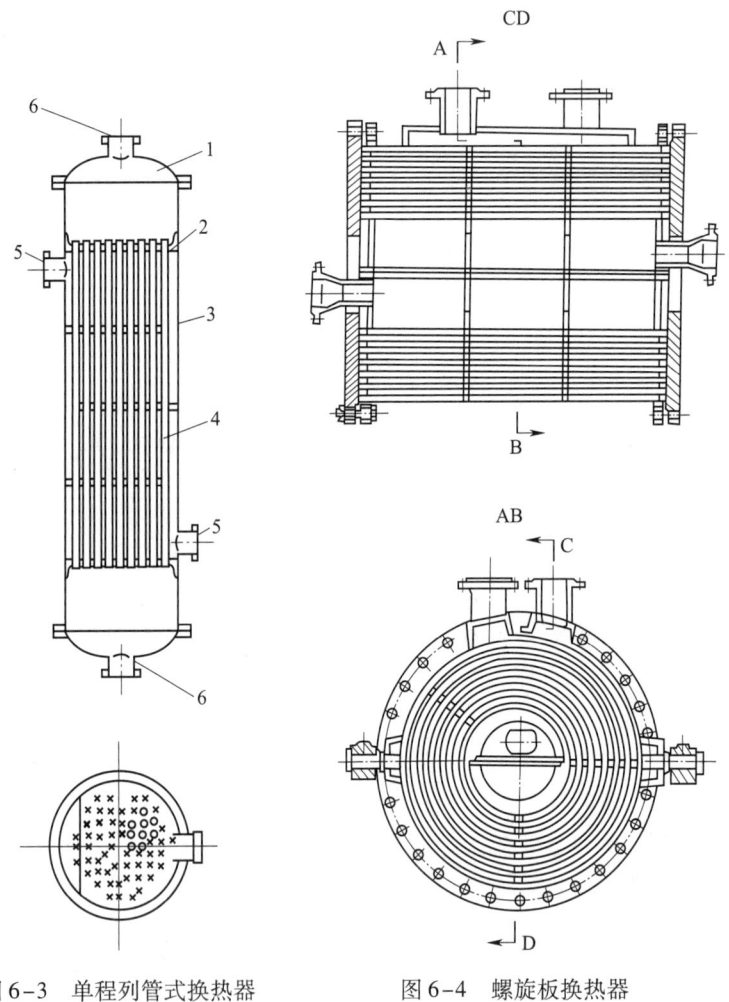

图6-3 单程列管式换热器
1—顶盖 2—管板 3—壳体
4—管束 5、6—接管

图6-4 螺旋板换热器

螺旋板换热器的优点是:
1) 传热系数高。流体在螺旋流道内运动时,受到离心力的影响及定距撑的干扰作用,可在较低 Re 数下产生湍流(Re 在 1 400~1 800),允许流速可达 2 m/s,所以传热系数较高。在水对水的换热中,传热系数可达 2 000~3 000 W/($m^2 \cdot$ ℃)。

2)不易堵塞。由于流体流速高,当其在螺旋形流道中流过时起到冲刷作用,故流体中的悬浮物不易沉积。

此外螺旋板换热器结构紧凑、制作简便,单位体积的传热面积约为管壳式的 3 倍。由于流道长,可作完全逆流换热,便于控制温度及进行低温差换热。

螺旋板换热器的主要缺点是:

1)操作压力和温度不能太高。

2)不易检修。

3)流体阻力大,在同样的物料和流速条件下,约比直管大 2~3 倍。

(2)空气冷却器。空气冷却器又称空冷器,它以空气为冷却剂来冷却热流体,适用于水资源短缺的地区,并避免了水污染问题,目前在石油化工等行业得到广泛应用。

空冷器主要由翅片管束构成,管材多为碳钢,外部设有翅片。翅片多为铝制,以缠绕或镶嵌的方式固定在管子上,其结构如图 6-5 所示。

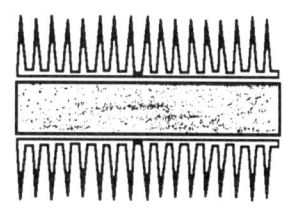

图 6-5 翅片管结构

操作时,冷空气由安装在管束排下面的轴流式通风机向上吹过管束及其翅片间,通风机也可以安装在管束上面而将冷空气由下部引入。空冷器装置较为庞大,占空间多,动力消耗较大。

由于采用了翅片管,既增强了流体的湍流程度,又大大地增加了管外的传热面积,因此管外空气的传热效果明显改善。例如,当空气流速为 1.5~4.0 m/s 时,翅片管空气侧的传热膜系数 α 至少为光管的 20 倍以上。由于空冷器具备很多优点,当条件允许时应尽量选用空冷器。

第二节 有害废气的生物净化

工业废气的微生物处理技术是利用微生物的生物化学作用,以废气中的有机成分作为其生命活动的能源和营养物质,通过分解代谢和合成代谢,使有机物降解,转化为简单的无机物,如 CO_2 和 H_2O 等,同时合成微生物细胞物质。由于废气的微生物处理具有设备简单、安全可靠、效果好、不产生二次污染、投资少、运行费用低等特点,已成为工业废气净化处理技术的研究热点,发展迅速。20 世纪 50 年代以来,在美国、德国、日本、荷兰已有相当数量工业规模的各类废气生物处理装置投入运行。目前，中国在这一领域也处于积极研发阶段，除采用常规的生物处理技术去除挥发性有机污染物（VOCs）及恶臭物质外，新型处理技术如膜生物反应器法、活性污泥法等手段也应用于有害废气处理中。尤其是针对疏水性物质开发了真菌生物反应器、双液相生物反应器等处理技术，而细菌—真菌复合式生物反应器及物化—生物组合反应器则是针对污染物组分复杂、负荷多变的废气所研发的新技术。

一、工业废气微生物处理原理

微生物能氧化和降解工业废气中的有机物等有毒有害的物质，生成 CO_2、H_2O 等无机物和细胞物质。但是这一过程难以在气相中进行，因此需要先将大气污染物从气相转移到液相或固体表面的液膜中，然后才能被液相或固相表面的微生物吸收并降解。

根据传统的气体吸收双膜理论，荷兰学者认为生物化学法净化处理工业废气通常经历以下三个过程。

（1）首先，废气中的有机污染物与水接触，并溶解于水中，完成由气膜扩散进入液膜的过程。

（2）有机污染物组分溶解于液膜后，在浓度差的推动下进一步扩散到生物膜，被微生物所吸附。

（3）微生物利用有机物进行分解代谢和合成代谢，生成的代谢产物一部分进入液相，一部分合成为细胞物质或细胞代谢能源，另外，生成的气体如 CO_2 等，则析出进入空气中。

废气中的有机污染物在上述过程中不断减少，进而得到净化。

废气中不同种类的污染物质，需要在不同的微生物类群作用下才能得到有效去除。根据营养来源划分，能降解气态污染物的微生物分为自养菌和异养菌两类。自养菌生存所必需的碳由 CO_2 提供，依靠对氨、硝酸盐、硫、硫化氢和铁离子的氧化来获得能量，进而生长繁殖，如硝化细菌、硫细菌、铁细菌等，适用于无机物的转化。但是，自养菌的新陈代谢活动比较慢，只适用于较低浓度的脱臭场合，一般用来转化 H_2S 和 NH_3 等。异养菌则是通过有机物的氧化代谢来获得能量和营养物质，在适当的 pH 值、温度和有氧条件下，能较快地降解污染物，进行有机物的转化。因此，异养菌多用于有机废气的净化处理。由于微生物的种类繁多，代谢途径多样，几乎能够转化所有有机污染物和一些无机污染物，潜力巨大。目前，适用于生物处理的气态污染物主要有乙醇、硫醇、酚、甲酚、吲哚、脂肪酸、乙醛、酮、二氧化碳、硫化氢、氨和胺等,生物化学法净化处理工业废气的过程如图6-6所示。

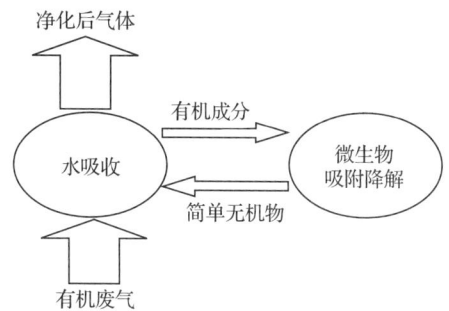

图6-6 生物化学法净化处理工业废气的过程

二、常规工艺类型

根据工业废气处理过程中微生物的存在形式,可将其处理方法按悬浮态和固着态分为微生物吸收工艺和微生物过滤工艺。

微生物吸收工艺(又称微生物洗涤工艺)是利用由悬浮态生长的微生物、营养物和水组成的吸收液来处理废气的。可溶性气态污染物首先被微生物混合液吸收,然后对吸收了废气的微生物混合液进行好氧处理,经处理后的吸收液可重复使用。吸收设备借鉴成熟的化工单元操作技术,通常采用喷淋塔、筛板塔和鼓泡塔等。

微生物过滤工艺是利用固着生长微生物的固体介质吸收废气中的污染物,然后由微生物将其转化为无害物质。在生物过滤工艺中,废气通过由介质构成的固定床层时被吸附、吸收,并被微生物所氧化降解。通常采用土壤、堆肥等材料构成生物滤床。

1. 微生物吸收工艺

微生物吸收工艺又称微生物洗涤工艺,该工艺通常由吸收装置和吸收液反应装置组成,其工艺流程如图6-7所示。含有微生物和营养物质的吸收液由塔顶喷淋而下,与废气在塔内逆向接触,实现气—液传质过程,废气中的污染物转入液相后,随吸收液流入生物反应器中,被吸收的有机污染物通过微生物的氧化作用从液相中除去。生物反应器一般为好氧处理装置,常用活性污泥法或生物膜法,在去除污染物的同时,吸收液中的活性污泥也得到了再生,可以直接进入吸收塔循环使用。

微生物吸收工艺处理工业废气，其去除效率除了与污泥浓度、溶解氧、pH值等因素有关外，还与污泥的驯化、营养物质投加量有关。一般而言，当活性污泥浓度控制在 5 000～10 000 mg/L、气体流速小于 20 m/h 时，装置的负荷与去除率较为理想。

微生物吸收工艺中，气、液两相的接触方法除采用喷淋外，还可以采用气相鼓泡法。通常，气相阻力较大时宜用喷淋法，若液相阻力较大时则用鼓泡法。鼓泡和污水好氧生物处理中的曝气相似，废气由塔底通入，与吸收液接触而被吸收。喷淋法的设备处理能力比鼓泡法大，可达到 $60\ m^3/(m^2 \cdot min)$，所以，采用喷淋法可以减少处理设备的体积。

通过在吸收装置中放置填料，可以增大气液接触面积，提高处理气量；也可在吸收液中加入某些不影响微生物代谢活动的溶剂，以利于气体的吸收，达到去除某些难溶于水的有机物的目的。

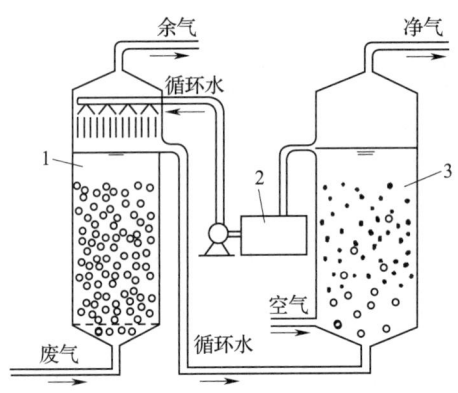

图 6-7　生物吸收法工艺流程
1—吸收塔　2—沉淀池　3—生物反应器

2. 微生物滴滤工艺

微生物滴滤工艺是一种介于生物吸附和生物过滤之间的处理工艺，其流程如图 6-8 所示。生物滴滤反应塔为该工艺的主体设备，塔内布多层喷淋装置与填料床，废气从塔底部进入，在上升的过程中与喷淋的循环水充分接触而被吸收，在反应塔下部设置空气扩散装置进行曝气，形成废水处理系统。利用填料上生物膜的代谢作用将废水中吸收的有机物氧化降解，从而去除。为了满足微生物生长对 N、P 等营养元素的需求，可以在循环水中添加 K_2HPO_4 和 NH_4NO_3 等物质。

该工艺的特点是集废气吸收和废水处理装置于一体，工艺简单，易于操作，运行成本低,处理效率高,可以使处理装置小型化,从而降低设备投资和运行费用。

3. 微生物过滤工艺

德国是最早使用微生物过滤工艺的国家。1959年,在德国的一个污水处理厂,为控制污水输送管散发的臭味,建立了一个填充土壤的生物过滤床。20世纪60年代,人们开始采用生物过滤工艺处理气态污染物,德国和美国对此工艺进行了深入的研究。从20世纪80年代起,德国和荷兰越来越多地采用生物过滤工艺来控制工业生产过程中产生的挥发性有机物和有毒气体。目前,这两个国家已经拥有500多座大规模的废气生物过滤装置,生物反应器的面积通常在 $10 \sim 2\,000\ m^2$ 之间,废气处理流量达到 $1\,000 \sim 150\,000\ m^3/h$。

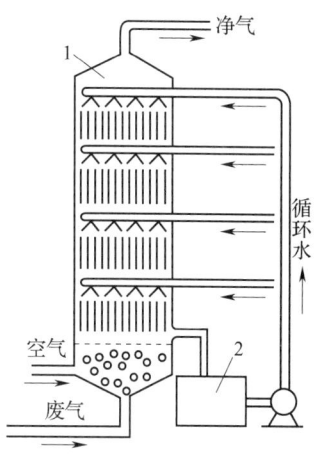

图 6-8 生物滴滤法工艺流程
1—反应塔 2—沉淀池

微生物过滤工艺是利用填充在生物过滤反应装置中的有生物活性的天然滤料来吸附和吸收废气中的污染物,然后由生长在滤料上的各种微生物来对其进行氧化降解的。通常情况下,这些天然滤料本身固有的细菌和其他微生物就足以用来除去废气中的污染物。可作为滤料的材料一般为天然材料,如木屑、树皮、泥炭、堆肥、土壤、煤泥和贝壳等。近年来,有机或无机的人工合成材料也逐渐被开发和用作生物过滤材料。由于滤料含有一定的水分,表面生长着各种微生物,当废气进入滤床时,废气中的污染物从气相扩散到滤料外层的水膜而被吸收,同时氧气也由气相进入水膜,滤料表面所附着的微生物进行有氧代谢,将污染物分解为二氧化碳、水和无机盐等。微生物所需要的营养物质则由滤料自身供给或另外补充。

生物过滤反应装置一般由滤料床层、沙砾层和多孔布气管等组成。多孔布气管安装在沙砾层中,在装置底部设有排水管以排除多余的积水。根据所用固体滤料的不同,生物过滤装置通常分为土壤滤池、堆肥滤池和微生物过滤箱等。

(1) 土壤滤池。土壤是有机物和无机物组成的多孔混合物,其孔隙率为 $40\% \sim 50\%$,比表面积为 $1 \sim 100\ m^2/g$。其中有机物含量为 $1\% \sim 5\%$,主要分布在无机物的表面上。土壤中含有大量的、具有较高生物活性的微生物,每克土壤约含 10^9 个细菌、10^7 个放线菌和 10^5 个真菌。细菌易于分解小分子有机污染物,也能降解某些芳香族化合物和卤代物;放线菌能降解芳香族化合物;真菌能降解三氯甲烷,其分泌的胞外酶也能使复杂聚合物分子的化学键断裂。另外,土壤颗粒表面所具有的生物活性物质对废气中污染物的降解也有一定的催化作用。

土壤滤池由气体分配层和土壤滤层两部分构成。气体分配层的下部由粗石子、细石子、轻质陶粒骨料组成，上部由黄沙和细粒骨料组成，总厚度为 400~500 mm；土壤滤层的组成和混配比例一般为黏土 1.2%、含有机质沃土 15.3%、细沙土 53.9%、粗砂 29.6%，厚度 0.5~1.0 m。土壤滤层使用一年后会逐渐酸化，需及时用石灰调整 pH 值。

温度、湿度、pH 值和土壤的营养成分是影响土壤滤池去除效率的主要因素。土壤中微生物的活性温度范围为 0~65 ℃，以 37 ℃时活性最大。湿度一般保持在 50%~70%，湿度增加，有利于微生物的氧化分解；但湿度过大，水分子与废气中的污染物在土壤表面吸附点产生竞争吸附，影响对污染物的处理效果。对于开放式土壤生物滤池，一般通过喷淋水来调节湿度。废气中常含有 SO_2、NO_x 和 H_2S 等无机污染物，由于土壤对其有较强的吸附和表面催化作用，产物会使土壤滤床酸化。因此，当无机气体含量较高时，滤床的酸性可以用石灰中和，一般 pH 值控制在 7~8 为宜。另外，向土壤中添加 3% 的鸡粪、2% 的珍珠岩等改性剂，滤床透气性不变，对甲硫醇、H_2S、二甲基硫和二甲基二硫的去除率可分别提高 34%、5%、80% 和 70%。

土壤滤床已用于处理肉类加工厂、动物饲养场和堆肥场等产生的废气，处理含低浓度 NH_3、H_2S、甲硫醇、二甲基硫、乙醛、三甲胺等带有强烈臭味的废气，其脱臭率均大于 99%。

(2) 堆肥滤池。堆肥中含有 50%~80% 部分腐化的有机质，其孔隙率为 50%~80%，比表面积为 1~100 m^2/g。堆肥的生物活性与土壤一样，含有大量的具有不同降解性能的微生物。堆肥滤池的结构如图 6-9 所示。在地面挖浅坑或筑池，池底设排水管。在池的一侧或中央设输气总管，由总管上接出直径约 125 mm 的多孔配气支管，并覆盖砂石等材料，构成 50~100 mm 厚的气体分配层，在气体分配层上铺设 500~600 mm 厚的堆肥，构成过滤层。过滤气速一般在 0.01~0.1 m/s。堆肥滤池中的微生物比土壤滤池中多，对废气的去除率较高，接触时间只是土壤滤池的 1/4~1/2，因此适用于处理含易生物降解的污染物和废气量大的场合。对于含有生物降解较慢的污染物的气体，则需要较长的反应时间。

采用堆肥作滤料，必须经过筛选，滤层要均匀、疏松，孔隙率大于 40%，滤料必须保持湿润，堆肥滤层含水率不低于 40%，但又不能有水淤积。同时需要使滤层保持适当的温度。

堆肥滤池在使用一段时间后，过滤层有结块的趋势，需要周期性地进行搅动，防止结块。堆肥具有疏水性,需防止干燥,否则再润湿比较困难。

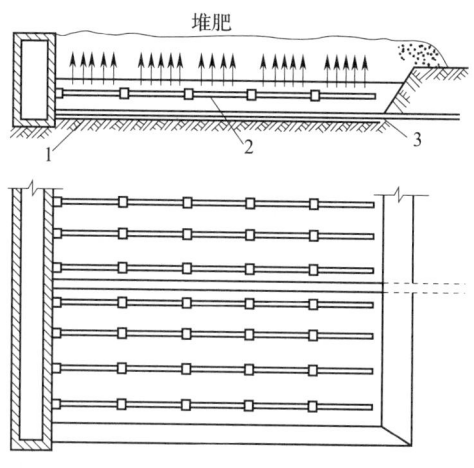

图 6-9 堆肥滤池
1—沙砾层 2—多孔陶瓷管 3—排水管

(3) 微生物过滤箱。微生物过滤箱主要由箱体、生物活性床层和喷水器构成,为封闭式装置。床层由多种有机物混合制成的颗粒状载体组成,有较强的生物活性和耐用性。箱内的微生物一部分附着于载体表面,一部分悬浮于床层水体中。

当废气通过床层时,污染物部分被载体吸附,部分被水吸收,然后由微生物氧化降解。床层厚度按需要确定,一般为 0.5~1.0 m。床层对易降解碳氢化合物的降解能力约为 200 $g/m^3 \cdot h$,过滤负荷大于 600 $g/m^3 \cdot h$。

微生物过滤箱的净化过程,可以按需要控制,通过选择适当的条件,充分发挥微生物的作用。微生物过滤箱已经成功地应用于化工厂、食品厂、污水泵站等来源的废气净化和脱臭。用于处理含 H_2S 50 mg/m^3 和 SO_2 150 mg/m^3 的聚合反应废气,在高负荷条件下 H_2S 的去除率可达 99%。处理食品厂高浓度恶臭废气,脱臭率可达 95%。此外,微生物过滤箱还用于去除废气中的四氢呋喃、环己酮、甲基乙基甲酮等有机溶剂蒸气。

(4) 生物滤池性能的影响因素。生物过滤法是在适宜的条件下,利用微生物的作用来去除气体中的污染物。为了使微生物保持高的活性,必须为之创造一个良好的生存环境。因此,生物滤池的条件应适合微生物的生长,这些条件包括填料(介质)及其湿度、pH 值、氧气含量、营养物质、温度和污染物浓度等。实际上,这些因素也是生物滤池设计和运行操作过程中需要考虑的一些参数。

除上述传统的处理技术之外，膜生物反应器法、活性污泥法等废气处理技术也被广泛应用。

三、新型处理工艺简述

近年来，针对挥发性有机污染物（VOCs）及恶臭物质的研究取得了很大进展，研发了真菌生物反应器、双液相生物反应器、转鼓生物滤池、嗜热生物滤池、物化—生物组合技术等新型处理技术来消除市政污水、污泥和垃圾处理过程中产生的气味形成的大气污染。其中，双液相生物反应器已用于处理烷烃、苯、苯乙烯、苯酚、萘、五氯苯酚等物质，转鼓生物滤池可处理二乙基醚、甲苯、正己烷及含氮氧化物的废气，嗜热生物滤池可用于处理石油化工、油漆涂料等行业排放的较高温度废气中的 VOCs 和 H_2S，物化—生物组合技术适合处理生物降解慢的有机污染物。

第三节 工业毒物控制技术的发展

传统的工业生产是线性的生产方式，其过程为：原材料→中间产品→成品，过程中的有毒有害物料会造成人体的危害，现有的防毒技术也是针对这种生产方式，即着眼于生产的某一环节、某一工序、某一过程有毒物质的净化或防护。随着清洁生产、循环经济、生态工业等新思想、新概念、新技术及其工业实践互动的普及和深入开展，防止有毒物质对人员和环境危害的方法已经有了跨越式的发展，并且取得了一定的成果。本教材早期提出的"以无毒、低毒的物料和工艺代替有毒、高毒的物料和工艺"，现在已经成为"清洁生产"和"生态工业"的核心概念之一，在某些技术领域已用于工序与工序、生产过程与生产过程、企业与企业之间，物料的循环利用减少了有毒物质的用量和排放，有效地保护了生产人员和环境。传统的化工产业是排放有毒有害物质的典型产业，目前正在推行绿色化学工业，这也是减少有毒物质危害的新途径。

一、绿色化学

1. 绿色化学的定义及产生背景

随着工业生产技术的发展，世界各国对环境问题日益重视，环境保护和治理的力度也越来越大。但是，先发展、后治理的传统方式使得环境问题非但没有趋缓，反而越来越严重。人们逐渐认识到只有从污染源头杜绝污染的产生，才是主动的、高层次的治本举措。1992 年，里约热内卢会议提出"绿色科技"的概念，并指出

"环境科学家的任务不再局限于环境污染的治理,而是要求对环境污染进行有效控制和对污染的环境进行修复,以及从污染源头开始杜绝环境污染的产生"。由于"绿色"的概念是一种全新的概念,代表了一种全新的生产模式。目前,经过全球科学家多年的研究和探索,对绿色化学与技术的定义和原理已基本取得共识,一般将化学和化工分为两个方面表述,但其基本内涵是一致的。

绿色化学的定义为用化学的技术和方法减少或消灭那些对人类健康、社区安全、生态环境有害的原料、催化剂、溶剂和试剂的产物、副产物等的使用和产生,并且采用具有一定转化率的高选择性化学反应来生产目的产品,不生成或较少生成副产品或废物,实现或接近废物的"零排放"过程。绿色化学的目标在于不再使用有毒、有害的物质,不再产生废物,不再处理废物。

绿色化学研究的内容大概包括以下几个方面:一是使用绿色可再生的资源,涉及无毒、无害原料或以可再生资源为原料。二是绿色化学反应,它涵盖了对环境友好的化学工艺和"原子经济"反应。三是对环境友好的产品,主要是废物的零排放和易于降解为无毒代谢物。四是无危害的催化剂,最注重的是生物催化剂和酶催化剂,可以减少副产品和环境污染。五是新的合成技术,包括有机电合成以及不对称合成。六是采用无副作用溶剂,其中固态反应无溶剂,若有溶剂则使用无毒无害的溶剂。

2. 绿色化学的研究原则

绿色化学的目标和研究范畴是从根本上切断污染源,而不是被动地治理环境污染。目前世界范围内公认的指导绿色化学发展的12条原则如下。

(1) 预防环境污染。应当防止废物的生成,而不是废物产生后再处理。这既能带来经济效益又能带来环境效益。通过有意识地设计不产生废物的反应,减少分离、治理和处理有毒物质的步骤。

(2) 原子经济性。绿色化学的主要特点是原子经济性。原子经济性的目标是使原料分子中的原子更多或全部地进入最终的产品之中。最大限度地利用了反应原料,最大限度地节约了资源,最大限度地减少了废物的排放,因此最大限度地减少了环境污染,适应可持续发展的要求。

(3) 无害化学合成。尽量减少化学合成中有毒原料和有毒产物,只要可能,反应和工艺设计应考虑使用更安全的替代品。

(4) 设计安全化学品。使化学品在被期望功能得以实现的同时,将其毒性降到最低。

(5) 使用安全溶剂和助剂。尽可能不使用助剂(如溶剂、分离剂等),在必须使用时，采用无毒无害的溶剂代替挥发性有毒有机物作溶剂已成为绿色化学的研究方向。

（6）提高能源经济性。合成方法必须考虑过程总能耗对成本与环境的影响，应设法降低能源消耗，最好采用在常温常压下进行的合成方法。

（7）使用可再生原料。在经济合理和技术可行的前提下，选用可再生资源代替消耗资源，如用酶为催化剂，以生物质（生物体中的有机物）为原料的可再生资源代替不可再生的资源（如石油），符合生态循环的要求。

（8）减少衍生物。应尽可能减少不必要的衍生作用，以减少这些不必要的衍生步骤需要添加的试剂和可能产生的废物。

（9）新型催化剂的开发。尽可能选择高选择性的催化剂。高选择性的催化剂在选择性和减少能量方面优于化学计量反应。高选择性使其所产生的废物减少，催化剂在降低活化能的同时，也使反应所需的能量降到最低。

（10）降解设计。在设计化学品时应优先考虑在它完成本身的功能后，能否降解为良性物质。

（11）预防污染中的实时分析。进一步开发可进行实时分析的方法，实现在线监测。在线监测可以优化反应条件，有助于产率的最大化和有毒物质产生的最小化。

（12）防止意外事故发生的安全工艺。采用安全生产工艺，使化学意外事故的危险性降到最低程度。

随着人们对绿色化学的研究和认识的不断深入，围绕无毒无害原料、催化剂和溶剂的使用以及原子经济性反应生产安全化学品的绿色化学目标，对绿色化学原则进行了完善，提出了绿色化学的 12 条补充原则，分别是：①尽可能利用能量而避免使用物质实现转换；②通过使用可见光有效地实现水的分解；③采用的溶剂体系可有效地进行热量和质量传递的同时，还可催化反应并有助于产物分离；④开发既具有原子经济性，又对人类健康和环境友好的合成方法；⑤不使用添加剂，设计无毒、无害、可降解的塑料与高分子产品；⑥设计可回收并能反复使用的物质；⑦开展"预防毒物学"研究，使有关对生物与环境方面的影响机理的认识可不断地结合到化学产品的设计中；⑧设计不需要消耗大量能源的有效光电单元；⑨开发非燃烧、非消耗大量物质的能源；⑩开发大量二氧化碳和其他温室效应气体的使用或固定化的增值过程；⑪实现不使用保护基团的方法进行含有敏感基团的化学反应；⑫开发可长久使用、无须涂布和清洁的表面和物质。

这 12 条补充原则加入了对当今社会发展过程中亟待解决的热点问题，也是对

12条基本原则的深化和发展。

3. 绿色化学的现状及发展方向

（1）国外绿色化学进展。在国外，对绿色化学的研究主要是围绕着化学反应、原料、催化剂、溶剂和产品的绿色化展开的。

1）化学反应绿色化。在工业生产中，开发高效、高选择性、原子经济性的化学反应是有机合成追求的理想目标，是实现低废气、低副产品的绿色技术的基础。

烯烃复分解反应是原子经济性反应很好的例子，通过分子内或分子间进行交叉反应，产生目标烯烃和乙烯，而乙烯又可被利用，从而有效减少潜在有害物质的产生和排放，已被广泛应用于有机合成和聚合材料化学中。

2）反应原料的绿色化。在化学生产过程中，采用无毒无害、可再生资源为原料，是绿色化学重要的一个决策内容，采用二氧化碳、生物质等资源作为反应原料代替石油、天然气等传统不可再生的原材料进行化学反应，以达到原料的绿色化目的。

3）催化剂绿色化。在精细化工和医药生产中，许多烃类烷基化反应一般都需要催化剂，但是这些催化剂对设备、环境、人身健康和社区安全都存在相当大的危害，而且会产生废渣，污染环境。因此，我们要尽量开发高效、高选择性且低毒甚至无毒无害的催化剂，使催化剂绿色化，才能推进绿色化学的进一步发展。

4）溶剂绿色化。化学污染不仅来源于原料和产品，而且与反应介质、分离和配方中使用的溶剂有关，人们当前常用的溶剂是挥发性有机溶剂，使用时易危害生物体以及造成环境污染等问题，因此采用无毒无害的溶剂代替挥发性有机化合物作溶剂是绿色化学的重要研究方向。

5）产品的绿色化。国外近年来都在大力研究环境友好化工产品，对于破坏生态环境和污染环境的化工产品，都要求开发出相应的对环境无害的代替品。塑料在给人们生活带来便捷的同时也对环境造成了白色污染，人们一直致力于寻找解决办法。近年来，聚碳酸酯类聚合物由于具有良好的降解性受到了人们很大的关注。

6）物理方法促进化学反应。光、电、热等引发和促进有机反应的有效手段，是绿色化学的方向之一。

（2）国内绿色化学进展。近年来，我国化工行业产业规模扩增趋势强劲，绿色化学在节约原料、防止污染、保障人们健康与安全方面也发挥了显著的作用。例如，国内通常利用驯化传统菌种选育的方式，综合遗传学来打造新型的技术体系，改良原有的脱硫微生物。这种技术体系已经初步投入应用，并且产生了较好的效果。此外，我国已经生产了具有较好应用效果的生物农药、现代化学农药、光活化农药等，这些农药不仅可以达到农作物病虫害防治的目的，也可以降低对环境产生的影响，在提升水环境治理效果的同时，也可以保护人们的身体健康。但是，我国的绿色化学与发达国家相比还存在一定差距，需要进一步完善和改进。

绿色化学总结起来可以归到一点，就是要发展新的反应。随着对化学反应本质的理解，已经开始在原子经济性和可持续发展基础上研究绿色合成和绿色催化问题。在有机化学品生产中，许多新的化学流程已在研究开发，这些新流程的开发是绿色化学领域的新进展。

（3）绿色化学的发展前景。绿色化学具有广阔的发展前景，目前绿色化工已被全球列为21世纪实现可持续发展的一项重要战略，是解决资源、能源紧缺和环境恶化的重要途径，是提高人类生存质量和保证国家与民众安全的核心基础科学与技术。

人类生产的各种化学品能否回收、再生和循环使用也是绿色化学研究的主要领域。充分开展资源再生和循环使用技术，兼顾经济与可持续发展是绿色化学重要发展方向之一。结合我国可持续发展战略的要求，未来主要的研究方向是运用物理、化学、生物手段和方法，以从源头根除污染实现化学与生态协调发展为宗旨，来研究环境友好的新反应、新过程、新产品。

二、成果简介

化工行业种类繁多，使用相当多的有毒有害原材料，生产的产品也有许多具有较大的毒性。化工生产中，有很多反应步骤长，受反应转化率和精制分离等效率影响，会有一定数量的物料流失。化工行业排放的废气、废水、固体废物等，一直占工业废弃物总量相当大的比例。为了减少化工行业排放的废弃物，必须采取清洁生产方法，在源头消减废弃物的产生，通常化工清洁生产技术包括绿色化学品合成工艺、共用反应器技术、高效精制技术等。

1. 绿色化学品合成工艺

理想的绿色技术应采用具有一定转化率的高选择性化学反应来生产目的产品，不生成或很少生成副产品或废物，实现或接近废物的"零排放"过程。绿色化学的研究目标是利用当代物理先进技术和化学方法相结合，生物技术和催化理论相结合，研究和开发环境友好的新反应、新工艺和新产品，减少或消除那些对人类健康和环境有害的原料、试剂、溶剂的使用以及副产品或废物的产生，实现社会—经济—生态环境的协调发展。新的绿色化学的发展方向如下。

（1）新的化学反应过程研究。在原子经济性和可持续发展的基础上研究合成化学和催化的基础问题，即绿色合成和绿色催化问题。

默克公司应用绿色化学技术合成了吉法匹生柠檬酸盐（Gefapixant Citrate），开发出一种绿色、可持续的商业生产工艺，其关键的创新是：采用两步法高效合成甲氧基苯酚；混合流动间歇法合成二氨基嘧啶的新工艺；简化的磺酰胺直接合成工艺；一种新颖而稳定的盐复分解方法，以高生产率始终如一地保证盐形态专一性。这一生产工艺既显著提高了产量，使原材料成本降低为原来的六分之一；还将烷基化步骤涉及高度危险化学品取代；并实现了工艺节能，减少了二氧化碳和一氧化碳的排放。因此获得了2021年度美国"总统绿色化学挑战奖"的绿色合成路线奖。

在有机化学品的生产中，有许多新的化学流程正在研究开发。例如，以新型钛硅分子筛为催化剂，开发烃类氧化反应；用过氧化氢氧化丙烯制环氧丙烷；用过氧化氢氨氧化环己酮合成环己酮肟；用催化剂的晶格氧作烃类选择性氧化反应，如用晶格氧氧化丁烷制顺酐、用晶格氧氧化邻二甲苯制苯酐等，这些新流程的开发是绿色化学领域中的新进展。

在绿色催化方面，固相催化和负载化均相催化在后处理过程中的回收和利用方面也取得了可喜的成果，如2016年度美国"总统绿色化学挑战奖"授予了西比埃（CB&I）公司和雅保（ALB）公司，这两家公司开发了世界上首个采用AlkyClean固体酸催化剂的烷基化工艺技术，并将其商业化、规模化。

（2）传统化学过程的绿色化学改造。这是一个很大的开发领域。例如，在烯烃的烷基化反应生产乙苯和异丙苯生产过程中需要用酸催化反应，过去用液体酸HF催化剂，而现在可以用固体酸—分子筛催化合成，并配合固定床烷基化工艺，解决了环境污染问题。在异氰酸酯的生产过程中，过去一直是用剧毒的光气作为合成原料，而现在可用CO_2和胺催化合成异氰酸酯，成为环境友好的化学工艺。

（3）综合利用的绿色生化工程。例如，用现代生物技术进行煤的脱硫、微生物造纸以及生物质能源等的研究。

生物质能源被归结为新能源，具有分布广、可再生、成本低等优点，研究植物生物质（主要成分是木质素、纤维素和半纤维素）与动物生物质（主要成分是胶原纤维素）的主要成分的立体机构（手性或"类手性"）与酶催化降解过程之间的"构—效"关系，不仅可以揭示生命现象中一些至关重要的化学机理，而且能够找到生物质利用的绿色化学方法，从而不再使用生态循环链以外的能源和化工原料（如煤、石油、天然气等），做到生产和使用的一切东西都来自生态循环链，也可以在生态循环链中降解。

此外，有机废物生物质也是一种可再生的资源，主要包括林业、农业、工业废弃生物质及城市垃圾，欧美国家曾在 20 世纪 80 年代尝试推进有机废气物甲烷发酵，从而进行发电、堆肥。

目前，国内外对生物质的利用技术主要包括直接燃烧技术、热化学转化技术、液化技术及有机垃圾处理技术。

2. 成功案例

（1）催化合成工艺。许多化学公司放弃传统的"计量反应"改用清洁的催化反应，因为后者的原子利用率要比前者高得多。

BHC 公司开发的一条生产异丁苯丙酸的合成技术就只包括了 3 个催化反应步骤，原子利用率大约为 80%（如果包括回收的副产物醋酸，实际原子利用率可达 99%）；而现有的技术包括 6 个化学计量反应步骤，原子利用率低于 40%。使用无水 HF 作为催化剂，提高了选择性，减少了废弃物的产生。因此，该反应直接体现了源头消除污染，废物最小化，事实上所有的起始原料都转化成了产物、可以回收的副产物或者是完全可以在过程里循环，废弃物的产生几乎全部被消减。

据统计，80%以上的化学品均是通过催化反应制备的，催化剂在当今化工生产中占有极为重要的地位，而新的催化材料是创造发明新催化剂的源泉，也是开发绿色化工技术的重要基础，通过新催化剂的开发形成新工艺、新技术，最终提高反应的原子经济性。例如，新型催化剂——钛硅 -1 分子筛的开发，使由丙烯环氧化生产环氧丙烷过程的原子经济性得到明显提高。

因此，必须正确地选用催化剂，不仅可以加速反应的进程，极大地改善化学反应的选择性和提高转化率，提高质量、降低成本；而且能从根本上减少或消除副产物的产生，减少污染，最大限度地利用各种资源，保护生态环境，这正是绿色化学研究所追求的目标。例如采用安全的固体催化剂（如分子筛、杂多酸等），替代有害的液体催化剂（如 HF 和 H_2SO_4 等），简化工艺过程，进而减少"三废"的排放量。

（2）短步骤合成工艺。在精细化工和药物化学中，有些化合物往往需要多步合成才能得到，尽管有时单步反应的转化率较高，但整个反应的原子经济性却不理想。若改变反应途径，简化合成步骤，就能大大提高反应的原子经济性。

布洛芬（异丁苯丙酸）的生产就是一个很好的例子。布洛芬在药物中起止痛的作用，与阿司匹林一样，都是非类固醇类消炎药，因此常被用作消肿和消炎。原来的布洛芬合成是采用 Boot 公司的 Brown 合成方法，从原料到产品，需要通过六步反应。每步反应中的原料只有一部分进入产物，而另一部分则变成废物，所以采用这条线路生产布洛芬，所有原料中的原子只有 40.03% 进入最后产品中去。德国巴斯夫公司与 Hoechst Celanesee 公司合资的 BHC 公司发明了生产布洛芬的新方法，该方法只采用三步反应即可得到产品布洛芬，原子经济性达到 77.44%。也就是说，新发明的方法少产废物 37%。

(3) 环境友好材料工艺。环境友好材料或绿色材料是指与环境相适的材料，具有资源和能源消耗少、对生态和环境污染小、再生利用率高的特点。环境友好材料是在原料采集、产品制造、使用或者再生循环利用以及废料处理等环节中对地球环境负荷最小和对人类身体健康无害的材料。

开发环境友好材料包括：多功能材料、可循环回收材料、低毒少害材料（如废弃物再资源化制造新材料）、环保型可降解塑料、建筑与海洋防护用环保涂料等。推行全流程清洁生产可以从源头上降低污染排放，提高资源利用效率，是现代工业生产的发展方向，也是可持续发展的重要内容。

以聚酯为例，聚酯材料透明、抗热、抗冲击，已被广泛应用于 CD 盘、照相机、电子器件、机动车零部件。

以前生产聚酯的工厂都采用光气反应流程，这个流程大量使用光气和氯甲烷，前者是剧毒的，后者的毒性虽不如前者，但用量很大（约为聚酯产量的 10 倍）又难以回收，对环境造成严重危害。

日本研制成功固态聚合法生产聚酯，它分三步进行：

1）通过原料双酚-A 和二苯基酯在熔融状态下进行预聚合，得到无定形的聚合物。

2）把无定形的聚合物转化为结晶态的预聚物。

3）结晶态的预聚物经过固态聚合方法生产不含氯分子杂质的聚酯，成为环境友好产品，避免了光气的危害。

再如，当今我们在享受一次性塑料袋、饭盒等产品带来便利的同时也给环境造成了严重的白色污染，这些一次性产品在处理过程中无论是采用掩埋、燃烧法，均会对环境造成污染。近年来，人们在使用聚合材料的同时也开始考虑其毒性和可降解性，有前景的可降解聚合材料，如聚碳酸酯、聚氨基甲酸酯等，被广泛关注，这些材料以二氧化碳为原料合成，不仅原料绿色无毒、易获取，且性能优异，使用后也能被自然界中的微生物降解，不会对环境造成二次污染。

(4) 元素循环技术。在工业生产中诸多元素是可能被重复利用和循环利用的，化学元素的工业代谢，对促进实现物质的循环利用有重要作用。以氯元素为例，氯元素参与诸多生产过程，但它并不进入（或不完全进入）产品，从而有可能被循环利用，但目前很多氯元素是以废物的形式被排出。因此寻求一种低能耗过程，使氯元素实现循环,是清洁生产工艺的重要研究方向。

环氧丙烷生产以氯气和丙烯为原料,传统改良氯醇法工艺流程中,氯气和丙烯反应生成氯丙醇,再与氢氧化钙皂化反应生成环氧丙烷粗品,经精馏后得到产品。氯元素参与反应,但不进入产品,最后生成氯化钙,随废水排放。环氧丙烷清洁生产工艺以氢氧化钠代替氢氧化钙进行皂化,得到氯化钠废水,经精制去除有害因子后,再经电解生成氯气和氢氧化钠,返回工艺循环使用。氯元素在该工艺中完全循环,与传统改良氯醇法工艺相比,清洁生产工艺物料消耗大大降低,同时消除了氢氧化钙废渣和氯化钙废水。

三、共用反应器技术

以往化工生产中,以若干设备分别承担各步单元操作,一个单元操作结束后,用流体输送设备将物料输送到下一单元设备进行新的单元操作。在物料转移过程中,由于流体输送设备的动、静密封泄漏,或由于物流转移使原设备的密封条件发生变化而形成物料的泄漏等。为了减少这些泄漏,开展了"共用反应器技术"研究,并得到了相当的应用。"共用反应器技术"指在一个反应器中可以进行多种单元操作,因此,多功能反应器的研制,成为化工设备研究中热门方向之一。

四、ADC 发泡剂清洁生产工艺及氯碱工厂循环经济链

1. ADC 发泡剂清洁生产工艺概述

(1) ADC 发泡剂概述。ADC 发泡剂呈淡黄色结晶粉末状,是泡沫制品中用量大、用途最广的通用性发泡剂,由于它的分解产物具有无毒、无味和无污染等优点,故广泛应用于聚乙烯、聚氯乙烯、聚苯乙烯、聚丙烯、ABS 树脂和 EVA 等塑料和天然橡胶的常压、加压发泡。目前,我国 ADC 发泡剂生产量占全球总量的90%,是世界上最大的 ADC 发泡剂生产国。

ADC 的生产以氯气、烧碱和尿素为主要原料,市场需求量大,利润高。但传统生产工艺各种原辅材料消耗量大、废水量大,废水中污染物种类多、污染物含量高,一方面有碍于 ADC 发泡剂生产工艺的进一步发展,另一方面不符合可持续发展的观念。绿色化学致力于减少原材料的消耗、废弃物的排放,是解决 ADC 发泡剂生产工艺问题的重要途径。

(2) ADC 发泡剂清洁生产工艺概述。ADC 生产工艺可分为三部分:水合肼生产、水合肼与尿素经过缩合生产联二脲、从联二脲氧化得到产品。ADC 生产中最重要的生产环节是缩合工序。ADC 的清洁生产,可从各个阶段的生产工艺着手

进行。

1）水合肼生产优化。水合肼的生产方法有拉西法、尿素法、酮连氮法等，我国普遍采用尿素法。此阶段的优化以不变动基本生产工艺为前提，增加设置碳酸钠回收装置和粗肼提纯装置。此举目的：一是为了将氯酸钠生产过程中放出的热量及时移走，保证反应温度在控制范围内，减少副反应；二是为了降低粗肼无机盐的含量，提高水合肼的纯度。另外增加粗肼提纯装置，对粗肼溶液进行二次提纯，既可提高水合肼纯度，又可使处理后的无机盐溶液再次使用，减少对资源的浪费和对环境的污染。

2）缩合工艺优化。缩合工艺的优化目前有两种方法。方法一是将酸性缩合改为无酸缩合，将缩合原料改为10%的纯水合肼，增加尾气抽取装置和液氮回收装置。这样可以实现氨气的回收利用，实现缩合母液的全循环。方法二是向缩合废水中添加脱氨剂，脱氨后的废水经生化处理后较易达到排放标准。脱除的氨可回收作氨化剂，实现氨的循环利用。

3）氧化工艺优化。ADC发泡剂一直采用氯气氧化法。从生产安全方面入手，可将原有的间歇式工艺转变为连续化工艺。连续化生产工艺可保证反应过程中的温度、氯气流量、冷却水的进出，及后期气流干燥工艺自动化处理，并设有自动报警功能，反应塔与反应池设置防外泄系统，既能保证生产产品符合质量要求又能确保生产的安全性。

4）回收工艺的改进。ADC发泡剂生产过程中，主要废弃物来源于缩合工艺，因此缩合母液的回收处理具有重要意义。对于含氨氮浓度较高的缩合母液，可采取联二脲回收—蒸发浓缩回收无水硫酸钠—降温结晶回收氯化铵的工艺路线。对于含氨氮浓度较低的缩合母液，可采取氨吹脱—折点（氯）氧化法的工艺路线。在联二脲和ADC合成工序，采用离心机完成联二脲、ADC的过滤、洗涤工序，不仅可以大幅度降低水耗，而且母液和洗涤水可分类回收利用。联二脲洗涤水和ADC洗涤水中含有物料，采用自动反冲洗过滤器，提高回收效率，降低污水处理难度。

2. 氯碱行业循环经济概述

（1）氯碱行业实施循环经济的目的和意义。循环经济是以资源的高效和循环利用为核心，以减量、再利用、资源化为原则，以低投入、低消耗、低排放、高效益为特征，符合可持续发展理念的经济发展模式，属于资源节约型和环境友好型的经济形态。

氯碱行业是我国国民经济重要的基础原材料产业，也是能源、水资源、矿产资源、再生资源消耗量很大的资源密集型产业，企业工艺流程的特点，决定了氯碱行业是一个有条件、有潜力发展循环经济的产业。

将循环经济理念全面应用于氯碱行业，可以实现资源—产品—再生资源这一循环链的有效应用，有效实现不可再生资源的节约。在有效降低氯碱行业对自然资源的消耗以及其排放物对城市环境污染的同时，也实现了企业生产成本的有效降低，为企业可持续发展奠定良好的基础。

（2）氯碱行业实施循环经济的策略。

1）循环经济模式。循环经济作为一种有效平衡经济增长、社会发展和环境保护三者关系的经济发展模式，首先被经济发达国家所采用。在氯碱企业内进行产业循环组合或以氯碱企业为龙头建立循环经济园区。

①企业内部的循环经济模式。在现有企业内部，更新技术设备，实现各工序之间物料循环，延长生产链条；减少生产过程中物料和能源的使用量，尽量减少废弃物和有毒物质的排放，最大限度地使用不可再生资源。

②循环经济园区模式。以氯碱工厂为主体企业建立循环经济园区，通过园区内各企业间的物质集成、能源集成和信息集成，形成产业间的代谢和共生耦合关系；将产业链上游的"废物"或副产品，转变为下游的原材料，形成一个相互依存、类似于自然生态系统的"工业生态系统"。园区中各企业既是独立的生产单位，又是整个生态工业链中的一个生产过程和环节，各环节实现资源的共享，形成经济发展和环境保护的良性循环。

2）构建循环经济产业链。构建循环经济产业链应遵循的原则是：坚持"减量、再利用、资源化"的原则，努力减少资源消耗和废弃物排放，提高资源使用效率；坚持"以人为本"的原则，充分调动各方面的积极性；坚持"科技创新"的原则，调整产品结构，转变增长方式；坚持"全面部署，重点推进"的原则，实现各个层面的互动发展。根据上述原则，结合所在地区资源状况，构建氯碱循环经济产业链和功能分区，最终促使工业区内多个生产单元构成相互关联、相互促进、共同发展的生态工业链。

本 章 小 结

本章讲授废气的冷凝净化和生物净化技术，在全书中并不作为主讲内容，但这一章所提到的技术在废气净化技术领域是独立的基础技术，并和前述章节的净化技术共同构成了废气净化的技术体系。随着清洁生产和循环经济的推进，绿色化学技术也在深入发展，可以大大减少生产过程中有毒物质的危害，降低环境污染问题。

本章对工业防毒新技术仅作出简要介绍，更多内容可参考相关书籍。

复习思考题

1. 冷凝净化的原理是什么？
2. 冷凝设备主要类型及其特点是什么？
3. 简述废气生物净化的原理。
4. 废气生物净化的主要技术类型是什么？
5. 绿色化学的特点是什么？
6. 绿色化学是如何减少生产过程中有毒物质危害的？
7. 简述绿色化学的研究原则。
8. 简述 ADC 发泡剂清洁生产工艺。
9. 求甲醇、乙醇、四氯化碳在室温 20 ℃时的饱和蒸气压。
10. 按思考题 9 的条件，试计算甲醇、乙醇、四氯化碳在 20 ℃时饱和蒸气压的浓度。

参考文献

1. 周宗灿,付立杰. 现代毒理学简明教程[M]. 北京:军事医学科学出版社,2012.
2. 王胜. 工业毒物及其防治(1-6)[J]. 现代职业安全,2010,04-09:94-95.
3. 管融资,吴航利,王佳,等. 苯并芘污染现状及其生物毒性效应[J]. 延安大学学报(自然科学版),2019,38(03):49-53.
4. 董娟娟,谢惠芳. 砷致肺癌的研究进展[J]. 环境卫生学杂志,2015,5(05):483-489.
5. 曾梅清. 口服二巯丁二酸、静滴依地酸钙钠对铅中毒的驱铅效果比较[J]. 中国现代药物应用,2021,15(07):108-110.
6. 孙宝林. 工业防毒技术[M]. 北京:中国劳动社会保障出版社,2007.
7. 赵玉明. 清洁生产[M]. 北京:中国环境科学出版社,2005.
8. 李建政. 环境工程微生物学[M]. 北京:化学工业出版社,2004.
9. 梁友信. 劳动卫生与职业病学[M]. 北京:人民卫生出版社,2001.
10. 上海化工学院. 基础化学工程[M]. 上海:上海科学技术出版社,1978.
11. 王淑荪,傅正伦,孙宝林,等. 工业防毒技术[M]. 北京:北京经济学院出版社,1991.
12. 王文兴. 工业催化[M]. 北京:化学工业出版社,1978.
13. 唐发洪. ADC发泡剂生产工艺技术研究[J]. 中国化工贸易,2014,2.
14. 任连保,周贤国,马欢,等. 氯碱企业构建循环经济发展模式的探讨[J]. 氯碱工业,2006,7(07):7-9.
15. [美]A.J.博尼科. 气态污染物工业控制设备[M]. 北京:化学工业出版社,1982.

16. ［苏］E.H.谢尔皮奥诺娃. 气体与蒸气的工业吸附［M］. 郑炽, 译. 北京: 化学工业出版社, 1960.

17. 杨凯雄, 李琳, 刘俊新. 挥发性有机污染物及恶臭生物处理技术综述［J］. 环境工程, 2016, 34（03）: 107-111+179.

18. 何良年. 绿色化学基本原理［M］. 北京: 科学出版社, 2018.

19. 程海涛. 2021年美国（总统）绿色化学挑战奖项目评述［J］. 现代化工, 2021, 41（10）: 11-13.